王文剑 著

不一样的楚汉争霸

河南文艺出版社
·郑州·

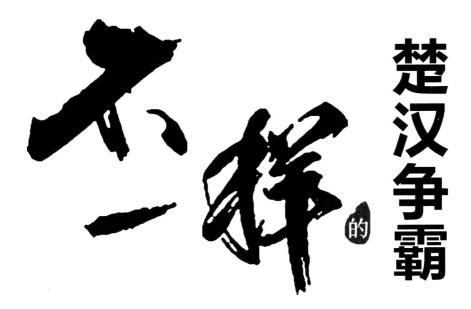

图书在版编目（CIP）数据

不一样的楚汉争霸/王文剑著. --郑州:河南文艺出版社,2022.1

ISBN 978-7-5559-1181-4

Ⅰ.①不… Ⅱ.①王… Ⅲ.①中国历史-楚汉战争时代-通俗读物 Ⅳ.①K234.109

中国版本图书馆 CIP 数据核字（2021）第 213953 号

选题策划　王淑贵
责任编辑　王淑贵
责任校对　赵红宙
书籍设计　吴　月

出版发行　河南文艺出版社
本社地址　郑州市郑东新区祥盛街 27 号 C 座 5 楼
承印单位　河南瑞之光印刷股份有限公司
经销单位　新华书店
纸张规格　700 毫米×1000 毫米　1/16
印　　张　23.25
字　　数　308 000
版　　次　2022 年 1 月第 1 版
印　　次　2022 年 1 月第 1 次印刷
定　　价　42.00 元

印厂地址　河南省武陟县产业集聚区东区（詹店镇）泰安路
邮政编码　454950　　电话　0371-63956290

序　言

一

公元前 209 年，世界面临着一个转折点。在西方，罗马人攻占迦太基人在伊比利亚的主要基地新迦太基城，西方正处在进入罗马时代的前夜。在中国，秦始皇刚驾崩，秦帝国瞬间进入权力真空状态，到处弥漫着浓郁的骚动不安的气味。大汉帝国正在孕育之中。当时的人们并不知道历史在哪里转向，未来是什么模样。他们凭着直觉和感觉，计算着利益的得失，跌跌撞撞地闯进一个历史大变局之中。

中国人对秦帝国灭亡和楚汉相争的历史，并不陌生。从这段历史里，提炼出的很多思考的模式、做事的方式和行事立身的理念，穿越千年，影响着中国人的思维和文化。在这个千年未遇的历史大变局时代，洋溢着昂扬拼搏、激情四射的气质，遵循着适者生存的丛林法则。各种人物纷纷上场，不论身份、根基和血统，只论勇气、机遇和能力。在阴谋、阳谋和角力中，通过鲜血和死亡、荣耀和胜利，筛选着时代的落寞者和幸运者。

刘邦和他的拥趸们最终留在舞台中心，这是一个充满偶然和意外的结局。为什么是他胜出，而不是别人？这是一个千古之谜。千年以降，我们只有从《史记》和《汉书》等为数不多的几本史料中，探索其中的奥秘。但是，这两本史书为我们呈现的场景和细节并不确切，经常在关键时刻和关键地点语焉不详，有些地方甚至自相矛盾。对个别人物和场景的描述传奇性之强，以至脱离常识。而对重要人物的行为轨迹经常付之阙如，让人迷惑不解。比如，那个充满戏剧感的鸿门宴，为何呈现出如此模样？一向做事果断的项羽在鸿门宴上为什么突然"弱爆"？诸如此类。

每个人的选择必然围绕"天时、地利、人和"来考量，但决定其如何选择时，离不开外界机遇、个人起点和朋友圈子，我们首先是环境的产物，其次是环境的改造者。本书希望从史书的蛛丝马迹中挖掘出一些隐秘的细节，尽量还原当时的真实场景，以刘邦的发展轨迹为主线，对一些重要人物的选择和其所受到的约束条件进行分析。把当时的历史人物，放在当时的"局"中，站在他们的角度，报以"理解之同情"的心态，思考他们所面临的问题和机遇，探究他们选择时的利益考量和价值判断，以求得出一个可能更接近历史真相的观点。

二

刘邦的传奇基于他的独特性。这种独特性在那个独特的波澜壮阔的秦末，被无限放大，让他从一无所有中走出，逐步占据天时、地利和人和。

在江湖，他是游侠；在庙堂，他是秦帝国的基层官员。他的社会身份是模糊不清的，这说明从年轻时，刘邦并不是一个主动且有意识地把自己往高处放的人。在主观上，他没想过决然地为梦想献身，也没想过成为帝国体制的工具。他摆出横跨江湖与庙堂的姿势，说明他面对没有明确指向的人生，哪怕活得苟且和庸常，心智和心情也不会受到任何伤害。他也不认为沿着既定轨道向上攀爬，是什么值得骄傲的事。他几乎在混沌中，肆意妄为地在沛县地面上，准备且已经开始"按照自己的方式度过一生"。可以说，他的成长路径与传统的成功人士迥异，他不刻意地去创造什么，但也不会明确且固执地拒绝什么。按照既定的人设和思维，随着命运的摆布，他惯性而随性地走在上升的阶梯上。在他身上，唯一值得被明确称道的优点可能就是他拥有"拥抱充满不确定性的未来"的勇气。

刘邦不是纯粹的理想主义者，对于做一个居无定所、屡涉险地的游侠，他非常坚持，且终生不渝。但他并不会将秉承游侠精神和从事游侠事业，混为一谈。对游侠的向往，可能更像是一种精神的追求，对此，他很认真且执着。从出道之始，他并没打算扮演一个政治利益至上的政治家，与项羽不在同一个"频道"上。对侠客精神的追求，也许来自父亲刘太公和周围环境的影响，当然，也与他的内在秉性很契合。在热血江湖和尔虞我诈的丛林社会中，他保持着这份纯洁的侠客精神，并吸引到大量和他一样的人，最终成为他的朋友、战友和"死忠粉"。

侠客文化和义气精神为刘邦集团注入超越功利的价值观，使这个集团内部从形成之初就拥有共同的话语体系，极大地消减了集团的内耗，集团整合度始终很高。这个来自丰沛地区的核心集团坚硬而稳定，成为刘邦集团的内核。即使之后有其他集团和各色人物陆续加入，也未能对丰沛集团的团结造成明显伤害。正因为这个带有地域性特征的政治军事集团拥有超强的凝聚力，在艰苦的征战中，抵消离心力，并滚雪球式地壮大起来，最终顶住外部强大的压力。正如尼采所言，"杀不死我的只会让我更强大"。敌人、强大的敌人让刘邦及其集团更加强大，势能累积到无以复加的程度。

与之不同的是，项羽从叔父项梁手上接手政治军事集团时，项氏集团已经实现多元化，吸纳进贵族集团、侠客集团、官僚集团、地方氏族集团等多方势力。项梁在世时，这些集团团结在他周围，拥有超强的凝聚力和战斗力，甚至刘邦及其集团也属于其中的一分子。但项梁突然被杀，作为晚辈的项羽接手这个集团，很难在短期内真正整合各方势力。在楚汉相争期间，这个集团始终内耗不断，在刘邦集团持续不断的冲击下，最终解体、崩盘。

三

刘邦的个性率真，放荡不羁，他毫不隐讳地把这种个性保留到生命的终点。他高调拒绝用儒家或者其他什么学术理念包装自己。他并不喜欢说出那些大而无当、惊世骇俗、深奥至深的"至理名言"，他不靠文化上的独特性和创新性吸引眼球。作为领袖式人物，他的独特性以及因独特而受到众人的特别关注，主要体现在可见、可感的外表和做派上。他当泗水亭长时，特意为自己制作一顶造型独特的帽子，史称"刘氏冠"，此冠据说"高七寸，宽三寸，竹皮为里，漆丝为面"。与其他循规蹈矩的官吏不同，他喜欢出门公干时，戴上这顶招摇漂亮的帽子，彰显出他的与众不同和特立独行。

他喜欢呼朋引类，散财交友，啸聚乡里，他"在乎是否被别人在乎"，拥有很强的自尊心，恩怨分明，遵循江湖规则。他模仿他的偶像信陵君，招徕门客，博取众人眼球。在形式上，成为沛县地面上侠客们的"小门主"。在日常行止上，他喜欢摆出门主风范，被人簇拥着行走在人群中，成为一个引人注目、众星捧月式的人物。为此，他倾心尽力地为兄弟们摆平各种难题，不惜为此屡犯"吏事"。

他对人生的追求，源于赤裸裸的感性，谈不上高蹈的信念。他的"好酒及色"的名声远播，成为他早期个人形象中的一个标签。当他见到秦始皇华丽的仪仗时，脱口喊出"大丈夫当如是"。而在相同的场景里，项羽说的则是"吾必将取而代之"。从中可以看出，项羽人生目标更具体，明确指向权力、地位，更显人生高度。而刘邦更在乎权力和地位的外表，语气中充满艳羡的味道。这让他横跨黑、白两道，竭尽所能地成为被江湖和庙堂都喜欢和拥戴的人物。也许在他看来，江湖即是庙堂，庙堂即是江湖，两者并没有"黑与白"的界限，都是他展现自我的舞台。当秦帝国崩溃时，经过一系列"不小心"的操作和巧合，刘邦成为沛县地面上各阶层公推的"带头大哥"。刘邦开展的事业充满风险，长期浸染在江湖和官僚体系中，让他懂得算计权衡，何时锱铢必较，何时一掷千金。他高举务实主义的大旗，高调摒弃与解决现实问题相去甚远的任何想法、理念和人物。面对残酷环境，他摆出柔软的身段，在夹缝中生存时。如果需要，他可以暂时放弃一切既定想法和理念。那些唯利是图、贪图名利和趋炎附势、左右摇摆的群氓们，喜欢这种讲究实效的做派，逐渐齐聚在他和他的丰沛集团身边，为金钱、美女、豪宅和权力，热血偾张，屡败屡战，奋勇拼杀。汉集团从诞生之日起，充满朴素野性的侠客气质，类似于黑帮组织。

随着张良、郦食其、韩信等人的加入，这个集团逐渐被改造成政治目标至上、利益理念至上、制度规则至上的军事政治集团。这种变身当然并非一蹴而就，是屡次面对"非生即死"的困局后，不断选择、积极行动的结果。最终，这个集团逐渐拥有侠义的气质，掌握务实权变的生存策略，走向庙堂的目标逐渐清晰起来。

四

拥有鲜明个性的刘邦出生和成长在沛县，这里地处齐国、赵国、魏国和楚国的交界地带。按照日本学者佐竹靖彦的观点，沛县处在一个"月牙形地带"，在周围几百里区域里，地貌以水乡山泽为主，"使这个地方在动荡时期成为绝佳的避难所"。西边不远处的大梁曾是魏国工商业的中心，地处中原，四通发达，经济繁荣。北面的齐国在战国时期，商贾云集，工商业名冠天下。随着秦帝国东征和韩国、魏国、楚国和齐国的相继灭亡，丰沛地区成为韩、魏、齐、楚等国民众躲避战火的栖息地。大量贵族和富户避难于此，更多的战争难民会集于此，为之后的起义提供充足的劳动力和必要的钱粮物资，这对于弱小的刘邦集团在短期内壮大势力，提供了可遇不可求的地理优势。

在这个月牙形地带的北面是齐国，在齐国都城临淄郊外的稷下学宫曾会集天下名士，百家争鸣发端于此。魏国、楚国等国家的文化在这里也多有影响。经过漫长的文化滋养，在以大梁为顶部、丰海为底边、齐国和楚国为左右翼的广大地区里，形成了有别于秦文化且斑驳杂糅、璀璨绚烂的人文区域。这对生于斯、长于斯的刘邦及其他丰沛人，产生了深刻的影响。由于接受多元文化的熏陶，他们拥有兼容包蓄、吞吐海纳的开放气度，不会陷入某一种理念、信念的窠臼中，因画地为牢而故步自封。因此，在日后的发展中，他们有能力吸纳包括秦国在内的各地区的人力和文化资源，能够有效地化解掉来自不同地域的文化所带来的异质性，从而保持汉集团的既统一又开放的优良品性。

从帝国的边缘地带起步，刘邦踏上了建立新朝的道路。此时，除了拥有并不高级的社会资本外，他尚未掌握足够的军力、钱粮和社会资本。为此，他以结"姻亲"的方式，争取到吕氏家族的支持，捞取"第一桶金"。而后，他先后投靠秦嘉和景驹、项梁、楚怀王，通过积极效命、努力工作和主动或者被动的政治斡旋，牢牢掌握住一支独立的武装力量。在鸿门宴上，刘邦通过与项羽合作或者说投靠项羽，参加项羽在戏水河畔主持的分封大会，意外地获得一块封国，最终成长为一方诸侯。他的"逆袭"充满传奇性，甚至可以说，是一系列意外叠加后的结果。之后，他与项羽争夺天下，闯入一个以天下为舞台的生死场，江湖变成了"黑白博弈"的棋局，这个棋局既简单又残酷，最后他力战获胜，成为大汉帝国的开国之帝。英国著名史学家约瑟夫·汤因比对刘邦评价很高，他说："人类历史上最有远见、对后世影响最大的两位政治人物，一位是开创罗马帝国的恺撒，另一位便是创建大汉文明的汉太祖刘邦。恺撒未能目睹罗马帝国的建立以及文明的兴起，便不幸遇刺身亡；而刘邦却亲手缔造了一个昌盛的时期，并以其极富远见的领导才能，为人类历史开创了新纪元！"

五

本书沿着时间线索，从秦帝国崩溃开始讲述，到项羽自刎乌江，沿着刘邦及其集团成长、壮大的路径，抽丝剥茧，结合有限的史料，分析刘邦在各个时期遇到的问题及其发生的原因，力求以较新的角度解读一些大家耳熟能详的历史事件，使读者获得一个较为崭新的认识。比如，在全国起义浪潮波及沛县时，为什么是刘邦从沛县一跃而起，成为当地起义领袖？为什么说在鸿门宴上项羽与刘邦达成和解，是项羽做出的理性选择？为什么说"刘胜项败"并不能完全归于两人的个性上？诸如此类。全书以问题为导向，重点不是讲故事，而是在分析问题、解释原因。所以，虽然这本书的主角是刘邦，但并不是一本有关刘邦的传记文学。

2013 年，我在河南电视台新闻频道《传承》节目讲述过这段历史，这本书是在讲稿的基础上修订而成。在此，我非常感谢当年《传承》节目的编导冯玉坚和主持人陈静华两位老师以及节目组的所有编辑，正是他们的信任、支持和帮助，才有本书的诞生。八年来，我对讲稿有过多次修订，在这期间，我曾与著名文史作家史杰鹏、河南师范大学历史学院李峰教授、中国石油大学人文学院饶胜文教授、河南大学郭灿金教授等学者进行过深入而持久的讨论，得到很多有价值的帮助和有营养的启发。也正是他们的鼓励，让我有信心将书稿送到出版社。河南文艺出版社王淑贵老师是本书的责任编辑，在她的鼓励和指导下，本书完成了多次修改。同时，感谢我的母亲、妻子和女儿的无私支持，她们为我完成这本书给予了无穷的力量。而这本书也是我给予已故父亲的礼物，正是他最早给我讲述过这段历史，希望这本书能够告慰于他。最后，也要感谢当年在电视机前看过我的讲述的观众，他们是这本书最早的读者。但那时我在电视上的讲述留下很多缺憾，希望这本书能有所弥补。

是为序。

目　录

第三章　刘邦的第一次"飞跃"

第四章　鸿门宴的千古谜团

第五章　戏水分封下的隐秘布局

第六章 彭城之战
——一次失败的跃起

第七章 汉军的战略大包围

第十一章　败亡的隐秘
——一个新发现

第一章

秦帝国崩溃之谜

一、来自历史的评说

秦朝是一个很倒霉的、不值得同情的王朝。从实用主义角度看，说它倒霉，无外乎是指，秦国经历几代君主省吃俭用、前赴后继地勤苦打拼，好不容易一统江湖，可仅十几年后，王朝历二世而亡。那么多的辛苦付出，瞬间打了"水漂"。几代秦国君主如果在天有知，又将情何以堪呢？

后世的历代王朝明明一直在免费享受着秦帝国以亡国的代价探索出来的新制度，也就是所谓的"百代皆行秦政制，万年咸用始皇心"。可是，后世历代皇帝、大臣和百姓依然不遗余力地诅咒秦朝，对秦帝国毫无同情之心。更可悲的是，后世帝王和官僚们没少模仿秦朝牧民施政，却总能理直气壮地站在秦帝国的对立面，耻于与之类比。

后世研究朝代兴替的人和给皇帝讲课的老师，对秦朝灭亡的原因向来极为关注。汉朝是在秦帝国的废墟上站起来的，汉朝初立的君臣亲身经历秦末血染的疆场和横暴的战争，皇帝不想丢社稷江山，将帅臣僚不想浴血沙场，百姓不想被搅进天下混战离乱中。因此，汉朝最重视秦帝国倾覆的教训，反思得更深入且彻底。汉朝的主流认识是由全国著名的大才子贾谊总结出来的。

贾谊在他的著名文章《过秦论》中提出，秦朝灭亡的主要原因是"仁义不施而攻守之势异也"。具体而言，在他看来，秦朝灭亡有以下几个方面的原因：

一是秦始皇的品行太差。贾谊认为，秦始皇自私自利，内怀贪婪卑鄙之心，只想炫耀自己的智慧和能力。不信任功臣，也不亲近士民，特别是不实行仁政王道。为树立个人权威，禁除诗书古籍，钳制言论，控制百姓思想。在密如织网的酷法下，老百姓动辄得咎，噤若寒蝉。他迷信诡诈权谋，把仁德信义丢到脑后，把残暴苛虐作为治理天下"不二法门"，丢弃以人为本的治国理念。

二是把兼并战争时期的立国政策，用于建国时期，不懂得变通。实行兼并战争，要重视诡诈和军力。安定国家，则要重视顺时权变，夺天下和保天下不能用同样方法。秦国从战国到天下一统，它的执政路线没有改，政令没有变，没有变革图新，顺应民心、天时。秦王孤身无辅，享国之日自然无多。按照贾谊的说法，秦朝如能改弦易辙，实行像商、周时期的宽容并包的政策和仁义厚德的执政理念，即使后代里出现骄奢淫逸的君主，国家也不会如此快速灭亡。

三是秦二世不思改弦易辙，而是更加暴虐无度。秦二世即位后，暴虐程度比秦始皇有过之而无不及。他破坏宗庙法度，屠杀兄弟姐妹，残害百姓。重修阿房宫，刑罚更加繁多，杀戮更加严酷，官吏执法苛刻狠毒，赏罚失序，赋税搜刮失去限度。国家内外事务繁多，令各级官吏们不堪重负。百姓穷困已极，而君主却不加收容救济。于是，上下互相欺骗，蒙受罪罚的人越来越多。史载，道路上遭到刑戮的人前后相望，连绵不断，天下人都陷入了苦难。从君卿以下直到平民百姓，人人心中自危，身处穷苦之境。陈涉在大泽乡振臂一呼，即得天下响应，率身景从，其原因就在于人民正处于危难之中，"天下苦秦久矣!"

四是忠臣谏言无门，秦二世刚愎自用，任意妄为，更加钳制不同言论。在秦朝，有很多忌讳和禁规。贾谊在《过秦论》提到，各路忠言还没说完，忠臣即被杀戮。天下有识之士只能侧着耳朵听，肃穆站立，闭上嘴巴不敢说话了。一个堵塞忠言的王朝，一个弃天下名士的王朝，一个以吏为师的王朝，一个崇尚"利出一孔"的王朝，天下必弃之。

贾谊生于公元前 200 年，死于公元前 166 年，距离秦朝灭亡不过几十年。他的思想体系比较庞杂，融合了儒家、道家和法家的思想。他总结秦朝灭亡的原因，主要立足于儒家、道家的思想。这些观点没什么错，反躬自省，通达人情。一个人总是被别人欺负，还看不到解困的希望，达到一个临界点后，奋起反击，于情于理，理所应当。这种观点经常被人拿来教育后世那些太子和年龄小的皇帝，提示他们，要有意识地约束没有止境的欲望，休养生息，尊重自然规律，才能确保国泰民安，国祚延续，避免走上秦朝二世而亡的老路。

但现在看，贾谊的观点带有很强的主观性。他写的《过秦论》虽然文采斐然，但无形中夸大了一些史实，我们不能把其中的内容都当成真实历史看待。从史料分析，秦始皇很多作为并不如贾谊所说的不堪。贾谊的论点虽然很全面，也很精到，但过分关注人主的德才优劣，给人一种感觉，只要"遇到明君，所有的事都好办。万一碰到像秦始皇和秦二世这样的君主，一切也都完了"。这样分析历史进程，略显肤浅。

秦朝成立一段时间后，有人发现在国家治理上存在问题，便从国家制度层面提出谏言，以图维护秦朝长治久安。这个人是淳于越。

始皇三十四年（公元前 213 年）的一天，秦始皇在咸阳宫和群臣举行宴会。其间，一个叫周青臣的博士向始皇帝唱颂词，高度评价郡县制的作用。郡县制度是秦始皇和李斯以及秦国几代国君都引以为豪的制度创举，在秦帝国，被公认为秦国一统天下的两大法宝之一（另一个是军功爵制）。秦始皇听完周博士的盛赞，《史记》记载，"始皇悦"。这表示始皇帝对郡县制很得意，对周青臣博士的盛赞，"深以为然"。

但另一个博士淳于越，当场站出来唱反调。他说，殷周两个王朝之所以能够存在千余年，是由于大封子弟、功臣作为辅助的缘故，陛下拥有天下，可儿孙却是匹夫。如果天下动乱，皇帝依靠什么来救助危难呢？丞相王绾等人比较认可淳于越的说法。他们认为，新征服的地方如燕、齐、楚等地，距离秦国故地太远，如果不在那些地方设置宗王，就没法有效行使国家权力。这些大臣建议，"册立诸位公子为诸侯王"。

淳于越和王绾的意思是，皇帝分封儿子们到全国各地，对镇压反秦势力，既直接，又有效。可以设想，如果出现造反者，那些嬴姓藩王割据地方，出于保卫中央就是保卫自己的动机，肯定毫不犹豫地起兵，以雷霆万钧之力镇压反叛。等到作乱的火苗被吹灭，皇帝还可能一无所知。推而言之，有强大的藩王存在，下面那些刁民即使有造反的心，也可能根本就没有造反的胆了，天下从此祥和而安宁。

淳于越和王绾等人实际上主张"一国两制"，有策略性地实施封建制度，降低统治成本。汉朝落实了这一主张。《汉书》的作者班固，认同这个观点。他说："秦讪笑三代，窃自号为皇帝，而子弟为匹夫，内无骨肉本根之辅，外无尺土藩翼之卫。"后世很多人也都对这一观点深以为然。唐初萧瑀认为，"三代封建而长久，秦孤立而速亡"。明末清初的思想家黄宗羲认为，自秦以来，有乱无治，甚至夷狄灭国，"是废封建之罪也"。

不过，淳于越的主张遭到丞相李斯的迎头痛击。李斯认为，在春秋战国时代，那些诸侯国为争抢私利，使天下陷入内战泥潭，不能自拔，最后王朝易代，国祚毁灭，天下尽归秦。现在，再实施分封，天下还会回到战国时代。如此而为，秦朝"大一统"的千秋伟业，从何而谈？所以，非封建，推行皇权专制和郡县制，要坚持不懈，做到全国一盘棋，不能有丝毫更改。从后来看，秦始皇认可李斯的主张。在秦帝国，他不遗余力地强化皇权专制，推行郡县制度，没有对他的儿孙们封王拜侯。

从后来历史发展的结果看，有一点可以证明，当时，秦朝在远离秦国故地的楚地和齐地等地区，统治基础确实很差，依靠郡县制度对那里实施统治，存在很大问题。虽然那里的郡守和县令是中央委派的，但基层管理人员都是通过考试在当地招录的。比如，刘邦、萧何等人参加秦朝的公务员考试，成为当地的基层官吏。让这些对秦朝缺乏文化和心理认同的人成为秦朝基层官吏，而之后的"政治思想"工作又做不到位，后果相当可怕。

虽然郡县制度有助于政令统一，但各地方的文化、经济和地理存在很大区别。如果不加区别对待，同样一个政令在不同地区会带来不同结果。有的地区会得到好结果，有的地区会被同样的政令戕害。秦朝的法律在关中地区执行了一二百年，但用到关东六国地区，很难避免各种反弹。

但不能说淳于越和王绾的说法完全没问题，李斯所说的也并非一无是处。从后世的一些教训看，汉景帝时期的"七国之乱"、西晋的"十国之乱"和明朝的"朱棣造反"，都说明藩王势力过大，对国家的长治久安很不利。一旦失控，改朝易代，国祚毁灭，社稷倾覆，国家离乱，几乎不可避免。

站在不同角度看问题，各有各的道理，都能做到逻辑自洽，在现实和历史中找到可资支持的案例，但从中很难找到秦朝灭亡的底层逻辑和真实原因。

秦帝国初立时，陷入两难境地。无论怎样选择，都会掉入一个深不见底的坑。后世很多王朝总结秦朝迅速大崩溃的原因和教训，各有特点，但大体上和贾谊、班固等人的说法很类似。可能是贾谊在总结秦帝国灭亡时，主要遵从儒家和道家的思想，在后世，儒学逐渐成为各朝代的主流学说，文人以儒学入仕当官，自然支持贾谊等人的说法。

二、秦国为什么无法自救

从近现代的研究看，秦灭亡主要原因可以归结为一句话，那就是"失去了社会各阶层的支持，统治基础彻底崩塌"。大概有以下几点：

一是失去文化人的支持。始皇三十四年，那次咸阳宫宴会结束后，丞相李斯不但批驳淳于越等人的主张，还进一步提出"焚百家之书"，以剔除淳于越等人的非主流声音，以实现思想统一，巩固大一统。后来，秦始皇在追求长生的路上一直失败，坑杀掉几百名方士。但在当时，也有很多文化人包括儒生，从事一些和长生有关的玄学研究，不能断定被杀的人里面全都是江湖方士，应该还有很多文化人在里面。所谓的"焚书坑儒"，不仅仅禁锢和摧残文化，彻底破坏百家争鸣、思想创新的氛围，更主要的是断绝了士人进入统治阶层的渠道。秦朝遵循"以法为教，以吏为师"，各类文化精英如果不是官吏，仅靠思想超拔和能力卓著，无法进入秦帝国的统治阶层。这些人自然对秦朝恨之入骨。后来的北魏拓跋氏和清朝，虽然是外族入主中原，但和秦朝对待文化人的态度完全不同。他们第一时间采取各类措施，牢牢地抓住中原士人的心，赢得文化人的支持，政权才得以稳固。

二是失去工商业者的支持。秦国从商鞅变法以来，严酷打击工商从业者，推行"利出一孔"，把百姓从事的职业固化到农耕和征战两个领域，由国家霸占工商业。一方面国家获得大量资财，另一方面避免战国末期正在兴起的工商资产阶级进入政治核心圈，分享政治权力，强化皇帝集权。虽然后世各个王朝如法炮制，实行"轻商"政策，但像秦朝如此严厉地打击工商业者，还相对少见。在秦朝有效控制区内，从事工商业的人，社会地位低，受到官府盘剥严重。在对人身控制极为严密的秦朝，商人经商做贾受到极大限制，也极难得到帝国的信任。根据《史记》记载，也只有很少一部分人，出于特殊原因，才可能成为像巴寡妇清这样的商人，在秦帝国统治边缘地带，把产业做得很大。

三是失去农民的支持。秦朝实行"受田制"，土地是国家的，一旦被授予田地的人死了，土地要收回国有。即便靠军功获得田地，也概莫能外。在秦朝，所有农民实际上都是皇帝一人的佃户，"有恒产者有恒心"，在秦帝国，缺乏私有产权保护，这很难让广大农民发自内心地和秦帝国站到一起。

四是失去地方宗族的支持。秦朝法律规定，"民有二男以上不分异者，倍其赋"，强令分居制度，很难形成宗族大家。没有宗族支持，社会缺少中间阶层，社会组织因此缺少弹性。一旦天下大乱，很容易瞬间波及社会各个角落，引发"多米诺骨牌"效应。反观后世，在东汉末年和北宋末年，宗族势力对消灭内部叛乱和抵御外部的侵略发挥出很大作用。

五是失去官僚的支持。秦朝对失职官僚处罚很重，轻则鞭笞、罚款，重则发配边疆服苦役，甚至为奴。比如，刘邦在当泗水亭长时，有一次相互闹着玩，打伤了同是官吏的夏侯婴。按照秦朝法律，即便刘邦是官吏，也依然接受处罚，且因是知法犯法，处罚可能会更重。夏侯婴为刘邦作伪证，却因此坐了一年多的牢，还被打了几百鞭子。因他始终咬死刘邦没有伤害他，刘邦最终逃脱惩罚。从现在法律看，如果夏侯婴是轻微伤，或刘邦无意中伤害夏侯婴，且没有被司法部门当场抓住，夏侯婴也没状告刘邦，刘邦应该不会被处罚。但在秦朝却不行。在中国传统法治理念里，"轻民重刑"与商品经济不发达有着直接关系。在秦朝，"轻民法、重刑法"被发挥到极致。专制集权被推到无以复加的地步，在整个秦帝国，法网密集，法条无孔不入，执行得严苛冷酷。在严刑峻法下，百姓和官员动辄得咎，各层官吏特别是基层官吏，很难真心拥护秦帝国。汉元年（公元前206年），刘邦率军攻占咸阳，在关中"约法三章"，即"杀人者死，伤人及盗抵罪"，把细密如织的秦法简化到三条。即使在秦法治下生活一百多年的关中百姓，对"约法三章"也衷心拥护，更何况在关东六国的百姓呢！

不过，这里有一个关键问题，大家却语焉不详。那就是这么多人都看出问题所在，秦朝君臣为什么就没看出来呢？难道他们不知道严刑苛法、不惜民力等暴政对国家统治不利吗？或者说他们看出来了，为什么就不能改弦易辙呢？难道仅仅是皇帝和大臣蒙昧吗？

从秦孝公时期，秦国推行商鞅变法，以法家的基本理念，建立和改革各种制度，以适应和应对各个时期的政治、经济、外交和战争形势。在不断完善的制度平台上，秦国吸引各国大量人才为秦国服务。比如商鞅、张仪、范雎、李斯、吕不韦等人。这说明秦国能够不断吸引外部新的思想，其制度、文化内核并不僵化。那么在秦始皇时期，为什么有一些人看出秦帝国过于专制是一个很大的问题，为什么秦始皇竟然支持焚书这种决绝的方式呢？假设秦始皇内心支持淳于越等人，那么秦始皇能否在秦朝推行封邦建国制度，或者施展"平衡术"，像后来的汉朝那样实行封邦建国和郡县制并行的制度呢？其实，答案应该是否定的。

原因是秦帝国的治国制度、方略和政策因"路径依赖"而被锁定了，国家制度彻底僵化，只能在既定的法家理念和以吏治国这条道路上跑到头。之所以会出现制度僵化，大概有两个原因。

一是秦国统一天下的成功经验，让秦帝国不能不依赖过去的制度和理念。秦国因郡县制度立朝，因法家思想而治国，因军功爵制度扩疆。沿着这条路径一路走来，虽然也遇到过各种困难和挫折，但秦孝公任用商鞅变法之后，仅用一百多年，秦国就统一了六国，使这个在西部边陲、远离中原的蛮夷小国，在竞争激烈的战国时代脱颖而出，成为最终赢家。因为起点太低，取得的成就又旷古未有，这个国家建立统一帝国的历程配得上无上骄傲这个词。"成功是成功之母""经验导致惯性思维"。借鉴经验符合人的天性。借鉴经验最大的好处是，面对新事物、新问题，依赖于过去掌握的成功经验和解决问题的成熟技巧、成熟套路，能够付出较少成本，解决诸多问题，迅速开创出较大局面。

秦始皇是历史上公认的雄才伟略、开万世基业的伟大帝王，在他统治时期，从总体上看，他不但没有从宏观层面上改革国家法律和制度，相反，在统治过程出现各种问题时，在立国理念和制度建设上，没有改弦易辙，也没有做大的调整，甚至在某些方面继续强化过去的制度，并把一些问题看成过去的制度没有落实到位所导致。而秦二世比秦始皇更有过之而无不及。

二是在旧制度下形成的利益集团阻挠秦帝国开展变法。秦帝国从秦孝公时期开始商鞅变法，到秦朝末年，已经历经一百三十余年。在这个过程中，形成了势力强大、利益同质化的维护旧制度的集团。美国经济学家奥尔森研究世界各国制度变革后，指出正是存在这样的利益集团，使得一个国家和地区制度变革很难发生，导致一个地区或国家的经济和社会长期停滞发展。

举个例子可以很好地说明这个问题。秦国推行郡县制度，在整个国家出现大量依靠考选方式产生的文法吏，这些人与依靠血缘而产生的官吏不同，大多来自社会中下层，而依靠血缘关系当上官的人，很多是贵族阶层。如果废止郡县制度，而重开周朝的封建制度，分封自己的儿子们到各个诸侯国，国家权力必然被分割。在郡县制度下，以李斯为代表的官僚集团中那些已经获得巨大利益和稳定收益的人，不但会拼死反对，而且趁机反攻倒算，利用国家机器，把任何可能损害集团利益的思想和观点，以维护国家稳定和长治久安为由彻底根除。

官僚利益集团在秦国已积累百年，根基雄厚，拥有绝对强大的势力，掌握主流权力。他们的权力源于皇权，使用权力的方式依靠国家法律，整个官僚集团只能在依靠法家思想、维护皇帝专制这条路上跑到黑。

汉朝建立后，尽管承袭很多秦朝制度，但对这些制度也做出不少改动。比如，汉朝国家制度就是郡县制度和封建制度并行。之所以能如此，关键是汉朝建国依靠军功阶层，但军功阶层来自社会下层。正如清代史学家赵翼所说，汉初的朝堂之上到处都是"布衣将相"。他们虽然有比较相近的利益诉求，形成内核一致的利益集团，但由于他们从战争走出来，依靠军功进入统治阶层，并集中在军事领域。在权力层面，汉朝并没有形成稳定的有历史传统的利益集团。

在汉朝建立之初，参与治国人群从其来源和推崇的治国路线上看比较复杂。有源于军功利益集团的，有推崇儒学的，有推崇黄老之术的，更有推崇法家学说的，不一而足。各种学说和利益集团并立，汉帝国究竟最终选择哪种治国路线，都拥有一批人可以任用，选择相对就比较从容，不会受到不可抗拒力量的顽强抵抗。最后，虽然汉朝承袭秦朝大部分官僚体制和法律制度，但在宏观层面选择"郡县制度"和"封建制度"并行的国家制度，采取"黄老之术"来治理国家，推行近似于"大市场、小政府"的治国理念，也就是"无为而治"。汉初的经济凋敝，统治阶层内部充斥各种相互对抗的利益集团，任何利益集团想成为主流都很难，从高祖到汉景帝，汉帝国即便想学习秦帝国，开疆拓土，实施各种苛政，也很难做到。

三、新环境下秦帝国崩溃的成本　　收益分析

按说，秦帝国成就灭六国、统一江山的大业绩，对以前的制度和做法自信满满，这也无可厚非。秦帝国想把那传统的制度复制到新环境上，不是不可以。如果运气好，这些制度可以起到很好的作用。

其实，后世很多王朝都纷纷学习上一代王朝的制度和经验，逐步站稳脚跟，实现稳步发展。比如，清朝大部分照抄明朝的制度体系，结合满族自身开创的制度，形成清朝的制度体系。统治基础虽有差异，但总体上都是一样的。新王朝抄袭旧王朝的制度，不折腾的话，一般不会出大事。但秦朝不一样，它是从一个诸侯国靠武力统一全国，诸侯国时打造的统治基础以及在这个统治基础之上的国家制度，能否有效复制到它新占领的土地上，复制后不加改良是否依然有效呢？答案显然是否定的。

秦国成为秦朝之后，旧制度在新环境下贯彻时需要付出的成本远远高于原来环境下的成本，以至超出制度

收益，最后导致制度运行失灵，建立在这个制度之上的国家政权全面崩溃。

拿秦帝国贯彻的郡县制度来说，在郡县制度下，官僚并不是和皇家或者统治核心有血缘关系的人。为让这些地方官们忠于职守、忠于皇权，中央必须依靠"胡萝卜加大棒"来激励和约束地方官员，考核监督，并按照业绩对他们提拔、赏赐或罢黜。如果实施到位，效果应该很明显。但如果实施不到位呢，就很难说了。能不能实施到位，取决于两个条件，一个是能否高效地抓取官员们牧民施政的信息；另一个是官员们是否认可这种中央的执政理念，各个地方官员之间、地方和中央所信奉的价值观和文化理念是否一致。如果能够高效地获取基层官员的工作信息，即便官员们不认可中央的执政理念，也可以通过及时纠偏确保国家长治久安。如果无法有效获取基层信息，但各个地方官员与中央在文化理念和价值观上保持一致，也依然能够保证国家稳定。但在秦王朝创建之初，上述两个条件都不具备。

首先，秦帝国建立之初，根本无法短时期内在全国实现政令畅通。当秦国仅占有关中和巴蜀地区时，因为国土小，信息和物资传输线路足够短，行政信息传输成本较低，可以确保较高的行政效率，对地方官员的控制力也比较强，中央和地方保持政令统一。但统一六国后，秦帝国疆土面积扩大了好几倍，原来很有效的郡县制度因为信息和物资传输的成本太高，在新的疆土上就逐渐失灵了。秦始皇认识到这一点，便在全国推行"车同轨、书同文"的制度，修建秦直道和驿站。但这些提高行政效率的措施，在短时期内是否很有效就很难说了。秦始皇还通过不断到各地巡游的方式，将皇帝的威权播之四海；公开宣布信奉齐地、楚地图腾信仰，从文化和思想上收拢旧六国的百姓人心。这些软硬兼施策略，实际上有些一厢情愿了。比如，秦始皇到吴中巡游，项羽当时在跪拜迎接的人群中，他看到秦始皇的仪仗，曾暗自说："彼可取而代之也。"对秦始皇毫无畏惧。

陈胜吴广造反后，各地郡守县令们心里很明白，靠他们为秦帝国保土安民，抵抗起义军，毫无可能。这些地方官吏中有很多人，从起义烽火刚开始燃起，就放弃拼死报国、效忠秦朝的想法，如会稽太守殷通、沛县的县令。还有的地方官吏，稍微被人一忽悠，就干脆直接"下海"，参加造反队伍，准备跟着大家一起"捞鱼"，如范阳县的县令徐公。这些官吏的做法其实也可以理解，毕竟为升官发财的理想，把命弄丢了，实在不值当。秦帝国治下的各地官僚迅速放弃抵抗，甚至主动附逆，是起义烽火迅速波及全国的重要原因。

军功爵制度也面临同样问题。战国时期，秦国士兵打仗机会多，容易立功受爵。在秦朝，虽然国家和匈奴、百越打仗，立功发财机会依然有，但相对来说，机会少多了。将士们在服役期间，大部分时间在边疆驻守和防御，即使运气好，也很难受爵，但付出的成本则是长期在外，吃苦受累、妻离子散，难以享受天伦之乐。更何况，国家疆土比以前大多了，一个人去某个地方戍边，要走很长的路，同样是建军功立爵位，秦朝老百姓付出的成本更高。但秦朝对实行百年的军功爵制度非常自信，丝毫不知吝惜民力，征发旧关东六国的人，到很远的地方打仗或服劳役。非把刀架到脖子上，逼着大家去，大家也只能造反了。陈胜吴广起义就是在这种制度背景下爆发的。

汉朝很严肃地对待这个问题，对秦制进行变通和修正。比如，汉朝非常重视用优惠政策吸引老百姓前往边疆生活，而后从这些移民中征发军队，作为守边疆主力，并用其他地方的军队来辅助。汉朝也允许百姓以钱代戍，比如，汉朝规定百姓可以花三百文钱，请人代为戍边，这叫"过更"（如果没钱，百姓不得不亲自去戍边，则称为"践更"。）

虽然汉朝承袭秦制，但汉朝的"上层建筑"却开始主动攻打匈奴，也主动用和平手段，招抚百越。国家实行轻徭薄赋、减少苛法的爱民政策，那意思好像是"我虽然是秦朝的化身，但对秦朝制度有限使用"，很在乎"得民心者得天下"。所以，汉朝虽然披着秦制的外衣，但没有在秦朝覆亡的轨道上走下去，而是走上另一条路。

其次，秦朝在全国推行单一的法家治国理念，导致民间思想被压制，百姓很难对这个帝国产生文化认同。秦始皇焚书坑儒，除了法家、医学和占卜等方面的书籍，收缴天下其他所有种类的书籍。文化的高度专制导致各地百姓，特别是新占领地区的百姓，不得不面临文化思想被压制或与旧的本土文化割裂的痛苦，自然对秦朝难以产生归属感和认同感。当秦国遇到危机时，各地百姓包括一些当地选拔的官员，很难自发、自愿地支持秦朝。

秦朝之所以搞文化专制主义，正是因为在秦国延续百年的法家治国理念。这种理念来自商鞅。根据《商君书》所传达出的思想以及由此而衍生的观念，在秦国或者秦朝，除耕、战以外，任何活动和能力都是多余且无意义的，甚至任何不利于皇权专制的经济、文化活动，都可能威胁到王朝的长治久安。在这种观念下，秦国需要不断征发民力，要么用于战争，要么用于各个领域的建设。只有这样，才能不断提升王朝攫取民间资源的能力，强化对民间的控制力，更重要的是，消耗掉国内任何可能毁灭国家的民间力量。如此，则可以理解，秦朝建立后，为什么在国内广泛而深入地征发民力，修筑长城、阿房宫、秦始皇陵，驱使青壮年到南方的百越和北部的边疆，戍边征伐。

秦国故地已经习惯这种单一文化下的生存环境，但在秦朝新占领的土地上，多元化的文化生态已延续数百年，秦帝国在短期内如果强行推行单一的思想文化，必然造成巨大反弹。正如陈胜、刘邦等人为鼓动大家，在各个场合，喊出"天下苦秦久矣"的口号。这个"苦"既表达对秦帝国无休止役使百姓的愤怒，也表达对秦帝国强制推行单一文化和理念的否定。

按说单一的治国理念，如果有其他理念辅助和制衡，会将这种理念的负面影响控制在一定范围内，不至于使国家制度过于僵硬，失去弹性，最终因失控而导致国家败亡。但很可惜，秦朝即便想到，也无法这样做。正如上文所述，秦朝上下充斥着信奉法家文化的既得利益者，形成稳固而强有力的政治集团，国家从上到下在这一利益集团的操作下，只能僵化地贯彻既定的治国理念，并沿着法家思想形成的制度轨道一直走下去。

法家过于强调利益交换，全国上下弥漫着浓厚的功利主义和官僚主义。各种规章和法律层出不穷，渗透到社会经济生活的细枝末节。《商君书》第一章的内容认为，在商鞅推行的法家理念下，统治者只需要扮演法律制定者的角色，法律下发到百姓，由百姓互相监督，各个法律就可完美执行。统治者向担负职责的官员宣布法律，而官员则必须回答其他官员或百姓对法律提出的疑问。如果不能胜任答疑解惑的责任，也将被处罚。"故天下之吏民，无不知法者。吏明知民知法令也，故吏不敢以非法遇民，民不敢犯法以干法官也。"法家的治国理念，将社会、经济和文化困入一个密不透风的法网之中。虽然互相监督、互相制约的制度体系使法律得以高效执行，但这种突出"权力""制衡力""对抗力"的国家治理理念，将皇帝、官员和百姓纳入一种互不信任、缺乏尊重、忽视人的个体感受和讲求利益交换的氛围中。国家和社会一旦遇到内部或者外部的突变，很容易由点及面，瞬间形成系统性的"雪崩"。

汉朝汲取教训，从汉文帝开始，国家鼓励和默认民间收藏各类图书，尊重文化事业发展。从全国选取文学贤良，作为国家官员。这些政策使国家逐渐争取到宗族大家、工商业者、农民、官僚和文化行业经营者等社会各界的支持。在国家治理结构上，汉朝把封建制度和郡县制"混搭"起来，既有法家治国理念下的严刑峻法，也有封土建邦体制下的地方自治。

在汉朝草创之初，国家治理结构被注入弹性基因，度过了最初的艰难岁月。

不过，汉朝的国家制度并不是没有一点问题。在汉景帝时期，爆发"七国之乱"。虽然叛乱时间并不长，前后也就两个多月，但对国家政权的冲击非常大。这说明汉朝采取折中苟且的制度架构，无法真正确保国家稳固，需要再找到另一个"非制度化"的工具，为国家制度保驾护航。

经过艰难探索，汉朝在国家层面上构建新的意识形态体系，从此找到隐性的"非制度化"工具。汉景帝的儿子汉武帝即位后，提出"罢黜百家，独尊儒术"。儒学虽然对皇帝搞专制有制约，但从总体上看是维护皇帝权威的。以"仁"为内核的儒学，既通普世性的人性，而且简明易懂，更符合广大百姓朴素的基本价值观，得到社会各阶层的真心拥护。从此，地方官和老百姓在思想上逐渐有支撑，精神上有信仰，为皇帝服务时自觉性明显提升，大大地降低了皇帝专制统治的执行成本，减少了封建制和郡县制看似不相容的制度之间的排异性。

当然，历代王朝都看到儒学对治国理政的价值。他们在加紧建立高效的信息、物资传输系统的同时，也加紧改造儒学。改造后的儒学也就越来越受到皇权青睐。随着信息和物资传输系统的完善，以及儒学思想在民间的普及和深入，实施对皇帝专制统治有利的郡县制度就更容易了，其逐渐成为各个王朝主流的行政管理制度，而封建制度逐渐成为历史的配角。阳儒阴法，成为古代中国基本的政治理念，并全方位渗透到国家战略、制度建设和思想文化之中。

四、大泽乡：一次有蓄谋的兵变

秦二世元年（公元前 209 年）秋，九百多个戍卒从中原地带出发，去北方的渔阳戍边，走到蕲县大泽乡（今宿州市），"斩木为兵，揭竿为旗"，起兵反秦。读者朋友对这个起义的过程都很熟悉。按照《史记》记载，起义原因是，因为天降暴雨，不得不在大泽乡歇着。这么一耽误，去边疆戍边，无法如期到达。按照陈胜的说法，秦朝律法不答应，"失期当斩"，所有人都要被处死。里算外算，都是个死。这些人想到此，一不做二不休，干脆造反，拉起反秦大旗，攻城拔寨，与秦军以命相搏。

上过中学的人对大泽乡起义的前因后果都很熟悉，知道这是由于"官逼民反，不得不反"。回顾中国造反史，基本上都沿用了大泽乡起义的模式。

首先，造反前，先弄些鬼神符咒之类的东西，宣布造反必定成功，前途一片光明，让大家相信，造反后大部分人能活下去，小部分人还会活得更好。其次，造反的领头人带着大家一起杀掉官军，算是逼着大家纳了"投名状"，从此，谁想单独逃跑，就可以栽赃陷害，说这事是谁干的。再次，是讲大道理，宣传造反有理，内容无非是"朝廷昏庸，奸臣当道，官吏残暴，平头百姓活得不容易，想幸福很难"，以此表明"不去造反，活着更惨"。最后，提出激发大家造反热情的口号。为了让文化水平有限的大多数人记得牢、喊得响，口号一般要朗朗上口、简明易懂、直奔主题。虽然后世的很多造反或者起义，省略了某些程序，但大部分是不会超出这个范畴的。

对大泽乡起义，很多人形成一种固定的印象，认为这是在偶然条件下，陈胜、吴广组织的"农民"暴动。这么说，也不是不可以。在历代王朝里的起义中，参加造反的人中肯定有农民，而且还不会少。毕竟，在历代王朝里，农民始终是人口主要构成成分。但要是较起真来，在这次起义中，却也不太像标准的农民起义。我们说一次起义是不是农民起义，一个标准是看起义队伍是不是主要由农民组成的。另一个比较重要的标志是，领导起义的人是不是农民。这样看，大泽乡起义或者说造反，怎么看都更像一次有蓄谋的兵变。

第一个原因是参加大泽乡起义的人是军人而非农民。大家都知道，与陈胜、吴广一起参加大泽乡起义的这支队伍，目的是去渔阳县（在今北京市境内）戍边。戍边的这支队伍其实是一支军队。不过，这支军队之所以在起义之后，要"斩木为兵，揭竿为旗"，可能是秦朝对从关东六国征发的人，怀有警惕之心，在没有到达目的地之前，不会发给他们武器。秦始皇曾收缴关东六国的兵器，铸成十二个铜人，放在咸阳。这说明秦朝禁止民间私藏武器，以防止民间暴动，增加统治成本。

第二个原因是起义的倡导者陈胜和吴广不是农民。在起义之前，陈胜和吴广应该不是农民。从《史记》记载看，在被征发前，陈胜、吴广并不是什么农民或者小手工业者。为什么呢？首先看他们的名字。陈胜的字是涉，吴广的字是叔。那时候，一般百姓仅有名，没有字，而且名字起得不伦不类。比如，刘邦在成为"刘邦"之前叫"刘季"，按照"伯、仲、叔、季"的排序，"季"是最小的意思。他的名字可以被翻译成"刘小儿"。这样的名字肯定不是一个有头有脸的人物应有的"大号"。那时候，有名、有字的人都是那些有一定社会地位和身份的人，比如，张良，字子房，这名字叫起来，显然比"刘季"显得更正式且高贵。仅从名字上看，陈胜、吴广就不应该是普通农民，很像是贵族后裔，或者是出生在有社会地位的家庭。

陈胜、吴广的认知水平和文化品位比一般百姓高很多。在鼓动大家时，陈胜说，扶苏、蒙恬受冤，楚国被灭很冤和项燕将军精神不死，一看就像心怀天下、经常关心国际国内时事的人，不像是把柴米油盐之类的事看得很重的人。大家知道，在乡下做工时，陈胜说过"燕雀安知鸿鹄之志"这样透着文化意味的话。作家二月河认为，"就算是经过了文言修饰，就这个言语去琢磨，他的家庭背景似乎也不简单"。

史学界确有陈胜出身"贵族后裔"的说法。贾谊的《过秦论》透露了一个信息："陈涉瓮牖绳枢之子，氓隶之人，而迁徙之徒也。"按照秦帝国的法律，"迁"原是指一种政治刑事处分，即流放之意。例如，《史记·商君列传》记载，非议法令的人，皆为"乱民"，"尽迁之于边城"。《史记·货殖列传》记载，"秦末世，迁不轨之民于南阳"。在这里，被"迁"的对象一般是亡国贵族后裔、"不轨之民"和某些刑事犯。陈胜属于哪一种目前尚无文献为证，所以，无定论。但综合陈胜的一些言行来看，他有名有字，且对秦制和时事比较了解，这些特征都不同于出身社会底层的人。由此，得出一种推论，他很可能是陈国贵族的后裔。自20世纪80年代以来，学者卢南乔、苏诚鉴等人都持类似观点，并得到越来越多学者的认可。

　　既然陈胜、吴广和跟随他们起义的人都不是农民，他们组织的起义则很难被说成农民起义。为什么说大泽乡起义是一次有蓄谋的兵变呢？

　　首先，陈胜、吴广都是军官，有条件主导这次兵变。在《史记》中有明确记载，陈胜、吴广在这支队伍中分别担任"屯长"的职务。根据《后汉书·百官志》云："屯长一人，比二百石。"由于汉承秦制，秦军中的屯长，大致是俸禄二百石、有编制的正式军官。《韩非子·定法篇》说："商君之法，斩一首者爵一级，欲为官者为五十石之官。斩二首者爵二级，欲为官者为百石之官，官爵之迁，与斩首之功相称也。"如此推测，屯长至少应是四级爵位。很可能陈胜入军队后，已经杀过四个敌人，或者立过相当于杀四个敌人的战功。虽然屯长不是什么高级军官，但能担任这样的职务，之前应该在军中有一定地位，最起码有一定的军事或类军事的工作经验和令人信服的管理能力。在这支队伍中陈胜、吴广具有一定的威望，也具有一定的指挥权。客观上，他们两人有条件在最短时间里，发挥出组织力和领导力，组织起此次起义。

　　其次，陈胜是有广博的社会见识、远大理想和抱负的人。在乡下，他给人打短工时，跟工友们说"苟富贵，勿相忘"，引起众人嘲笑。他对工友们说，"燕雀安知鸿鹄之志哉"。陈胜始终认为，他不是凡人，更不想当凡人。陈胜拥有强烈动机，时刻留意寻找各种机会，包括组织兵变和其他形式的造反，实现个人的远大抱负。

　　正如上面的分析，陈胜、吴广和项梁、项羽、张良这些六国旧贵族一样，可能都有着贵族血统。这些人并不安分，渴望社会回到战国时代。在那个时代，天下遍布诸侯国，国家间战事不断，各国想在这样的国际背景下存活下去，并不容易。为生存和发展，君王们对有治国才能、打仗技能和政治运筹能力的人很尊重，给予这些有真才实学的人立功发展的机会。这些人通过立功，获得封侯封爵等相关奖励，从此享受鲜衣怒马、豪车美宅的贵族生活。

在秦朝，战争频次减少，立功受奖的机会不多。天下一统后，秦朝皇帝面临灭国级别的压力小很多。国家需要更多能干活、会生产和守法的百姓，不太需要在乱世有用武之地的辩士、武将和谋臣。那些从旧六国存活下来的武将、谋臣，以及受过这方面训练的人，要么失业，要么改弦更张。那些旧六国的贵族后裔，在秦朝沦落为平民，自然心理失衡，非常希望能够推翻秦朝，恢复旧有秩序。

陈胜和吴广很可能属于希望造反变天、改变当前无望生活的人。我们不知道，在大泽乡之前的漫漫长夜，他们忍受着怎样的煎熬和孤独；在大泽乡，他们终于等到一个绝佳机会；在大泽乡之后，他们将压抑已久的愤懑与不满全部释放出来，畅快淋漓，登上人生巅峰。

此外，从《史记》记载看，此次起义是陈胜、吴广胁迫和诱骗大家参与的。既然陈胜是一个对天下事很熟悉的人，对秦朝法律也比其他人更了解。但他在鼓动大家造反时说，"公等遇雨，皆已失期，失期当斩。籍弟令毋斩，而戍死者固十六七"。这个说法现在看来显得很不靠谱。学者程步认为，从湖北睡虎地考古发掘出来的秦朝竹简看，根据秦律规定，戍边迟到，戍卒最多接受罚款的处罚，并不是被处死。从现实角度考虑，这样的规定确实合情合理。那时候，交通不发达，远赴边疆驻守，要走很远的路，即便全力以赴，也不容易按时到达。由不可抗力导致"失期"，秦朝若把这些国家宝贵的人力资源毁掉，显得很不明智。

但有些学者认为，对失期的人"不斩"的法律，可能不适合秦二世时的秦朝。据《史记》记载，秦二世即位后，修改很多秦律。很可能对戍边迟到问题加大处罚力度，有可能出现这种严苛至不近人情、不通常理的律条，但目前没有过硬的证据证实秦二世究竟修改了哪些法律，也无法找到证据，证明确实有"戍边失期当斩"这条新规。

其实，从陈胜动员戍卒们起义的过程看，秦律可能没有那么残酷。根据《史记》记载，陈胜鼓励大家起义时说"籍第令毋斩，而戍死者固十六七"，这句话的意思是，"大家现在继续出发，没有按时到达边疆，即便不被国家处斩，戍边过程中也有六七成的人会死。"这句话可以表明戍边很危险，可能会在作战中战死，也可能在服兵役过程中累死或者病死。但姑且不论戍边过程如何死，仅从陈胜说的话，不禁让人产生疑问，到底按照秦律对这些没有如期到达边地的人，是杀，还是不杀呢？说实在的，从他的话看，陈胜好像承认，"籍第令毋斩""戍边失期"并不会一定依法被处死。由此推测，众戍卒响应陈胜、吴广号召，反秦起义，绝不是因为陈胜说的这番话。

五、陈胜、吴广为什么能成功

根据《史记》记载，在说这句话之前，陈胜、吴广非常认真地做了三件事，最终成功地促使众戍卒跟他们走上不归路：一是擅杀带队的将官。陈胜、吴广用挑衅的方式惹怒秦朝带队的将尉，并出手杀掉他们。按照秦朝军律，带兵官一旦被杀，他手下的兵一定要被连坐，谁也脱不了干系。更何况是手下士兵犯上作乱，擅杀将官呢。陈胜和吴广更像蓄谋已久的造反者，而不是临时起意、不得已而为之的"林冲"。这么看，陈胜、吴广除了诱骗和误导大家参与起义，还胁迫大家参加此次起义。二是陈胜、吴广制造神迹，对众戍卒形成很有效的心理暗示。在准备起义前，吴广把写有"陈胜王"字样的"丹书帛"放到鱼肚里，故意让别的戍卒买鱼时发现它。晚上，吴广在祠堂里边，点上篝火，模仿狐狸叫："大楚兴，陈胜王。"现代人觉得这些都是封建迷信，不足为信。但在当时，百姓对这些无法解释的神秘现象笃信无疑。这些"神"操作客观上促进了起义成功。后世很多人开始起义或造反时，也都有类似的舆论操作。三是以项燕和公子扶苏名义起义，团结"亲秦"和"亲楚"的两类人，并为起义披上合法外衣。项燕是楚国最后的上将军，在抵抗秦军失败后，兵败自杀，死得悲壮，受楚地百姓敬仰，很有号召力。公子扶苏是秦始皇的长子，据说为人仁厚，被秦二世、赵高和李斯联手逼杀，在秦帝国治下的民间很有感召力，在戍卒中，那些"亲秦"的人中，自然会喜欢和爱戴扶苏，希望他不死，而成为秦帝国的皇帝。陈胜、吴广抬出这两个不同阵营里的人，正是借用他们身上"从民欲"的特征，为起义赋予了正义的能量。

陈胜说的更能提起众人精神的话，是那句千古流传的名言："王侯将相宁有种乎？"这句话再配上"壮士不死即已，死即举大名耳"，彻底点燃了压抑和困顿已久的众人。众人血脉偾张，群情激愤，皆曰"敬受命"。这句话迅速传播开来，一代英豪应声而起，其中包括后来叱咤风云的项羽和刘邦。而这句话也点燃了后世无数代人，历史影响力绵延两千多年，进入中国人的精神文化谱系。

从表面看，此次起义显得很仓促，应该很难成功。但此次起义不但做大、做强，而且瞬间形成"燎原之势"。为什么这一次几乎毫无准备的起义，竟然能成功？总结此次起义，可以发现，这次好像临时起意、准备得潦草不堪的起义，无意中进入了一个非常有利于起义发展壮大的"局"。

一是从起义爆发的地点看，大泽乡这个地方经济发达，有利于获得补给，反秦的社会基础非常雄厚。大泽乡是在今安徽省中部偏北地区，这里属于战国时期的楚国，且距秦朝的核心统治区关中比较远。起义后，来自关中的秦朝正规军队不可能迅速赶来镇压。实际情况是，起义军队迅速攻取蕲县后，不到一个月，连克铚（今安徽省濉溪县）、酇（今永城市西）、苦（今河南省鹿邑县）、柘（今河南省柘城县）、谯（今安徽省亳州市内）五个县城。在控制安徽、河南交界的大片区域后，随即决定进攻战略要地陈县（今河南省周口市淮阳区）。陈县在两周和春秋时期，曾是陈国都城；战国后期，又曾经是楚国陪都。秦灭六国后，把陈县定为郡治所在地。以上这些地方都是当时经济比较发达的城市。虽然起义之初，这些起义队伍没有武器，暂时是"斩木为兵，揭竿为旗"。在之后的征战中，这支队伍通过攻占城市，很快得到补给。在攻打陈县之前，起义军已拥有战车六七百乘，骑兵一千多人，步卒达到数万之众，实力已相当强大。同时，围绕大泽乡的周边地区，曾经是楚国和韩国的故地，曾经爆发过惨烈的秦灭楚战争。根据北京大学田余庆教授的研究，秦国派李信率军灭楚时，曾因为在陈县附近爆发反抗秦国的叛乱，导致第一次伐楚失利。之后，也多次爆发过小规模的反叛。这里反秦的社会基础悠久且雄厚，陈胜、吴广在这里起义，很容易得到广大民众的响应。

二是起义军队的规模有利于控制和管理。当时，参与大泽乡起义的戍卒有九百多人。从管理学角度看，任何组织实现高效运行，都面临着如何把组织控制在合适规模之内的问题。从起义效率的角度看，参与起义的人数不能太多，也不能太少。人数太多，不好统一号令，容易出现变数。作为基层军官，陈胜、吴广即使能搞定一个带兵的将尉，如果还有其他将尉，他们能不能瞬间搞定，就是一个未知数。如果不能，则起义很可能会胎死腹中。如果起义军队人数太少，则很难在短期内形成巨大的影响力。一旦在短期内不能做大做强，那么不用等秦朝的正规军过来镇压，秦朝地方军队也有能力将其镇压。这样看，起义队伍的规模至少要达到独立攻占一个中小城市的水平。一旦攻城成功，队伍很快得到补给，在短期内可获得更多的兵员和物资。而陈胜、吴广起义后带出的队伍人数是九百多人，这样的规模不算大也不算小，既能抵抗秦军地方军队，也能迅速壮大，巩固和扩大战果。

三是起义人员都是经过一定的训练，具有一定的军事技能。陈胜、吴广等九百多人是去北部边疆戍边，这是一支承担军事或准军事任务的队伍。在出发前，很可能会接受一定的军事训练，比如接受列队、使用兵器等方面的训练，特别是应接受过纪律性很强的军事化管理。这些人聚到一起，不是一群乌合之众。大概在大泽乡起义一年前，刘邦曾带人去骊山服劳役，主要从事挖土、推车之类的工作，在组织纪律性和作战能力方面要差很多。陈胜、吴广组织这些准军事化或者说已军事化的人集聚在一起，投入作战，很容易上手。显然，这很有利于他们在短期内攻城拔寨，占据重要城市。

除了上述原因，还有另外三个外部的客观原因，也比较重要。

一是秦始皇已死，秦朝政局不稳。大泽乡起义发生在公元前 209 年，而秦始皇在公元前 210 年去世。刚登基一年的秦二世还面临着皇位合法性被质疑的压力，在秦朝上下流传着秦二世谋篡皇位的谣言。秦二世在赵高的辅佐下，处理政敌的手段非常强硬，缺乏策略，丧失了人心。秦始皇具有巨大的威慑力和娴熟的掌控力，只要他在世，很多人即使不满，也不敢造反起事。但二世登基后，大家就不会像对待秦始皇那样敬畏他了。秦朝的政局暗流涌动，天下人心浮动。

二是陈胜、吴广没有受到政府的严密控制，有机会领导起义。当时，秦朝政府为了维护社会安定，对以下两种人进行严密控制。一类是关东六国的旧贵族。秦朝统一六国后，出于怀柔和安抚的政策，对六国的旧贵族并没有赶尽杀绝。那时候，虽然生活很窘迫，但很多六国贵族的族群得以存续下来。比如，在楚地，项氏家族里除了项梁、项羽，我们知道的还有项庄、项悍、项声等人。在齐地，田氏家族里除了田荣，还有田都、田市、田广等人。族群越大，地位相对越高，名望也就越高。从当时情形看，最有意愿、能力和资源首先发动起义的人应该是项梁、项羽、张良等关东六国的旧贵族。这些人的祖上拥有很高的社会地位。张良的祖父连任战国时韩国三朝的宰相，父亲张平继任韩国二朝的宰相。作为韩国高级贵族的后裔，秦国攻灭韩国，对他们的刺激要远远大于普通百姓。公元前218年，张良毁家纾难，在博浪沙雇凶刺杀秦始皇，失败后流亡于江湖。项梁、项羽叔侄自始至终密谋推翻秦朝，并掌握一些地下反叛的武装力量。但这些人始终受到秦政府的监视或追捕，他们没有机会通过正常途径公开地掌握一支人数众多的军队。而陈胜、吴广则不同，他们虽然说也是贵族，但与项梁、项羽、张良相比，应该不在一个层次。而陈胜、吴广起义成功后，来投奔他的都是社会底层的人。

另一类是具有造反倾向的黑社会组织。秦朝还对游离于政府控制外的涉黑组织予以打击。比如曾打击过张耳、陈馀为首的"黑社会"组织，逼迫这两人隐姓埋名，从外黄县外逃他乡。不过，想领导"黑社会"组织，必须要人缘好，能积聚一定人望，这些都是基本条件。但陈胜在乡下和别人一起务农时，对嘲笑他的人说："燕雀安知鸿鹄之志哉。"显然，他为人比较孤傲，很难成为"黑社会"组织的首领。在到达大泽乡之前，他应该不是"黑社会"组织的头目。因此，尽管陈胜、吴广在秦末第一个拉起起义大旗，但他们在平时应该不是秦朝政府重点监控的对象，这也就可以解释，为什么最终是他们，而不是那些更热衷起义的人第一个挑起反秦大旗了。

三是秦朝在大泽乡周边没有布置足够多的正规军。秦朝创建之初，收集天下兵器，铸造了十二个铜人，放在咸阳。迁关东六国具有社会号召力和经济实力的贵族入关中居住，既削弱六国旧地的经济实力，也防止这些贵族在六国旧地鼓动民众反抗秦朝，开展复国运动。在秦朝看来，六国故地的民众失去了造反能力、条件和实力。与此同时，秦朝继续开疆拓土，秦朝征发五十万军卒，南征百越；征发三十万人，北防匈奴。之所以这么做，主要原因是，秦朝实行郡县制度，如果百越之地无法被征服和纳入行政管理体系，对那里实施编户齐民的管理，那些不愿或者受不了秦朝管理的民众，会大量逃亡到百越，长此以往，会严重冲击秦朝的郡县制度，甚至动摇该制度得以有效运作的社会基础。因此，秦朝必须把国家腹地的军队征调走，实行"虚内强外"国防战略。当大泽乡起义爆发后，陈胜、吴广率领的队伍几乎没有遇到实力强大的正规军队，为这支起义军队迅速壮大提供了千载难逢的机会。

六、陈胜、吴广为什么败亡

虽然陈胜、吴广起义很快做大做强，但在章邯率领的秦军打击下，很快败亡，陈胜、吴广先后被杀。后人总结他们失败的原因有很多，比如起义队伍从开始就各自为政，一盘散沙，争权夺利，内耗过甚；陈胜、吴广志大才疏，缺乏谋略，过早称王，暴露了自己的野心，气度不足，缺乏领袖气质，难以成就大事业；得意忘形，贪图享乐；赏罚不明，滥杀无度，难以网罗优秀人才，诸如此类。但总结后，应该有以下几个重要原因。

一是陈胜没有顺应社会思潮，失去六国特别是楚国贵族及其后裔的支持。秦末，那些关东六国贵族后裔虽然已经是亡国之人，成为被秦朝重点监控的人群，但毕竟秦朝建立时间不长，在战国时代的关东六国中，老百姓接受贵族统治已延续几百年，形成很多不容易在短期内改变的社会心理。比如，老百姓对从贵族后裔特别是国君后裔中选出的统治者更认可，觉得这些人当起义的领袖，理所当然，合情合理。如果陈胜、吴广起义后，让这些贵族的后裔当君王，哪怕是名义上的，由贵族后裔挑头，组成临时性的、过渡性的政权，尊重一下老百姓的传统心理，也不至于迅速被抛弃。

在战国时期的关东六国中，一个人能成为某国的国君或权臣，背后都有氏族支持。这些人作为各个氏族的代表参与国家政治。这些氏族不仅控制着大量的财富，还控制着众多的人力资源。虽然秦帝国统一六国之后，打击旧六国的氏族，但是秦帝国立国时间短，这些积累了几百年的氏族的根基不可能被完全摧毁。如果在秦末，起义军能争取到关东六国氏族的支持，就能在短期内得到大量资金和人力的支持。而能否争取到这些人的支持，主要就是在起义军中主动给他们官职和地位，或者拥立他们为起义军的首领，也就是说，拉他们入伙，赋予高位，或者让他们挑头。

当时，有很多人都认识到利用这些有影响力的六国贵族的益处。比如，张耳和陈馀去投靠陈胜时，张耳曾向陈胜献计，"愿将军毋王，急引兵而西，遣人立六国后，自为树党，为秦益敌"。范增投靠项羽的叔父项梁时，也劝说他立楚王后裔熊心为楚王，以此号召楚地的百姓响应反秦起义，支持楚国复国。像张良这些贵族后裔，当初参加起义的唯一目的，就是恢复秦统一六国前自己所在国的社稷。

陈胜称王后，虽然打着"张楚"的旗号，公开表示"张大楚国"，他自己却称王了。老百姓一下子从心理上不太认可。更关键的是，很多比他地位高的贵族后裔很难从心理上服他，也很难真心追随他。这些人背后所代表的氏族力量不可能支持他。

同时，陈胜建立的国家叫"张楚"，这意味着他把自己定位在诸侯的位置上，那么，关东六国中其他如魏国、赵国、齐国、燕国，会怎么看呢？他们也趁着这个机会，恢复自己国家的政权。齐国国君的后裔田儋，趁天下大乱很快自立为齐王。魏国人周市，占领魏国故地后，派出使者，往来五次，说服陈胜把魏国宗室的公子咎送给他。陈胜答应后，在魏地，周市拥公子咎为魏王。

　　陈胜攻入陈县之后，在当地父老、豪杰的推举下，他被立为陈王。但经过以上分析，可以发现他这样做实在太草率了，瞬间失去了很多支持。可以说，陈胜打造了一个自己无法控制的平台，戴上了一顶"大一号"的不适合自己的"帽子"。

　　二是陈胜、吴广的出身不高贵，在社会上没有真正号召力。陈、吴二人虽然也算是贵族后裔，但与楚怀王、赵王歇、魏王豹、韩王成等关东六国国君或者权臣的后裔相比，这两个人的贵族身份就显得不够分量了。按照司马迁的说法，陈胜称王后，以前和他在乡下一起受别人雇佣种田的老朋友，来找他"共富贵"。陈胜也答应了，可这人言语轻佻，在大庭广众之下，说陈胜以前的窘事，不尊重陈胜，后来让陈胜给杀了。很多人把这事看成陈胜不会团结人的例证。但也可以反过来想这件事，难道说，陈胜对以前的旧相识以礼待之，并对关于他的不敬言语听之任之，陈胜就能得到大家的拥护，并夺取天下吗？其实也未必。种种迹象表明，虽然都借用陈胜的名号纷纷起义，但大家对陈胜、吴广并不尊重，甚至可能还认为，他们靠投机取胜，对他们的能力并不完全信服，自然对他们不会产生尊重和敬畏之心了。

　　比如，武臣、邵骚、张耳和陈馀受陈胜之命去河北征伐，当他们在河北站住脚，就在一起商量，擅自立山头，脱离陈胜控制。经过商量后他们决定，武臣称赵王，陈馀为大将军，张耳为右丞相，邵骚为左丞相。陈胜刚称王，秦嘉等人也都趁势起事。陈胜派一个叫武平君的人过去，监督秦嘉作战。武平君相当于陈胜派到秦嘉军中的监军。不过，秦嘉对大家说，武平君年少不懂军事，鼓励大家不要听他的，还以陈胜的名义杀了他。

　　由此可见，这些人投靠陈胜、吴广更像是趁着他们开创的起义时机，为自己捞资本和好处。

三是陈胜、吴广没有坚强、稳固的核心团队。虽然陈胜、吴广出身不算太高贵，但刘邦还不如他们。可是刘邦却拥有一个紧紧团结在自己周围的集团，后世称之为"丰沛集团"。这个集团里的人很多是在刘邦没有起义前，已经和他有多年良好的私人感情，信任他，愿意和他同甘共苦，愿意接受他的领导打天下。在这些人中，有萧何、曹参、樊哙、夏侯婴、卢绾等人。

陈胜、吴广始终缺乏这样一支拥护他们、忠于他们并对他们不离不弃的核心团队。起义后，尽管很多人来投靠，但这些人中很多对他们并不忠心，也不是真心拥护，完全是希望利用他们的声望，实现个人的抱负。正是因为没有核心团队的拥护和支持，虽然陈胜、吴广的名头很大，但当他们遇到重大打击时，周围全力作战、誓死保卫的却很少。而他们一旦遭到重大挫折或者失败，当初投靠他们的人，要么坐视不管，要么就作鸟兽散。他们不得不面临彻底的失败，根本没有像刘邦那样有多次东山再起的机会。

四是赏罚不明，滥杀无度，自毁长城。由于陈胜、吴广打造了一个与自身条件不相称的平台，使得他们从一开始就失去对全局的掌控力。从目前的史料上看，在应对局势不稳和失控问题时，陈胜采取了极端错误的方法。

举个例子可以说明。吴广奉命攻打秦朝重镇荥阳，但久攻不下。他手下的将领田臧认为吴广骄傲，且不懂兵法，于是就矫陈胜的王令把他杀了，并把吴广的首级送给陈胜。吴广本无罪，且有拥立之功，现在身首异处。凶手杀了人，还派人把首级送来，陈胜非但没有惩处田臧，反而封田臧为楚国令尹，赐予上将军职。可见在当时的情况下，陈胜赏罚不明，怎能不失掉人心？

相反，陈胜放掉该杀的人，却把不该杀的人杀了。陈胜手下有一员大将叫葛婴，在外面攻城略地，立了一个叫襄强的人为楚王。但他听说陈胜自立为王后，就主动杀了襄强，还亲自跑回去，把这个事告诉了陈胜。看来葛婴还算是一个忠诚之人，但陈胜还是把他给杀了。

又比如，一个叫邓说的将军，是和他来自一个地方的人，邓说和章邯军队作战，打了败仗。按说胜败乃兵家常事，而章邯率领的秦军已经打到了家门口，陈胜正需要人对抗秦军，但在这个关键时刻，陈胜竟然把邓说杀了。

陈胜滥杀无度，直接导致他身边难以聚集优秀人才。后来，陈胜在逃亡的路上，被车夫庄贾谋害。庄贾这么做，除贪图秦朝奖励外，也不能排除他是一种出于自危心理的自救行为。

从秦朝方面看，陈胜、吴广是此次全国性叛乱的祸首，打掉他们，对威慑其他叛乱队伍，具有很强的象征意义。所以，章邯率领秦军东出函谷关后，必将首先打击陈胜和吴广。所谓"出头的椽子先烂"，陈胜率先遭到秦军猛烈攻击，当在情理之中。

章邯攻打陈胜之前，陈胜趁着起义风潮汹涌之势，主动派出军队进攻秦帝国的关中腹地。不过，他选的将领是周文。周文曾在春申君、项燕的军队做过将领，但独立指挥如此大规模的作战，经验和能力严重不足。陈胜将攻击秦帝国核心地区的重大任务交给他，是致命的败笔。最后，在咸阳附近，周文大军被章邯杀得大败。

陈胜死后，后世给他的谥号是隐王。《谥法》云：怀情不尽曰隐。这个谥号很适合他。汉朝给陈胜很高的政治地位。这也可以理解，刘邦的出身低，起兵反秦，只有依据"王侯将相宁有种乎"的口号，追溯到陈胜建立的"张楚"政权，汉朝的建立才能找到法统基础，汉朝只能继承陈胜留下的政治遗产。唯其如此，刘邦立下的"除暴诛叛"功业（除暴，是指第一个进入关中,消灭秦朝;诛叛,是指打败项羽),才有正当性。刘邦成为汉朝开国皇帝,才具有合法性。

刘邦建朝后,在芒砀山为陈胜置守墓人三十户,四时祭奠,一直到司马迁写《史记》的时代依然延续着。

第二章

大变局中的侠客

一、秦末的那些侠客

陈胜、吴广起义后，活跃在历史舞台上的人物，是项梁、刘邦、项羽等人，以及范增、张良、韩信等谋士、战将。这些风云人物有一个共同特征，那就是侠客品质。后来，跟着刘邦和项羽推翻秦朝的人，细究起来，都算是侠客，或者是认可侠客行径和做派的人。从某种意义上讲，秦朝是被一群侠客推翻的。为会朋友、学习技能、挣钱等目的，侠客经常要游走和聚会，他们也被称为游侠。

西周时期是一个贵族占统治地位的社会，但到东周，诸侯国之间的征伐日益激烈，战争频率越来越高，规模越来越大，各国生存压力与日俱增。因为保命要紧，大家顾不上什么周礼了，按照孔子的说法，华夏进入礼崩乐坏时期。为提高军事和行政效率，各国纷纷加强中央政治集权，仅靠贵族已不能满足战争和治国理政方面的需求，需要吸引社会各阶层人才。有才能的侠客越来越得到各国国君和贵族的重视。在各诸侯国，权臣和贵族拿出大量财物，吸纳和供养大量门客，为国家储备人才，用于处理各项国家事务。

为吸引更多人才，各国放开言论，不敢得罪这些侠客，对他们的观点和行为比较包容。这些侠客勇于发表独立见解，彰显不同价值观和为人处世的思想；勇于任事，为君主、贵族和国家排忧解难。侠客拥有治国安邦和处理具体问题的能力，在战乱时期，他们很容易出将入相，成为大众明星，受到大家热烈追捧。有很多侠客靠努力和机遇，与各国传统贵族一起，进入政治权力体系，参政议政，建功立业，逐渐成为新的统治阶层，甚至成为世袭贵胄。

学者王学泰认为，"侠"的产生是在贵族社会解体过程中一种非制度化的分权，一定程度上抵制了日益发展的集权化趋势。贵族行使权力，因为它是垂直等级制度的一部分。侠的权力产生于社会网络组织内部，通过社会关系横向联合和积聚后形成。秦朝建立后，天下被皇帝一人专制，贵族社会向皇权社会转型。国家需要遵纪律和守规矩的官僚，而不需要爱发表不同意见、分散国家权力的侠客。国家崇尚"以吏为师，权出一孔"，对社会实施严格控制，控制贯穿肉体和思想。在法网严密的秦国，那些关东六国的贵族和崇尚侠客之风的人被迫流落民间，躲避秦法的戕害，彻底丧失影响社会的权力。"侠风"被打压，任何人再想像战国时期那样，通过横向结合，积累和发展个人权力，成为掌握话语权和社会政治权力的侠客，已是不可能的了。

在秦末，侠客大体上源于关东六国国君的直系宗室、世家大族和大夫的后裔，贵族豢养的门客，以及向往贵族和游侠生活的平民。这些人关心公共事务，济危助困，但和那些仅仅出于同情心，在力所能及的情况下偶尔帮助他人的人不一样。他们把关心他人、锄强扶弱的行为，看成是履行应尽的义务和职责。

简单地说，游侠的特征是"任侠使气，重义轻生，遵守承诺，爱憎分明"。在秦以后的专制皇权王朝里，一个人想当标准的侠客，最起码要做到如下三点。

一是利他，即热衷于公共事务，关心超出自身利益的事。最典型的是"路见不平拔刀相助，扶危救困，救人于危难之中"。有人曾让金庸总结什么是大侠，他说，"侠之大者，为国为民"。为国为民应该是高级官员做的公共事务。按照金庸的解释，大侠做这些事，相当于履行一个国家高级官员的职责。

二是思想独立，反主流。这里所说的反主流，并不是指反对普世价值观。在战国时期，侠客们和贵族们参政议政，要求具有独立健全的思想和自由思考、不服从权威的精神，敢于站在各自立场和角度发表独立见解。可以说，他们要有自我意识的觉醒和对传统社会、等级社会的反抗精神，推崇个性和自我价值观的实现，并具有自成体系的是非、善恶观。侠客们经常反对的是专制王朝宣传的主流观点，甚至是主流的价值观，很有点"在野党"的味道。

三是讲诚信，为人谦逊，观点明确。讲义气，注重社会交往，守承诺；为人谦卑敬业，不仗势欺人；做人做事的态度明确，不因为趋利避害随意改变自己的立场。这些品行都是在处理公共事务中必备的。侠客之间虽然不能像政府那样，有固定的章程约束彼此行为，形成规范化的社会关系网络，但他们靠"声誉机制"约束和激励自己。在江湖中，积累值得信赖的名声，受到百姓的拥护和拥戴，构建与其他侠客稳固且可预期的友谊，集聚起网络化且横向勾连的社会力量，才有可能掌握民间政治的话语权，形成影响力，控制相应的社会资源。

他们推崇有恩必报讲义气、重情义的做人准则，通过救助他人、取信他人，赢得被拥护和追随的声望，树立在江湖政治中的地位，形成与"庙堂"对抗的力量，瓜分或分享社会政治权力。

游侠生活和工作的地方在民间，也就是所谓的"江湖"。官员生活和工作在"庙堂"，也就是政府。李开元教授认为，政府政治是"白道"，民间政治是"黑道"。二者同质异体，本质上都是强制性的社会统治体系。

后世很多侠客并不是真的侠客。他们也许讲义气、重朋友，并自觉自愿地组织成一个个江湖组织。不过，如果细究下来，他们可能只学到侠客一些表面做派，却没有侠客的精神内核。这些人聚到一起，仗着人多势众，以义气为纽带，凝聚队伍，对他们圈子以外的人，恃强凌弱，欺压劫夺，对圈子以内的人苟且、纵容和袒护，依靠武艺高强和头脑灵光，为满足自身利益和组织利益，打家劫舍，劫财掠色，欺良压善，那就不是真的侠客，而是披着侠客外衣的盗匪。

从大的历史脉络看，游侠、骑士是贵族社会的流风余绪，只有贵族社会之后才会有游侠和骑士。先秦社会是贵族社会，南北朝时期，在各个国家中，特别是北朝，贵族很多。到了皇权专制开始强化的唐朝，贵族风气则充分体现在了侠客身上。中国最早的武侠小说源于唐代，主要集中在唐传奇中。如《虬髯客传》描述了虬髯客、红拂女等唐朝侠客。李白写过一篇有名的诗，叫《侠客行》，从诗中可以看出，李白很推崇"十步杀一人，千里不留行"的任侠之气，他把当侠客作为人生追求，特别推崇战国时期的著名侠客鲁仲连。

在科举制度下，从宋朝起，传统的贵族阶层几乎消亡，社会风俗转向世俗化、市井化。在"江湖"和"庙堂"，很难再看到汉唐时代那些带有贵族气息的游侠和侠客精神。

所谓的游民和侠客有着显著区别。游民虽然经常游走江湖，也靠社会关系网络维持生存，但游民之所以离开主流社会，是因为天灾或者人祸，不得不脱离宗法社会组织。他们游走，以及因游走而形成新的社会关系网络，是迫于无奈。他们一般没有关心公共事务的贵族精神。游走是为了找到适合生存的地方，或者在游走过程中，找到食物和适宜生存的地方。他们一般不是源于贵族，而是平民。

在秦末汉初，秦朝通过编户齐民的方式，严格控制百姓的人身自由，只是到了秦始皇晚年和秦二世时期，秦法过于严苛细密，百姓不堪忍受，落草为寇、弃乡逃亡的人越来越多，但这些人为防止地方官员的追捕，不可能流落市井、乡里，而是逃到官府控制力小的山区、湖沼等地，成为盗匪。当时，在江湖社会游走的人则以侠客为主，游民比较少。那么，为什么说秦朝是被侠客们推翻的呢？

第一个原因是，侠客们都有造反意愿和动机。战国时期的侠客们把侠客作为职业看待，已经具备处理公共事务的责任感、荣誉感和价值感，也具备相应的知识和能力。秦统一六国后，在皇权专制体制下，公共事务交给各级官僚负责。此时，国家需要的是唯皇命是从的官僚，排斥、打压贵族阶层，不允许任何政治集团分享皇权，更不会放纵和皇帝、官府的权威分庭抗礼的侠客群体。

为强化专制，秦朝全面控制社会资源，全方位、立体式打击各路侠客。这些侠客和他们的拥趸为从事侠客职业，不得不转入"地下"。当然，他们会因此倍感憋屈和愤怒。侠客们反感秦帝国，如果有机会推翻它，自然不会放过。其中，那些心怀灭国之恨的关东六国贵族后裔，是最痛恨秦政府的一群人。他们被迫脱离原来的统治体制，不得不以"地下侠客"的身份和面目示人，政治前途一片黯淡，生活品质一落千丈，出于报复和重新夺回失去的利益的目的，这些人也更加热衷于推翻秦帝国。

第二个原因是，侠客们有能力和人望，很容易成为各路起义军首领。那时，侠客一般是有文化、有武艺、有领导力、有见识的人，帮助大家排危解难，已积聚起良好人缘和崇高人望。他们喜欢结交社会各阶层人士，人脉关系广,调动社会资源的能力很强大。在全国起义风潮涌起之际,这些人一旦站出来,振臂高呼,号召反秦,瞬间可以赢得很多人追随和支持。秦末涌现出的各路起义大军分别由各地区大大小小的侠客率领,也就不足为奇了。

在这些推翻秦朝的侠客中,有一个取得最后成功,开创几百年基业的,就是刘邦。刘邦是秦末侠客群体中最杰出的代表。

二、游侠刘邦

　　为什么说刘邦是侠客呢？在《史记·张耳列传》中有一句话，可以作为刘邦早期游侠经历的一个剪影。"秦之灭大梁也，张耳家外黄。高祖为布衣时，尝数从张耳游，客数月。"在秦国攻灭魏国后，刘邦曾跑到外黄县（今民权县），追随当时在江湖中比较有地位的大侠客张耳。

　　张耳本是魏国信陵君的门客。信陵君死后，他离开大梁城，到外黄县与当地一个富家女结婚。借助老丈人家的钱财，摇身一变，成为当地的"小信陵君"。《史记》记载，在外黄县，张耳"致千里客"，招徕各方英才豪士，其中包括年轻的刘邦。

　　当时，天下政局纷乱，战乱频仍，政治和社会秩序混乱。一个人平时出远门，已很不容易。刘邦从家乡沛县丰邑（今沛县境内）到外黄县，至少要走几百公里。刘邦能慕名投靠到张耳门下，一方面要花费不少钱，另一方面冒的风险也很大。秦军攻灭魏国迫在眉睫，魏国灭亡已成定局。天下大乱，秦军肆虐，这时候刘邦跑这么远的路，去投奔张耳，只能说明刘邦不是仅把当侠客作为兴趣爱好，而是很认真地把当侠客作为终身追求的事业。其实，刘邦的父亲并不支持他的游侠行径，经常背后数落他游手好闲，不务正业，希望他学兄长在家老老实实地从事生产劳动。他这次远行更像任性而为的离家出走，具有浓厚的理想主义色彩。

刘邦跟着张耳，而张耳跟着信陵君。刘邦算是侠客的粉丝。刘邦因追逐和向往贵族生活，努力成为侠客。如果按照参与贵族社会和阶层的深度划分侠客等级，刘邦应是二流侠客。但如果按照能力和对侠客品质的要求划分等级，刘邦应是超一流的。

当然，应该承认刘邦出身于社会底层，市井生活对他的做派和性格影响很大。他极度推崇侠客之风，但长期生活于市井之间，接触到形形色色品位不高的人，他身上难免沾染很多市井气。这些气息直接反映在他的说话和做事上。比如，为显豪迈之气，他总忍不住把"乃公"挂到嘴边。"乃公"翻译成今话，就是"你老子我"的意思，让士人感觉他粗鄙不堪，不登大雅之堂。

很长时间以来，刘邦的侠客或者说游侠的身份，被人们忽略了。但是，如果不把刘邦看成一个侠客，很难理解他以后的很多言行和抉择。学者谌旭彬认为，理解汉王朝建国之路上的游侠背景，是解开汉帝国内部变幻莫测的政治风云的第一把、也是最重要的一把钥匙。因为之后所发生的一切，分封异姓诸侯、白马之盟、吕后称制、无为而治等政治命题的出发点，都基于这一点。汉帝国原本是以游侠为基础而建立起来的。刘邦在建功立业期间和称帝以后的所作所为，都能从他当游侠的生涯中找到原因。那么，他的早期游侠生涯是什么样的呢？

年轻时，刘邦是游走于江淮之间的游侠。他主动投奔到张耳门下，被记入史书。后来，张耳投奔刘邦，他与刘邦的关系始终比别人显得更亲近，而刘邦对张耳格外关爱。在秦帝国的打击下，围绕张耳形成的社会组织，被定性为"黑社会组织"。张耳被秦朝政府通缉，不得不隐姓埋名，逃往他乡。刘邦被迫回到沛县，这次冒险之旅，有始无终。从时间上推断，这时他大概三十二岁。公元前 223 年，秦国灭楚国。如果是这一年，刘邦在家乡参加当地的公务员考试，成为沛县泗水亭长，那么，他这一年应该是三十四岁左右。四十七岁之前，他一直在泗水亭长任上。

按照传统理解，刘邦不学无术，没什么文化。唐朝章碣写过一首叫《焚书坑》的诗，最后两句是"坑灰未冷山东乱，刘项原来不读书"。这句话在历史上很有名。但实际上，刘邦在年轻时读过书，学习成绩应该还不错。《史记·韩信卢绾列传》记载，卢绾和刘邦两家是街坊邻居，他两人又是同年同月同日生，刘、卢两家关系很好。刘邦和卢绾作为发小，关系一直很亲密，一同长大，一同入学堂。"及高祖、卢绾壮，俱学书。"等到他们成年后，里长为他们两家摆酒宴，祝贺他们从小一起既读书且友爱。"里中嘉两家亲相爱，生子同日，壮又相爱，复贺两家羊酒。"刘邦读过书，考上秦朝基层公务员，应在情理之中。

可是，从三十四岁到四十七岁，刘邦在漫长的十三年中，始终只在当泗水亭亭长。《史记·高祖本纪》记载，"高祖，沛丰邑中阳里人"，他的家乡在沛县丰邑（丰邑是今天的丰县），他长期工作的地方在沛县的泗水亭，沛县算是他的第二故乡。按照官员选拔和晋升的速度，十三年没有被提拔，确实不常见。这么长的时间，刘邦为什么没有得到提拔呢？

秦朝的亭长类似于现在的街道办事处主任兼派出所所长。按照秦朝官员选拔制度，秦朝有相对客观且规范化的官员选拔机制，对官员的出身并不看重。尽管刘邦出身社会下层，但只要干得好，有业绩，还是有很多提拔机会的。比如，萧何在沛县做过"主吏掾"，主管群吏考核、选任和辞退工作，相当于县一级政府的人事局长和组织部长。他曾配合秦朝派来的御史工作，由于业绩很突出，御史欣赏他，想提拔他。但萧何坚决不愿意，主动放弃这次提拔机会。在整整十三年中，刘邦所做的亭长工作肯定没有得到上司认可，或者在秦朝官员选拔机制中，刘邦并没有突出业绩，无法提拔。如果不出意外，再干几年后，他就会按时退休了。

刘邦长期得不到提拔，大家一定不会认为，他的工作能力和水平有什么问题，他的能力后世有目共睹、不言自明，既然都有能力当皇帝，还没能力被提拔吗？那么，可以推断，问题一定出在他的个人品性和追求上。从当上亭长以来，他从未放弃游侠本性，而游侠本性和他在官僚组织内的本职工作一定产生冲突。如果他从未主动融入官僚体系，而是任侠使气，不被提拔则属必然了。他的这种任侠气质，在第一次遇到未来的岳父吕太公时，展现得淋漓尽致。

吕太公为避仇家，从单父县来到沛县，因为和沛县县令是朋友，全县各级官员和地方大贾听说后，为巴结县令，到吕家拜贺。既然巴结领导的朋友，宾客们自然不能空手而来。萧何当时负责主持这次宴会。由于来拜贺的宾客太多，正堂屋地方又小，所有人不可能都坐到那里。为此，只能定一个规矩——拜贺礼金，不满一千钱的，都坐到堂下。刘邦来后，开口说，带来一万钱贺礼。萧何知道刘邦的家底，在旁边打圆场，说"刘季喜欢说大话，很少能办成事"。从这个事可以看出，刘邦表面上是来拜贺吕太公，但更像是来搅场子、捣乱的。

刘邦这么做，有一种说法是，刘邦和县令关系好，不怕得罪领导。但这种行为也可以有另一个理解，刘邦不遵守官场规矩，任情而为，公开蔑视县令，以及县令代表的秦政府。如果考虑到他是一个侠客，那么，这么做甚至可以理解为，对现有体制表达一种藐视和不合作的态度。

从萧何对他的态度看，刘邦这种任侠使气的品性在中下级官僚中，并没有被排斥，或者说，他在中下级官僚中的人缘还不错。可以想见，他对县令的不尊重态度，让他在体制内发展遇到瓶颈，体制内掌握实权的人很难赏识和提拔他。

夏侯婴是沛县县衙的司机。有空闲时，他喜欢找刘邦玩耍和聊天。他们是属于有共同语言的"职场加江湖"的朋友。有一天，刘邦误伤了他。刘邦是官员，一旦伤人，按照秦律规定，他应受到更重的刑罚。但夏侯婴为保刘邦，主动站出来作伪证，证明刘邦没有伤他。为此，他反而坐一年牢，挨了几百鞭子。从这件事可以看出，那时候，亭长刘邦在体制内没什么地位，上级领导对他没有任何温情和眷顾，反倒在民间和中下级官员中非常有人望。从这个事件上看，甚至也不能排除刘邦的上司有借故找碴儿的可能。

在十三年的"基层公务员"生涯里，在体制内，他没有和任何一个能提拔他、欣赏他的高官，搭上交情。刘邦实际上在"混日子"。

虽然不追求晋升，但他从事任侠活动却很积极。比如，《史记·萧何列传》记载，萧何对刘邦常以吏事护之。《史记·韩信卢绾列传》记载，刘邦"有吏事辟匿，卢绾常随出入上下"。有学者认为，所谓吏事，就是指刘邦在私下里做一些秦政府所不容的任侠之事。大概他经常做这些事，时间长了，难免露出马脚。而好友萧何利用职务之便，为他开脱，帮他逃脱责罚。但他做的那些违法乱纪的事，他的上司不可能一点儿不知道，肯定对他这种行为不满。如果提拔他，难免会在将来受他连累。

刘邦既然如此热衷于从事游侠事业，从思想观念上就很难认可秦朝的法网森严、等级观念强的官僚体制。刘邦大概也不愿意委屈自己，平时也就不会主动讨好上司，谋求一官半职。可以想象，即使有机会提拔，他也会像萧何那样拒绝。

刘邦的家乡丰沛地区，与楚国、齐国和魏国相毗邻。据学者研究，在这里，有很多为躲避秦军打击从魏国迁来的移民。据推测，刘邦先祖很可能来自魏国。在这个地方，虽然从行政隶属关系上应归楚国，但魏国文化很浓厚，有很多人崇拜信陵君。齐国孟尝君的封地在薛地（今枣庄市），与丰沛地区毗邻。从现在地理位置看，沛县和枣庄市中间，仅隔着一个湖泊，这个湖泊就是著名的微山湖。孟尝君喜欢养士，民间流传着很多有关他不拘一格养士的故事，比如，"鸡鸣狗盗""冯谖弹铗"等成语，均出自于孟尝君的事迹。刘邦生长在这里，深受齐国和魏国侠客文化的影响，身上沾染侠客思想，追求侠客做派，也就可以理解了。

魏国信陵君是战国末期"四公子"之一，喜欢养士，曾为解秦军对赵国都城邯郸围困，"窃符救赵"，救他国于倾危之中。从国家层面看，信陵君窃符救赵，是为他国安危，不顾个人政治前途和性命，以一己之力救天下，引万人敬仰。从民间层面看，信陵君是"从道不从君"的拂弼之臣，不媚权贵，坚持普世的价值观。他虚怀若谷，不顾门第，惜才爱才，广交天下豪杰名士，将战国游侠风气推向历史顶峰。生前，他的名声响亮于各国朝野，身后之名更是广布于民间。他是战国乃至秦朝时期，在民间最有影响力、最具侠气的贵族。刘邦是信陵君的粉丝，以他为人生榜样，终生不渝。

刘邦当上皇帝后，只要有机会路过大梁，一定亲自去祭祀信陵君。汉高帝十二年（公元前195年），他最后一次来到大梁（今开封市），祭祀信陵君后，安排五家守陵人，世世奉祀信陵君。说明直到晚年，刘邦身上依然保持着信陵君式的游侠品性。

刘邦能最终夺得天下，建汉开国，拥有超越功利的精神追求和矢志不渝的品行坚持，这是不可少的。面对复杂的斗争环境，如果一个人仅讲求功利，即使聪慧过人，机敏练达，也不足以吸引有节操、有志向和有情怀的杰出人士追随他。他所率领的团队，因缺乏价值追求，也会外强中干，难当大任。古今做大事者，终成伟业的人，概莫能外。

三、刘邦的革命

作为游侠的刘邦，在陈胜、吴广起义后，天下大乱时，他怎么能成为丰沛地区的起义领袖，并获得"第一桶金"呢？

在天下大乱之际，要想脱颖而出，成为一个地方的领袖式人物，需要几个条件：一是在本地有一个拥护他的团队；二是个人要有较大名声，让大家都知道他；三是要获得各方势力认可和接受；四是竞争对手不能太强。而刘邦不具备以上所有条件。

第一个原因是刘邦在体制内的官位很低，仅是亭长。在沛县境内，如果用体制内职务衡量地位和影响力，比他高的有萧何、曹参和沛县县令。刘邦能掌握的体制内物质资源、人力资源极为有限。

第二个原因是刘邦在沛县的江湖地位不高。在游侠社会，虽然并没有很严密、规范的组织系统，但这个社会效仿庙堂，以心照不宣的契约方式，建立起上尊下卑的等级关系。比如，侠客群体里，被分为国侠、县侠、乡侠和里侠四个等级。当时，在沛县有个县侠，叫王陵，刘邦曾以"兄事陵"，把王陵当"带头大哥"。在沛县，刘邦并没有占据江湖政治的制高点。他应该属于乡侠级别，仅在丰邑有一定影响力。即使有樊哙、卢绾、夏侯婴等人追随他，但仅靠这些小游侠的拥护，刘邦不可能在全国起义风潮涌起之时，瞬间成为丰沛地区的起义领袖。

那么为什么后来他又成为这个地区的起义领袖呢？

尽管有以上两个不利因素，但起义浪潮波及丰沛地区时，这些因素都没了，而有利于他成为起义领袖的因素却突然出现。刘邦成为丰沛地区起义军队的首领，被尊称为"沛公"。这一称谓来自楚国官职，相当于沛县县令。

第一个原因是起义浪潮波及丰沛地区时，刘邦已提前一年多落草为寇，公开与秦政府对抗，在沛县，是反秦起义的"元勋"。根据《史记》记载，刘邦曾奉命带领丰沛地区的民工，去骊山修秦始皇陵。但他们还没出沛县辖区，很多民工私自逃走。刘邦无法制止，如果继续往咸阳走，到达目的地后，他难免受到秦法追责。走到丰西泽时，刘邦干脆把队伍解散，对大家说："你们都跑吧，我也不干了。"从此，和大家一起，跑到沛县以南的芒砀山（今河南省永城芒山镇境内），隐匿于江湖。据学者刘磐修的研究，这件事应发生在秦始皇三十七年（公元前 210 年）七月左右，比陈胜吴广起义提前了一年左右。

这么看，刘邦反秦与陈胜、吴广不同。刘邦避开城市，把队伍拉进山区，动静不是很大。但即便如此，在态度上，刘邦与秦朝决裂表露无遗，为他及早地积累出反秦的人望，对他这个档次不高的游侠、地位不重的官吏来说非常重要，在起义浪潮到达丰沛地区之后，发挥出奇效，刘邦得以瞬间成为大家关注和依赖的人物。

第二个原因是"丰西泽纵徒"使刘邦提前掌握一支武装力量，他的江湖地位提高到丰沛地区的第一名。刘邦在丰西泽纵徒后，当时有十多人愿意跟他走，后来，他们结伴隐匿在芒砀山。这些人跟刘邦上山落草为寇，形成命运共同体，且内部十分团结。以这个小团队为根基，这支队伍陆续集聚百十来人。这里面有后来为刘邦所紧紧依靠的丰沛集团的核心人员，如樊哙等人。这些人跟着刘邦，是为逃脱秦朝法律制裁，属于亡命徒。

总之，当起义风潮来临之际，刘邦拥有了比王陵和雍齿等地方豪侠强得多的武装力量，占据丰沛江湖的"头把交椅"。如果没有丰西泽纵徒，这一地位根本轮不到刘邦。

刘邦打下宛后，王陵带领一支队伍，占据那里。虽然后来王陵最终追随刘邦，汉朝建立后位列三公，成为第三任丞相，但在沛县时，他并没有明确表示愿意追随刘邦，很可能是因为他一下子拉不下江湖大哥的面子。另一个在丰沛地区很有实力的侠客叫雍齿，他大概和刘邦是一个级别的游侠。在沛县，雍齿加入刘邦的起义队伍，后来刘邦率兵外出攻伐，派他守卫丰邑。但他趁机叛变，准备投靠魏国，刘邦多次进攻丰邑均失败，借助项梁的帮助，才打跑雍齿，收复丰邑。他对刘邦可以说毫无忠诚可言。原因很可能是，雍齿平时和刘邦一样，都是一个级别的"带头大哥"，他不服气刘邦。他占据丰邑，借此获得与刘邦平起平坐的地位。这些平时比刘邦江湖地位高或持平的人物，肯定不会允许刘邦做大做强，成为丰沛地区的起义领袖。但起义之初，因为王陵、雍齿等人没有掌握成规模、有战斗力的武装力量，失去了成为丰沛起义领袖的先机。

第三个原因是比他有竞争力的人不具备相应的胆略。当时，在丰沛地区，能够有资格当起义领袖的有两类人，一类是官吏，另一类是地方豪强和侠客。既然地方豪强和侠客没有抓住先机成为领导起义的领袖，那么在官吏队伍里，情况如何呢？

在沛县，如果县令愿意，他应该最有资格领导起义。首先，他掌握着一支政府控制的武装力量。其次，他掌握的这支有官方背景的武装力量组织化程度高，作战能力强。但在秦朝，各地县令都是外地人，这些人在本地为官，奉行秦律，与本地百姓和豪强、侠客长期对立。在起义的关键时刻，县令如果领导起义，很难赢得沛县百姓和豪强、侠客的拥护。

沛县县令听说起义爆发后，因为害怕起义队伍杀他，主动和萧何、曹参商量，准备响应各地起义。萧何和曹参劝说县令，让刘邦带着芒砀山的队伍过来，协助他起义。可是，当刘邦带着队伍来到城下，他却临时变卦了。原本大家对他当起义领袖心怀疑虑，这种出尔反尔的行为，一下子引起沛县豪侠不满和怨怒。在沛县城下，刘邦鼓动大家积极反秦，沛县县令当即被沛县豪强杀掉。

在官吏队伍中，有条件当起义领袖的是萧何、曹参这类文法吏。但根据《史记》记载，萧何很爱惜生命，怕冒起义失败的风险。这些人没胆量担当起义领袖，主动把起义领袖的位置让给刘邦。当然，这一举动也有想让刘邦"顶雷"的意思。

不过，即使刘邦不愿意，他也必须愿意。原因很简单，他那时候已经落草为寇了，不趁着各地起义浪潮汹涌蔓延走出大山，难不成一辈子在山上苦熬日子吗？像他这种人，其实毫无出路。萧何让樊哙去叫刘邦到沛县做起义领袖，刘邦和他身边的亡命徒当然会毫不犹豫应允而来。

第四个原因是刘邦得到"庙堂"和"江湖"的共同认可。从刘邦的身份看，反秦起义浪潮波及沛县时，全国的起义局势并不明朗。刘邦起事之后，所面临的形势很复杂。当时陈胜派出的西进兵团，在咸阳附近的戏水河畔，遭到章邯反戈一击，全国的反秦形势进入第一个低谷。这时候参加起义，肯定要冒着极大风险。此时，领导沛县地区起义的人，一定要得到社会各界的认可、信任和支持，特别是来自当地官员、侠客和豪强的认可和支持。

虽然刘邦在体制内和体制外的地位都不太高，但他的身份很特殊，既是体制外的侠客，又是体制内的亭长。以此推测，不管是当地侠客，如王陵和雍齿，还是县里的官吏，如萧何、曹参、夏侯婴、任敖等人，都会觉得刘邦和自己是同道中人。如果刘邦当起义领袖，就可以整合各路资源，还能避免因"庙堂"和"江湖"对立而产生内讧。他在那时成为丰沛地区的起义领袖，可谓"民心所向"。

第五个原因是当地有影响力的人支持刘邦。刘邦起兵攻占沛县后，大家推举刘邦当起义领袖。刘邦为表示礼貌和谦虚，曾谦让这个位置。谦虚是侠客混迹于社会时很看重的外在形象。他说，建议大家选举有德有才的人领导丰沛起义。当地"父老"虽无官职，但都是说话有分量的族长或者有钱人。这些人都认为，之前江湖传闻刘邦身上有很多怪异的地方，特别是算命先生说，他将来有可能大富大贵。代表广大百姓意见的"父老"们觉得，由刘邦开创的反秦事业，前途光明。大家一致推举他当沛县起义军的首领。现在来看，这些说法和传闻都是占卜迷信，甚至不排除刘邦和其周围人有意制造出这些神迹传说。但在当时，百姓对这些神鬼传奇确实很相信。

在当地有钱人中，刘邦的老丈人吕太公是其中一员。从上面提到的吕公和刘邦见第一面的表现看，吕公愿意把女儿嫁给侠客刘邦，这说明他的侠客气质很浓，也属于侠客群体。有钱而崇尚侠义的吕太公应该为刘邦领导的起义事业提供了大量财物支持。正是得到吕太公这类富商大贾的鼎力支持，刘邦在短期内在丰沛地区召集了两三千人马。

在丰邑，刘邦的起义军队受到秦朝泗水郡监军的攻击，但刘邦击败了这支秦军。而后，刘邦命令雍齿守卫丰邑，自己亲自带兵进攻泗川郡，并杀死该郡的郡守。按说在起义之初，获得如此大的胜利，刘邦这支军队的声势应该得到很大提升。但这之后，他遇到一个改变他命运的问题，那就是上文提到的"雍齿叛变"。雍齿叛变后，准备把丰邑献给前来进攻的魏国人周市。

刘邦肯定不愿意这样丢掉丰邑。此后，刘邦回击丰邑，但未攻下。刘邦这支军队粗具雏形，却失去了根据地，这对刘邦的打击极大，以致他一生都无法原谅雍齿，甚至把这种怨恨波及丰邑百姓身上。

被逼无奈之下，他不得不投靠距离他比较近的另一支起义军。这支起义军领袖秦嘉和景驹重用刘邦，派他率军在砀郡（今河南开封和商丘一带）一带作战。通过作战，刘邦收编了一些人马，力量得到壮大。此时，项梁从江东来到这里，攻杀秦嘉和景驹。刘邦投靠项梁，并从他那里借来五千人和十员大将，率军重新把丰邑夺回。

在起义之初，在丰沛地区，刘邦的实际势力并不稳固。王陵和雍齿等地方实力派拥有很强的人望和号召力，这些人在起义之初失去先机，但一旦丰沛地区全都响应起义，起义军队粗具雏形，这些人利用之前积累的影响力，很快与刘邦分道扬镳。雍齿反叛便能说明这一问题。但从大局看，雍齿叛变却无意中促进了刘邦的事业向好的方向发展。

在雍齿叛变前，尽管刘邦军队和秦朝的地方军队互相攻杀，且刘邦军队有主动进攻的军事行动，但这些军事行动更多的目的是为保境安民，而不是积极进取。雍齿叛变后，刘邦被迫走出丰沛地区，走向大城市砀郡，进入更广阔天地，掌握更多资源。对刘邦而言，雍齿这次叛变给刘邦客观上带来三个方面的好处。

一是先后与其他起义军如秦嘉、景驹和项梁建立联系，获得将地方杂牌军队带入楚国反秦主流势力的机会。刘邦走出丰沛地区后，投靠秦嘉、景驹领导的起义军队。当时，项梁、项羽叔侄带着江东子弟兵一路北上，到达薛郡、砀郡附近（薛郡、砀郡距离刘邦所在的沛县很近）。项梁军队在薛郡附近攻灭自称假王的景驹。这次攻杀可以看成楚国内部争权夺利的军事行为。为巩固对这一带的控制，项梁、项羽军队很需要当地军事力量的支持。秦嘉、景驹被攻杀时，刘邦独立成军，正在外面打仗，已取得一些战绩。作为地方实力派，刘邦受到项梁青睐。项梁拨给他一部分军队，支持他去丰沛找叛徒雍齿算账。从刘邦获得项梁资助开始，他的军队从名义上归入项梁这一支楚军的序列，成为项家军的一部分。项梁打造的项家军，是楚国乃至天下最大的军事力量。加入项家军，为刘邦走向复国后的楚国政坛，迈出了最关键的一步。

二是刘邦军队的规模迅猛扩张。刘邦投靠秦嘉、景驹后，受命抵抗北上而来的章邯军队。尽管作战不利，但占据了砀郡，收拢五六千人马，实力明显壮大。为攻取丢失的丰邑，他得到项梁支援的五千人马和十员大将，此时，军队规模达到一万四千人左右。显然，比刚走出丰沛地区时，整体实力明显上升。

三是刘邦招徕了很多人才。在投靠秦嘉、景驹的路上，刘邦巧遇张良。两人私下里交流后，相见恨晚。张良终生追随刘邦，为刘邦事业提供很多重要且不可替代的帮助。后来，成为刘邦军骑兵统帅的灌婴以及陈贺、陈潸、周灶、蛊逢、陈涓、侯昭、侯襄、丁礼、魏选等共计十三人，都是在砀郡地区加入刘邦军队的。日后，他们因战功而被封侯，其中很多人封侯的食邑数量超过刘邦从丰沛带出的人。

从汉初被封侯的功臣分布结构看，来自丰沛地区因功被封侯的有十四人。可以想见，砀郡地区是刘邦重要的人才来源地。以上是根据《高祖功臣侯者年表》统计的，但《高祖功臣侯者年表》中没有明确指出，而结合《史记》披露的信息看，还有两人来自砀郡境内的单父县和横阳县。那么，在汉初功臣集团中，达到封侯级别的砀郡地区人才达到十六人，高于来自丰沛地区的人数。

在这些人中，不能确定哪些是刘邦在第一次被迫走出丰沛地区时加入的，哪些是刘邦在芒砀山落草，以及后来刘邦西征路过砀郡时加入的。但可以肯定，这次出走使刘邦的根据地从地狭人少的丰沛地区变成地广人多的砀郡，对刘邦的建国事业发挥出举足轻重的作用，使之推上第一个高峰。

刘邦从起事到赶走雍齿，重新占领丰邑，总计八个月。这时，他的军队壮大到一万多人，形成一支不可小觑的起义军队，史称"砀兵"。在反秦战争中，刘邦依靠这支军队，逐渐走上历史舞台的正中央。

第三章

刘邦的第一次"飞跃"

一、楚怀王来了

刘邦夺回丰邑后，休整一个多月。在薛县（今枣庄市），项梁召集周围所有的反秦义军去开会。此次会议史称"薛郡会议"。参加这次会议的人很多，当时楚国方面有头有脸的军队首领都参加了，对反秦事业意义重大。这次会议的中心议题是研究陈胜被杀后，楚国当前的政治、军事形势和未来的发展方向。可是，这么重要的会议为什么由刚从江东过来的项梁召集呢？

第一个原因，项梁是陈胜创立的张楚国的"上柱国"，名义上是楚军最高军事长官。不过，项梁这个"上柱国"的职位来得不明不白。陈胜刚占据陈县，称张楚王。陈胜派一个叫召平的将领南征广陵郡（今扬州市）。但还没把这个地方打下来时，召平听说陈胜被杀。他瞬间成为"无主之将"，无处可去。正在此时，他遇到刚渡过长江，北上抗秦的项梁。他找到项梁，假称陈胜派他封项梁为"张楚国"的"上柱国"，掌管"张楚国"的所有军队，指挥楚军对抗秦军。项梁、项羽叔侄向来有推翻秦朝、争霸天下的大志向，当时一听，也不管这一任命是真是假就接受了。

这时候，项梁要去中原逐鹿天下，正需要一个合法的名头，为自己和他的楚军要一个叫得响的名号。即使当时有人当面指出，召平在说谎，项梁以及其他人也无所谓。在战乱纷纷的时期，没有人有能力和意愿去查实这件事。

更关键的是，当时陈胜死了，秦军正在找下一个最大的反秦义军，谁充当这样的角色，其实也不算是什么好事，很可能招致秦军的重点打击。此时，秦军势头正旺，大家躲闪唯恐不及，既然项梁不怕，愿意扛起反秦大旗，吸引秦军进攻，对其他起义队伍也没什么不好。因此，项梁接受"上柱国"职位，继续率兵北上，一路上没有任何人对项梁的身份产生过质疑。

第二个原因是，项梁掌控的军队实力最强。在北上的过程中，项梁先后收编陈婴、英布等人的兵马，最后到达下邳。这时他手上掌握的兵马已达到六七万人，在当时各路起义军中可谓"首屈一指"。为牢牢控制彭城周边地区，占据楚国的政治高地，项梁率军消灭擅自称王的景驹，整合其队伍。项梁攻伐景驹，是楚国内部争权夺利的内讧。但从当时反秦起义的形势看，兼并各路楚军，对凝聚力量对抗秦军极为有利，也是必走的一步。从此，项梁雄踞楚国经济政治核心区，成为当时楚国最有能力掌控全局的人物。

当时，反秦起义形势不明朗。项梁和秦嘉、景驹火拼的地方是彭城附近，但章邯所率秦军驻扎在距离彭城西边大概一百一十公里的栗县（今河南省夏邑县）。距离项梁的军队近在咫尺。项梁打败秦嘉、景驹后，派出两员别将去攻打章邯，但他们中一个当场被杀，另一个逃跑后因兵败被项梁杀了。为抵抗秦军，项梁率军抵达薛县。之后，他主动出击，派项羽长途奔袭三百多公里，扰乱秦军后方，很可能是烧毁秦军的粮仓。项羽攻陷襄城（今襄城县），屠城而还。这场长途奔袭很成功，极大地鼓舞了低落到底的楚军士气。秦楚对抗在形式上，楚军扳回一局。

楚军与秦军之间，表面上看打成平手，但下一步与章邯率领的秦军对决，能否有把握取胜呢？项梁其实心里没什么底。陈胜吴广死后，楚国境内各路起义军，山头林立，一盘散沙，正面临着被秦军各个击破的危险。此刻，亟待解决的最大问题摆在项梁面前：如何快速实现政治统一、思想统一和军事指挥统一，最大限度地整合楚国的军事、政治和经济资源，以对抗大兵压境的秦军。而在完成资源整合之前，还需要提防秦军突袭，"时间"和主动权并不在项梁手上。

既然项梁是"上柱国"，实力最大，他为什么把大家都召集到一起开会，讨论未来的军事、政治和思想方针，而不是直接成为政治、军事领袖，指挥军队与秦军作战呢？从当时情形看，项梁召开"薛郡会议"，既必要，也必需。

一个原因是，他和他的军队从会稽郡远道而来，在当地没有政治根基和群众基础，和当地百姓、各路起义首领和豪强大族之间缺乏基本的信任。当地的反秦队伍并不会自然而然地全力支持他。另一个原因是，他的这个"上柱国"怎么得来的，大家实际上比较清楚。他的势力大，没人愿意计较，但如果他直接发号命令，指挥楚地各路义军作战，却缺乏合法性和权威性。

为把一盘散沙的军队凝聚起来，形成合力，与秦军打一场有把握的胜仗，作为楚军的"主心骨"，项梁亟须召开这次会议。通过会议这种形式，统一思想，整顿人心。在短期内，项梁可以树立起权威，让大家拥戴他成为楚军合法的领导者。

项梁作为会议召集人，只要大家来，则意味着承认他的军事领袖地位。如果能在会议上当场信誓旦旦地表示拥护他的领导，他的目的至少在形式上已达成。以后，如有哪支起义队伍违抗他的命令，项梁将拥有对这支起义队伍处分的合法性和权威性。

薛郡会议结束后，项梁基本上实现了统一思想、整合楚军和树立权威的目的。但考虑到当时形势，项梁却不能在会议上要求大家拥护他称王。

在秦末，推翻秦朝、实现关东六国复国，是一种在民间暗流涌动的思潮，对社会的影响很大。陈胜称王是对这种思潮的修正。陈胜说"王侯将相宁有种乎"，这句话的潜台词是，谁冒的险大，谁付出得多，不管是谁，都有资格当上"王侯将相"。

从当时的情况看，陈胜这个说法有一定"市场"。原因一是来自传统观念的影响。战国后期，天下陷入战乱之中，征战频繁。为激励士气，各国不同程度地推行军功爵制。根据军功，对立功的将士封侯拜相，给土地豪宅等奖励。这一制度的普遍实行，逐步使"多劳多得"的理念深入人心。另一个原因更重要，陈胜宣扬的理念更能激起普通人参加起义的积极性和热情。在秦末，关东六国的贵族统治基础早被秦朝打击得破碎不堪，秦朝建立的统治秩序被瓦解，不畏生死的草头王和侠客们纷纷起事。为谋富贵，他们对这样的理念相当拥护。

陈胜的现身说法形成强大的榜样力量。比如，陈胜派武臣攻略赵地，武臣刚占据赵国国都邯郸，就自立为王了。陈胜的部将葛婴没向陈胜请示，擅自拥立一个叫襄疆的人为楚王。大家要拥立地方豪侠和义军陈婴为楚王，但陈婴的母亲觉得他不够资格，害怕惹来杀身之祸，坚决反对，而劝说儿子去给别人当臣子。他母亲的意思是，反秦成功后，能博得封侯待遇就行了。类似事例在陈胜反秦之后遍布关东六国旧地。

刚开始，起义形势一片大好，大家还真没太注意这种理念有什么问题。但问题很快就显现出来了。

秉持这种理念后，各路起义军都拥有称王独立的理由，互相之间很难形成有机的组织体系和集中而统一的军事力量。具体表现，一是各路义军为保存实力，对秦军攻打其他义军作壁上观，不予援助。比如，武臣和邵骚、张耳、陈馀攻略赵国，武臣被大家拥立为赵王后，希望秦军和张楚国作战，赵国从中渔翁得利。他称王之后，对继续攻打秦军不再上心，一门心思自保。长此以往，结果一定是大家被秦军各个击破，最终难逃失败的命运。二是为争夺领导权而互相攻伐，相互损耗实力。

看到这种局面，即使项梁对称王很向往，也会有所顾虑。项梁刚把一个擅自称王的景驹给杀掉，他应该能想到，如果他敢于随之称王，别人也会效仿他，造他的反，杀他的头。

在这种背景下，项梁召开的薛郡会议，还有一个重要议题，需要大家讨论后达成共识，这就是：究竟谁来当楚王，领导楚国，完成反秦大业？

此时，居鄛（今安徽省桐城市）人范增给项梁提出建议。他说，因陈胜自立为王，没有立六国后裔为王，他的军队和国家缺乏号召力，导致败亡。现在大家来投靠你，是因为你的祖上世世代代都是楚国将军。大家认为，你能复立楚国国君的后人。

这是范增第一次出场。他的意思是，在楚国境内，要解决当前的政治军事乱局，规避潜在的危险，关键要让当楚王的资格具有排他性和唯一性，抬高称王门槛，让那些想凭拳头硬而自立为王的人都死了心。基于此，立楚国国君的后裔为楚王，是最佳选择。范增推荐楚国国君的直系后裔熊心当楚王。他指出，借用楚国世袭国君在民间所拥有的传统影响力和号召力，打出复国旗号，才能凝聚人心，避免走上陈胜败亡的老路。

他大概怕项梁犹豫，故意暗示项梁，大家来投靠他，是因为相信他家世代是楚国将军。他的出身让大家相信，他对楚国和楚国的国君忠心不贰。如果现在不立楚国国君的后裔为王，大家随时会离他而去。

不过，楚国应该有很多国君的后裔，为什么偏偏范增推荐熊心当楚王呢？历史上，算上熊心这个楚怀王，实际上有两个楚怀王。在熊心之前，还有一个楚怀王，是熊心的爷爷熊槐。

公元前 299 年，熊槐受秦国丞相张仪的欺骗，被扣留在秦国。虽然逃跑成功过，但后来还是被秦国抓回来，最后客死在秦国。几十年来，楚人对此事一直无法接受、忘怀。

如果拥戴熊心当楚王，熊心是楚怀王这支脉系的后裔，根红苗正，在法统上没问题。一旦得到大家认可，那些靠实力起家的地方豪强、侠客，因和楚国国君没有血缘关系，失去当王的合法性。其他楚国国君的旁支后裔，因不在熊槐这支脉系上，也会失去称王的法理基础。从此，在楚地，"草头王"各自为政、相互攻伐的恶劣局面将被彻底扭转。

如果拥戴熊心当楚王，还能让大家想起秦国曾对他爷爷做过的恶行，激起楚国军民的同仇敌忾，更能鼓舞楚国民众反秦抗秦的热情和激情。从各方面来看，熊心是当时楚王的最佳人选。在薛郡会议上，项梁采纳范增建议，派人从民间把熊心找到。当时熊心正在民间放羊，生活在低贱和贫困中，历史选择了他，改变了他的人生轨迹。在危机四伏中，第二代楚怀王熊心闪亮登场，走上历史舞台。

李开元教授指出，楚怀王被立，是王政复兴对陈胜平民王政的一次修正。历史好像走了回头路，但面对史无前例的大变局，那时的人们，其实并不会分清历史应该走的方向。此时的刘邦并不知道，熊心只是自己的配角。

二、项梁之死

熊心成为楚王，史称"楚怀王"。他对刘邦的事业发展有利还是不利呢？从现在看，楚怀王熊心把刘邦推向事业的第二个高峰。

之前，刘邦接受项梁军事支援，收复根据地丰邑，与项梁建立紧密且互相信赖的关系，在形式上，刘邦已成为项家军的一员。在楚怀王时代，项梁的政治地位非常高，是楚国军事和政治真正的"一把手"。楚怀王上位，传统楚国复兴。刘邦出身地方杂牌军，有机会借助项梁完成"鲤鱼跳龙门"的艰难一跃，这是刘邦梦寐以求的。

以项梁为军事首脑、以楚怀王为国家元首的楚国，是当时楚国境内唯一的合法政权。本来一盘散沙的楚军，一下子有了主心骨。在薛郡会议和楚怀王出场后，刘邦受到项梁进一步器重。项梁派刘邦和项羽外出征战，从《史记》和《汉书》的记载来看，刘邦是军事主官，项羽是副官。大概从这个时期，刘邦、项羽并肩作战，结下深厚的兄弟情义。后来，他们都承认曾经"约为兄弟"，大概是在这个时期。

从某种意义来看，这段时间里，项梁把刘邦看成嫡系军队。项梁之所以这么对待刘邦，除了觉得刘邦确实能带兵、会打仗，还有两个主要原因。

一个原因是，刘邦的政治军事实力不高，提拔刘邦不会威胁到项梁的政治地位。刘邦是地方杂牌出身，在楚国传统势力中没有根基。他在找项梁借兵前，所带的兵马不到一万人，不像其他起义军军队，如陈婴的军队，动辄就数万人。

另一个原因是，在危难之时，刘邦求助过项梁，项梁给予他无私帮助。项梁曾借给他一支军队，让他带去夺回根据地丰邑。按照游侠做人做事的规矩，受人滴水之恩当涌泉相报，因刘邦欠项梁的人情，项梁也会把他当自己人看。

刘邦投靠项梁后，有实力派项梁罩着，从此算有了政治、军事上的靠山，以后不会遭到像雍齿这样的人暗算了。楚怀王确立后，他努力工作，往小处说，为效忠项梁和报答项梁的知遇之恩，进一步寻求到来自项梁的军事和政治上的保护；往大处说，是为国效命，使个人和他的团队拥有更大上升空间。

当然，刘邦是否真心实意地把项梁看作死命效忠的"主子"呢？答案是否定的。大家知道，刘邦是很有追求的人。

不过，没过多长时间，刘邦遇到一个重大变故——项梁突然被杀。

薛郡会议后，项梁与刘邦、项羽出去征战，与齐国的田荣、龙且一同进攻东阿。刘邦、项羽攻破成阳，在濮阳东又一次打败章邯。紧接着，刘邦的部将曹参斩杀三川郡守李由，这是非常重大的军事胜利。三川郡控制着通往洛阳和关中的中原地带，号称天下之中，是战略要地，是彭城往西与楚国紧邻的最重要的秦朝统治区域。李由战死，出现一个统治的真空地带，通向关中的门户可能由此洞开。李由是秦朝丞相李斯的儿子，个人名声大，杀了他，战果更加非同寻常。

楚军和章邯的秦军对决，连续取得几次胜利。这时，项梁大概有些飘飘然。在定陶，项梁一时疏忽大意，被章邯夜袭成功，兵败被杀。一些学者认为，项梁被杀，还有一个主要原因是秦朝政府从关中把王离所率领的长城边防军调来，躲过项梁耳目，与章邯军队悄悄合兵，秦军实力顿时大增，蒙在鼓里的项梁对此没有做出相应准备，在夜袭里丢掉性命。

项梁的死对楚国震动很大。刚稳住阵脚的楚国像断了脊梁骨，再一次面临着不知何去何从的险境。刘邦、项羽等楚国诸将分别收缩兵力，向彭城撤退。刘邦驻军砀郡，吕臣驻军彭城东，项羽驻军彭城西，摆出保卫彭城、等待秦军攻击的架势。

不过，楚军紧张过度了，秦军并没有乘胜追击。《史记》记载，可能秦朝认为，项梁已死，被项梁抬出来的傀儡楚怀王不是难对付的角色，章邯以为楚地不足虑了。章邯转军至赵地，配合王离的秦军，攻灭赵国。此时在赵国的秦军，将赵王歇和张耳围困在巨鹿城内，王离急需要章邯大军支援，毕其功于一役，彻底解决赵地叛乱。总之，在关键时刻，章邯撤军北上，楚国躲过近在眼前的灭国危险。

楚国"折"了项梁，原先那个名义上的"主心骨"楚怀王熊心，瞬间成为真正的"主心骨"。这时候，楚怀王正在都城盱眙（今江苏盱眙县），地理位置在彭城南边。根据《史记》记载，听说项梁死了，他来到北边的彭城，站到对敌前线。但按照《汉书》和《资治通鉴》的记载，给大家的感觉是，因为刘邦、项羽建议楚怀王从盱眙迁都到彭城，楚怀王被迫来到彭城。如果楚怀王主动来彭城，说明在危难之时，他是一个不甘心做傀儡的人，趁着权臣项梁已死，要有所作为，颇有一些挽大厦于将倾的魄力。

如果被动而来，则显得他缺乏领袖的气质和能力，完全是政坛上的"活道具"。在一些影视剧里，如1994年上映的《西楚霸王》中，以及高希希导演的《楚汉传奇》中，都把楚怀王这个人物刻画成懦弱、无能的样子，甚至在《西楚霸王》这个电影里，还把楚怀王刻画成一个傻子。如此理解楚怀王，大概有两个原因。

一个原因是，楚怀王能"上位"完全依靠军事强人拥戴，而被拥戴之前，他还在给人放羊，作为贵胄出身，如果不是实在混得差，谁也不会干这个活儿。推算起来他应该有五十多岁，甚至年龄更大。在那时候，这个年龄基本上算老年人了。因此，给人的感觉是，他应该不是属于志向远大、壮志凌云的雄主。

另一个原因是，楚怀王后来被项羽流放到偏远之地，而且被追杀在去封地的路上。从他出场到离场，很难让人把他看成雄才大略式的人物，怎么看都是一个任人摆布的傀儡。

不过，从项梁死后楚怀王的表现来看，真实的楚怀王可能并非如此。项梁一死，刘邦、项羽赶忙回兵到彭城附近，而不是为项梁报仇。在《史记·秦楚之际年表》中明确记载，听说项梁被袭杀，"项羽恐"。虽然没说刘邦恐，可能给刘邦留了面子，但学者周骋认为，当时刘邦和项羽面对这一致命打击，都很害怕，表现出乱了方寸的样子。尽管《史记》记载，面对项梁的突然死亡，楚怀王"恐"。但从他北上彭城和以后收拾楚国政局的作为来看，楚怀王显出镇定自若和勇于担当的不凡气魄。有学者认为，把楚怀王"恐"理解为恐怕项梁之死导致楚军彻底崩盘溃散、人心尽失，倒是比较合适的。

从楚怀王到彭城后做的三件事，也能很好地说明，他可能不是我们认为的任人摆布的"傀儡"，而是有担当、有主动性、有一定抱负的政治人物。对此考证，也能反证出"他主动来到彭城"的推测是合理的。

第一件事是楚怀王坐镇彭城后，把楚军的兵权尽收手中。根据《史记》记载，楚怀王到了彭城，"并项羽、吕臣军自将之"，收了项羽和吕臣的兵权，亲自统领楚军。把项羽的兵权收缴上来，等于向天下宣示，项家军已经被收归国家。吕臣曾是陈胜部属，陈胜死后，他组建"苍头军"，是除项梁之外，非常有实力、有声望的楚军将领。收缴吕臣的军队，等于把陈胜这一支楚军，也收入囊中。但对刘邦，楚怀王反其道而行之，却封刘邦为砀郡长，赋予他砀郡的地方行政管理权，壮大刘邦集团的实力。

第二件事是整顿楚国内部政权格局。在当时楚国军队中，有三种势力，一个是项梁从江东带来和收编的军队，另一个是陈胜留下的军队，还有一个是刘邦这种地方杂牌军队。政治资源的分配要由军事实力来决定，现在，楚怀王要打压项家军和陈胜留下的军事力量。按照这样的意图，楚怀王这样分配政治资源：

一是封项羽为长安侯，号为鲁公，给项羽比较高的政治地位，在政治上安抚项家军。却让一个没有军事实力做后盾的人接替项梁，出任楚国的"上将军"，统领楚国全部兵马，这个人就是后来被项羽斩杀在军中的宋义。

二是任命吕臣当楚国司徒，掌管民政方面的事务。为了进一步安抚吕臣，让吕臣的父亲吕青当楚国的令尹，即楚国丞相，相当于最高行政长官。在政治上，楚怀王给予吕氏父子最高的礼遇，安抚陈胜留下的军事力量。

三是暗自拔高刘邦的政治地位。楚怀王给刘邦的待遇，从表面上看，和上面这些人相比并不高，官职是砀郡长，爵位是武安侯。从政治实权上来看，刘邦仅是一个地方上的行政长官，低于吕氏父子的官位，但掌控一个郡的经济资源，拥有招兵买马、扩充实力的基础，他从此获得独立发展武装力量的权力。在乱世，军权和行政权力决定一个人的话语权和地位。

楚怀王实施一系列政治安排，既打压占据政坛主流的项氏集团、陈胜集团，又抬高非主流的力量，使不同派系的政治军事集团相互制衡，楚国的政治格局趋于稳定。而他自己则掌控全局，不再担心被任何一方势力挟持和架空，成为真正有实权的楚王。

楚怀王为什么支持刘邦呢？

首先刘邦毕竟不是项梁从江东带来的嫡系军队，没有深深地切入项氏集团，与项家军不存在无法割裂的渊源关系。在项梁死后，刘邦不会为项梁留下的政治、军事集团继续忠心耿耿地效命。

其次是刘邦的实力弱小，提高他的实力，可以赢得刘邦真心拥护，为楚国培养出除项氏集团、陈胜集团之外的军事政治集团，形成一支新兴的力量。一旦成功，这支军事力量因为是自己一手扶持的，必将听命于己，使自己摆脱围绕项家军形成的军事政治集团的控制。

最后是刘邦集团在之前的作战中，表现得可圈可点。如果让他获得更大的发展资源，楚怀王相信，刘邦集团会很快壮大起来，成为他能够依靠的对象。

第三件事是楚怀王向"楚国的诸将"发出著名的"楚怀王之约"，也就是"先入定关中者王之"。楚怀王向诸将发出这一约定，在"后项梁时代"，充分反映出在前途未卜、险象环生的时候，他敢于担当反抗暴秦、恢复旧国的重任。在已掌控楚国政局后，他施展远大志向，积极进取，在其他诸侯国忙于自保和苟且之时，他率先挑出灭秦的大旗。显然，他不是一个愿意当"傀儡"的人。

三、楚怀王之约

楚怀王之约对秦朝灭亡、项羽败亡和汉朝建立这些改变历史走向的事件，都产生了巨大影响。

在《史记》和《汉书》中，"楚怀王之约"分别被详细记载在《高祖本纪》《高帝纪》。原话是"先入定关中者王之"。这句话字面上理解就是，不管是谁，只要他第一个杀入秦国，并使那里的老百姓安定下来，他就能在秦国称王，也就是秦王。如果非要抠字眼的话，只杀进关中，但没本事在那里站住脚，也不会封这个人为王。这"定"字很重要。那么为什么一定说要进入关中为王呢？进入其他地方就不行吗？

回答这两个问题，就要说说楚怀王发出这个约定的背景。当时，从全国起义形势看，在关东六国的故地上，都有起义军在活动。在魏国，有魏王豹；在赵国，有赵王歇；在韩国，有韩王成；在燕国，有韩广；在齐国，有田荣；在楚国，就是楚怀王熊心。在以上国家中，魏国、韩国整体上还控制在秦朝手里，赵国正受到章邯和王离两支秦军主力围攻。只有齐国、燕国和楚国比较安全。从起义军的首领看，魏王豹、赵王歇、韩王成、田荣和熊心，都属于关东六国国君的直系或者旁支后裔，只有远在北面的燕国韩广出身秦国小吏。

从大的形势上看，虽然陈胜、吴广起义之初，高举兴复六国的大旗，但具体做法是自己当王，没有延续关东六国的社稷。经过半年，那些出身低微的人包括陈胜，大部分都被杀了。全国的起义风向回到"兴六国之亡，继六国之绝"上来了，主流的路线是恢复六国故地，立旧六国国君的直系或旁系后裔当王。当然，这是各路起义军经历惨痛失败后，而不得不选择的路线。

楚怀王为巩固王位，维护既得利益，必须要支持这种只有六国国君后裔才能分"蛋糕"的做法。而秦国是大家的死敌，可以说是死有余辜，一定要把他灭掉。但灭掉后，自然不能再让秦朝的皇室成员当王。当初，秦国灭掉六国，毁六国的社稷和宗庙，如今，如果能攻入秦国，也如法炮制，"一报还一报"，非常符合当时六国社会各界的想法。如果这样，秦国这块地盘将成无主之地，如果有谁再要称王，只能去关中称王。现在楚怀王向楚国诸将发出这一约定，一是能够极大地激励楚国各路将领；二是通过报楚国被灭之仇，抬高自己在楚国和天下的政治地位，巩固到手的王位；三是承认关东六国既定格局，高调宣扬王业复兴的重大举动。

既然是约定，一定是说给大家听的，那么谁最可能实现这个约定？《史记》《汉书》《资治通鉴》都记载，这个约定是楚怀王说给"诸将"的，也就是"楚怀王与诸将约"。但实际情况是一个将领要实现这个约定必须符合两个条件，一个是成为一支独立军队的带兵官，另一个是有机会出征。从当时情形看，如不出意外，只有两个人有可能实现这个约定。

一个是宋义。在项梁败亡之前，宋义曾在和齐国来的使臣交谈时，预言项梁必败，被楚怀王认为知兵善战。宋义深受楚怀王的信任和重用，被封为"卿子冠军",统辖楚国所有军队,是当时楚国最高军事长官。但仅有这个头衔,并不意味着能入关中称王,他必须有机会亲自带兵出征。当时,赵国被章邯和王离两支秦军围攻,危在旦夕。楚国接受赵国求援,宋义统领楚国主力,项羽为次将,范增为末将,去赵国救援。从此,宋义拥有统领一支独立军队出征的权力,他成为第一个最有机会入定关中称王的人。

另一个就是刘邦。楚怀王扶持刘邦,任命他为砀郡长,并掌握一支独立军队。《史记》记载,在发出"楚怀王之约"前,楚怀王"令沛公西略地入关",明确命令刘邦西征,攻灭秦国。刘邦也符合上述两个条件。

为什么楚怀王会先下令让刘邦直接向西攻打秦国后,才发出"楚怀王之约"?这个好像不公平,有"吹黑哨"的嫌疑。

从《史记》记载看,是先让宋义和刘邦出征,而且是让刘邦往西打,宋义带着项羽、范增往北边打,然后才有"楚怀王之约"。任何人都能看出来,楚怀王在偏袒刘邦,让他捡大便宜。从表面上看,大家都可以抢那块蛋糕,但实际上把其他人都撵走,只让一个人过去,这确实是在"吹黑哨"。

但《汉书》和《资治通鉴》不是这么记载的。其他内容上都一样,但偏偏把"令沛公西略地入关"去掉了。可这两本史书在后面又非常突兀地写道,项羽因为痛恨秦军杀了项梁,为报仇,不愿意和宋义去北面救赵国,而要和刘邦一起往西边攻打秦国。这说明确实是在"楚怀王之约"发出前后,刘邦受命往西攻打秦军。如果没有让刘邦往西边攻打秦国,就不会有项羽吵吵闹闹地要和刘邦同去。这么看,《史记》的记载比较靠谱。

《汉书》和《资治通鉴》把"令沛公西略地入关"这句话去掉,显然是有意为之。很可能的原因是,班固和司马光都看出,楚怀王是在"吹黑哨",而这两人写史书,都有维护帝王光辉形象的倾向。如果按照楚怀王的安排，项羽基本没有作为一支军队的统帅先入关中而称王的可能。

对这样的军事部署，当时所有人都能看出其中的奥秘。再加上之前楚怀王一系列的夺权行为，大家都知道楚怀王要干什么。项羽要求和刘邦一同往西边攻打秦朝，这说明项羽看出"楚怀王之约"和楚怀王军事部署的意图。如果楚怀王的部署实现，刘邦真的第一个入关中称王，则必定会维护楚怀王的政治地位。从此，楚怀王就掌握了一支与项家抗衡的势力，政治威望和威信更有保障，以后，可以再采取其他政治手腕，逐步把项家军完全瓦解掉，成为真正有实权的楚王。

尽管项羽要求和刘邦西征，不愿意和宋义去救赵国，但楚怀王不会答应他。根据《史记》记载，楚怀王和周围的楚国贵族说项羽"慓悍猾贼"。他们还说，项羽曾经攻破襄城，因为人家坚守，就把一城的人都屠杀了，很没人性。总结以前楚国征伐的教训，必须派像刘邦这样为人宽厚、不喜欢杀戮的人，去攻占关中之地，才合适。他们以此为借口，没同意项羽的要求。

其实，他们说这些话，明摆着是在糊弄项羽。刘邦以前和项羽一起在外面征战时，也曾经屠过城。

说刘邦是"宽大长者"，从后来的情形看，也不能完全是错。毕竟，刘邦确实入关中后，没有肆意屠戮，做事很规矩；项羽则大开杀戒，烧杀抢掠，搞得乌烟瘴气。但从当时情形看，在楚怀王和高级贵族们手上，还真没有过硬的证据来说明，刘邦就一定不是第二个项羽。如果非要说有的话，可能觉得刘邦年龄大，江湖混久了，会和人交际，在楚国的地位又不是很高，见谁都很客气，让人有好感而已。

后来，"楚怀王之约"并没有被落实。大家都知道，刘邦不负众望，第一个跑到关中，但在鸿门宴上，被项羽一脚踢到一边。项羽当着诸侯和诸将的面把"楚怀王之约"废掉，还把楚怀王明升暗降，表面上尊其为义帝，实际上是高级傀儡。即便如此，项羽还嫌楚怀王碍事，《史记》记载，项羽逼迫义帝离开彭城，封地郴县。然后，又秘密指示九江王英布等人，在楚怀王去封地的路上把他杀了。

虽然楚怀王的下场很悲惨，但仔细分析后，我们会发现，他的政治和军事部署并没有明显的漏洞。关键原因是，项羽这个人做了两件出乎意料的事，一件是在安阳（今山东省东平县境内，不是今河南省安阳市）擅杀楚军主将宋义，夺军，掌控北征的这支楚军；另一件是在巨鹿之战中，以少胜多，大破秦军主力。同时，项羽又遇到一个极为罕见的好运气，这就是章邯二十万秦军投降他。这三个重要事件同时发生，项羽军事、政治威望和地位瞬间飙升，超过楚怀王的掌控范围，导致所谓的"楚怀王之约"化为泡影，刘邦也因此受到一定牵连。

任何约定都要由背后的实力做保障，特别是在唯实力决定地位的乱世，没有绝对实力，不管谁发出的约定都会最终沦为废纸。因为以上三个偶然的因素，使项羽逐步具备了废除"楚怀王之约"的实力。项羽向来就有称霸天下的野心，自然不会白白浪费任何机会。

当然，这些偶然事件，刘邦在受命西征秦朝时，并不知晓。刘邦出身不高，机会不多，因为攀上项梁和楚怀王的高枝，终于得到称王的机会，这对他而言弥足珍贵，虽然距离目标还很遥远，前方还有很多不可知的危险在等着他。

四、刘邦西征

楚怀王发出"先入定关中者王之"的约定，之后，刘邦和项羽向不同方向出征。从这时起，刘邦真正开始独立自主的发展，向着汉朝的建立迈出实质性的一步，走向事业的第三个高峰。

从秦二世二年（公元前 208 年）后九月（本月是闰月），刘邦从驻地砀郡出发，到汉元年（公元前 206 年）十月（秦朝和汉初，以每年的十月为岁首），到达咸阳，驻军霸上，历时大概十四个月左右。从西征路线看，秦二世三年（公元前 207 年）六月是刘邦西征的一个分界线。之前，他计划向正西打过函谷关，进入关中。之后，他率军绕道南阳，走武关，进入关中。

根据《史记》和《汉书》记载，刘邦西征开始时，在楚怀王的授意下，收编陈胜和项梁在砀郡境内的兵马。从砀郡出发，刘邦率军向西北方向的成阳（今菏泽市东北）进攻，所部兵马大概一万。

从这一天起，刘邦开始他充满风险、前途莫测的西征。大概在同时期，宋义和项羽、范增率领的军队，向北进发，救援被王离、章邯围困的赵国。

《史记》和《汉书》对刘邦这个时期进军路线的记载，出入比较大。当年十月，刘邦转进成阳东南的成武县（今山东省成武县）。十二月，刘邦率军攻下夏邑（今河南省夏邑县），夏邑属于砀郡辖区。这时候，项羽在巨鹿征战。在夏邑，刘邦休整三个月左右，其间，从一个叫刚武侯的将领手上夺得四千多兵马，实力得到增强。

从之前的作战路径看，在前几个月里，刘邦的西征其实并没有真正开始，而是在砀郡以及砀郡周边地带和秦军作战。为什么西征前刘邦要在砀郡作战如此之久？

第一个原因是在砀郡境内有很多留守秦军，负责监视楚军。项梁兵败被杀后，章邯带着秦军主力，北渡黄河，协助王离进攻赵国。虽然章邯带走主力，但不会对楚国不设防。根据《史记》记载，章邯带兵走后，在成阳、成武、夏邑、金乡（今山东省金乡县）等地，驻扎一部分王离的长城守备军和章邯的秦军。虽然人数不多，但不可轻视，特别是王离的长城守备军是一支正规军队，长期与匈奴作战，战斗力很强。刘邦要西进关中，必须把这些地方的秦军扫荡清。否则，后方不稳，西征肯定受影响。

第二个原因是保卫楚怀王和彭城安全。砀郡东部是彭城，楚怀王为了保证自己的安全，也会下令刘邦把这一带秦军扫除干净。

第三个原因是掩护宋义、项羽军队的侧翼。宋义、项羽的北伐救援军与刘邦一起出发。根据历史学家辛德勇的考证，这支军队从巨野泽以东向北进发，救援赵国。巨野泽在哪里？从地理位置上看，到宋朝以后，这里是大名鼎鼎的水泊梁山。当时巨野泽是黄河改道形成的沼泽地带，面积很大。隋唐时期，这里的湖泊和沼泽南北三百余里，东西一百余里。刘邦征战的地方在巨野泽以西。在这里征战，应该还有保卫宋义、项羽所率领的北征军侧翼安全的战略意图。

扫荡完砀郡及其周边后，刘邦与彭越、魏将皇欣、魏申徒武蒲等人，共同进攻正北面的昌邑（今山东省金乡县境内）。可惜，尽管会集如此多兵马，却没有打下来。这时候，惨烈的巨鹿之战已经结束。这场惊天地、泣鬼神的战役，可以分为两个阶段：第一个阶段是，项羽和诸侯军一起消灭包围巨鹿城的王离军；第二个阶段是，项羽和诸侯军与章邯在漳河、洹河附近对峙，后来章邯的军队全部投降。但第二个阶段更漫长，持续了六七个月。刘邦去进攻金乡时，项羽与章邯刚开始对峙。

项羽在安阳斩杀宋义，夺得一支楚军的领导权。这时，在楚国军队里，有能力实现"楚怀王之约"的人，只有刘邦和项羽。他们之间实际上形成一种竞争关系——竞争第一个进入关中的名额。谁拿到这个名额，谁就可能成为"关中之王"。实力和根基都很弱小的刘邦非常看重这个约定，这是他能够合法称王的唯一依靠。

秦二世三年（公元前 207 年）二月，刘邦进攻金乡失利后，放弃继续进攻，挥师西进，进攻陈留县（今开封市陈留镇）。项羽在河北的军事行动，肯定对刘邦的西征及其节奏产生影响。他开始加快西征步伐，努力夺得入关中的头筹。

刘邦进攻陈留县，驻扎在郊外。当时，陈留是个经济发达的地方，存储了大量粮食和军需。这里也是秦军重点防御的地方，秦军的战斗力很强，这让刘邦一时无计可施。

在陈留附近，刘邦碰到当地名人郦食其。他是当地很有名气的儒生，也研习纵横之术，掌握靠讲道理帮别人摆平事的技术。虽然有才，但人很狂傲。体制内的人不愿意重用他，可能他的情怀和理念更像侠客，他也不愿意进入苛法严密的秦朝官僚体系。所以，他平时也就是干些守城门之类的工作。

不过，他很愿意追随侠客刘邦，大概觉得刘邦和他是"一丘之貉"，志同道合。当时，刘邦身边有一个骑士，是郦食其同乡的儿子。郦食其对这个骑士说："吾闻沛公慢而易人，多大略，此真吾所愿从游，莫为我先。"拜托骑士把自己推荐给刘邦。骑士说，刘邦不喜欢儒生，平时骂儒生，见了儒生，还往儒生的帽子里撒尿。但郦食其对骑士说："没关系，你就告诉刘邦，我是儒生，把我推荐给他。"

刘邦见郦食其时，一边让两个侍女给他洗脚，一边见他，表现得很没礼貌。郦食其就知道刘邦轻视他，就给刘邦上了一堂文明礼仪方面的课："刘邦你要成功地灭掉秦朝，对我这样年龄大的、阅历深的人，总要讲点礼貌吧。"刘邦收敛放肆行为，对郦食其恭敬起来，把他收入帐下。

其实，当时刘邦还真不是看不起有文化、有才能的人。在郦食其来见刘邦之前，刘邦非常迫切地让人打听和招徕各地的"贤士豪俊"，想收罗这些人为己所用。他为什么如此高调地表达轻视儒生的态度呢？结合当时刘邦遇到的最大问题来看，他大约觉得儒生出的谋、划的策没什么实用价值。他当前面临的最大问题是打仗、求生存，每天在刀头舔血讨生活，需要面对各种阴谋纵横和征战攻伐。而儒生围绕"仁"讲的那套理论，暂时实在不需要，他没闲工夫和谁谈论治理天下的问题。

郦食其来到刘邦阵营，没有给刘邦讲太多的大道理，相反，直接借助自己和陈留县县令的私人关系，通过耍阴谋，帮助刘邦攻下陈留县，暂时缓解了军队给养不足的问题。在这里，郦食其劝说他的族弟郦商，投靠刘邦。而郦商加入刘邦军队，还带来四千兵马，这对刘邦西征以及之后的建国帮助非常大。

与此同时，大概在秦二世三年（公元前207年）二月，项羽在漳河附近和章邯处于拉锯战之中，双方僵持不下，互有胜负。

刘邦从陈留出发后的两个月，一路上，能打下的城市就打，打不下的就绕过去。他准备率先攻下咸阳，消灭秦朝。四月，刘邦的部将曹参等人把洛阳的南北要地打下来，但没打下洛阳。在野战时，刘邦的军队被洛阳的秦军打得惨败。

在城阳县（今河南省登封市），刘邦收罗溃败的残兵，究竟何去何从，面临艰难抉择。这时候，如果刘邦想绕过洛阳，从洛阳旁边穿过，进军函谷关，肯定不行。因为洛阳被高山丘陵包围，往西，进入崤函古道，道路崎岖，山川叠嶂。如果绕过去，后勤补给必须从洛阳周边通过。如果不打下洛阳，很容易被洛阳的秦军截断补给线。另外，这里有一个重要的地方——荥阳以及在荥阳附近的敖仓。敖仓是当时最大的粮食储备地。因为有粮食，这里的秦军很多。如果绕过去，很容易被实力更强大的秦军切断后路。最后一个原因是，过了函谷关，就进入关中，而后直达咸阳，这条线路在战国时期是六国进攻关中的传统路线。几百年来，秦军在这条路线上布置严密的防守设施，没有足够的兵力很难打下来。

此时，他的军队不过两万多人，继续打下去，不会有任何新进展。还有一个更重要的原因促使他必须马上决定，绕开洛阳和荥阳，打入关中，这个原因就是刘邦迫切想争得第一个入关中的名号，赢得合法称王的机会。

赵国一个叫司马卬的将领（据说是司马懿的先祖），占据河内郡（今焦作市）。当年四月，准备从洛阳北边的平阴渡口渡河，南下进攻洛阳，摆出打下洛阳和函谷关，进入关中的姿态。按说司马卬的军队是反秦友军，但正在和秦军作战的刘邦，竟抽出兵力，在黄河岸边把司马卬打回去。这一军事行动暴露出一个信号，刘邦非常看重第一个入关中。但更关键的是，司马卬南渡黄河，可能预示着河北的诸侯军的压力明显减少，已经开始准备过河入关。留给刘邦的时间不多了。

当年五月和六月，秦朝上层出现重大变故。赵高对秦军在前方作战的将领加深猜忌、排挤，为此，章邯在与项羽作战时更加趋向消极。从当时陈馀写给章邯的劝降书中可以看出，赵高弄权，把秦朝高层弄得人心惶惶、人人自危。对此，天下人都已知道。由此推测，刘邦感觉到项羽胜利在望，如果继续在洛阳耗着，等项羽带着大队人马来了，自己只能被裹挟进项羽的楚军之中，一同入关中。到那时，他再想称王是不可能的。为此，刘邦要赶快绕路，最后赌一把，第一个攻入关中。

和其他诸侯不一样，刘邦的军队是和项羽的军队同出一门。刘邦的军队还是项家军的一个分支。如果等项羽来了，已成为楚国上将军的项羽，完全可能收编刘邦的军队。刘邦立刻率军南下，绕开洛阳和荥阳，即使不是第一支入关中的反秦队伍，也能躲开项羽所率楚军，刘邦依然可以牢牢地控制一支军队。在秦朝灭亡后，刘邦和将领保留着实力和筹码，可以争取恰如其分、甚至更高的政治和经济待遇。

刘邦在城阳收集残兵败将，然后，从叶（今河南省叶县）向南，沿着伏牛山脉的一条谷地，打到宛（今河南省南阳市）。后来，曹操进攻在新野的刘备时，也选了这条行军路线。可能刘邦很急切地想赶在项羽之前进入关中，到达宛后，他甚至要放弃攻打这个城市，绕道进入关中。

这个想法被张良劝阻，原因可能是：当时，赵高派女婿阎乐诛杀秦二世胡亥，又立子婴为帝，子婴暗谋除掉赵高，整个朝堂进入人心混乱的状态，秩序崩坏的恶局导致人人自危。政治斗争白热化，波及地方层面，也包括宛。这里的秦军及其将领人心惶惶，无心保卫秦朝江山。如果不打下这里，绕道过去，谁能保证宛的守军不会突然从后方袭击刘邦军队？后路被切断，刘邦西征会陷入进退失据的境地。鉴于此，刘邦听从张良的建议，通过开出"封赏宛的郡守爵位，答应不屠城"等条件，招降在宛的秦军。

之后，通过攻伐、劝降和收买等方式，刘邦军队顺利拿下宛、武关、蓝田和汉中等地，但从整体上看，几乎没有打什么像样的仗。等到刘邦进入咸阳时，项羽已和章邯媾和，章邯率二十余万秦军投降项羽，项羽封章邯为雍王。之后，项羽率领诸侯联军，裹挟着投降的秦军，达黄河北岸，准备过河进入洛阳。在这次"入关中"的锦标赛中，刘邦力拔头筹，这里既有运气也有能力的成分。但当刘邦摘得如此巨大的硕果时，他和项羽都面临着巨大的人生挑战和难题。

第四章

鸿门宴的千古谜团

一、刘邦与项羽的真实关系

汉元年（公元前 206 年）十月，刘邦率军进入咸阳时，秦军已经没有对抗刘邦的家底，秦朝瞬间崩溃。根据《史记》记载，秦军打开咸阳城门，没有做任何抵抗。秦王子婴"素车白马"，脖子上系着皇帝玉玺，跪在城门口，向刘邦请降。刘邦以兵不血刃的方式进入咸阳。

在这一刻，刘邦遇到人生中第一个大喜悦。然而，刘邦没有足够的政治斗争经验，他并不知道第一个进入关中后，会遇到哪些迫在眉睫的问题，也不知道将要发生什么事，以及为什么会发生这些事。

刚进入咸阳，经过长途西征和各种征战，面对巨大的成功，这些来自砀郡、彭城和沛县等地的军人非常兴奋。他们大部分没见过传说中的国都咸阳，没有走上过宽阔的咸阳城的大道，更不会看到过豪华威严的咸阳宫和都城里的财富，如果不加约束，在这里，肯定会爆发大规模劫掠。

之前数百年间，秦朝对关东六国长期侵略、屠戮和压榨，在这些军人心中，种下根深蒂固的仇恨。如果刘邦带头在皇宫享乐，只会鼓励军队更加肆无忌惮地杀人、抢劫。如何统治这里，他毫无规划和设想。对长期且只在基层当亭长的人而言，不会有高拔的见识，也很难有宏伟的志愿。初入国都，他第一时间进入皇宫，肆无忌惮地享乐。

其实，当时刘邦面临两个迫在眉睫的问题，一旦解决失当，会对他及其集团带来灭顶之灾。

第一个问题是如何真正当关中地区的"王"。对如何当"王"，刘邦心里也没数。但如果任由军队放开抢劫和屠戮，肯定会影响刘邦军队的政治形象，将永远难以抹平与秦地百姓的隔阂与仇怨。楚怀王之前发出的约定是"先入定关中者为王"。这个约定有两个关键词：一个是"先入"，第一个进入关中，现在刘邦已做到；第二个是"定"，进入关中后，能够使这里安定下来，得到百姓拥护，社会进入有序状态，百姓安居乐业。"先入"关中的使命，可以依靠军事能力完成；而完成"定"关中的使命，则需要政治能力。

第二个问题是如何维护自身的政治形象。刘邦从参加起义，喊出的口号是，因"天下苦秦久矣"，不得不奋起"诛暴秦"。加入项梁集团和楚怀王为首的楚国政权后，他所领导的军事集团的政治属性和目标，从民间反抗暴政转变成为楚国复仇的国家层次的政治对抗。这种转变帮助刘邦集团迅速壮大。进入关中后，刘邦军事集团是继续秉持为楚国复国复仇，还是彰显来自底层民众的反抗暴政的政治属性和情怀？他必须马上做出选择。

《史记》没有记载樊哙如何劝阻刘邦，但明确记载了张良的劝词："夫秦为无道，故沛公得至此。夫为天下除残去贼，宜缟素为资。今始入秦，即安其乐，此所谓'助桀为虐'。且'忠言逆耳利于行，毒药苦口利于病'，原（愿）沛公听樊哙言。"张良认为，秦朝丢掉天道，成为天下之贼。刘邦入关中、消灭秦朝，是除暴安良、维护社会道德的行为，而不仅是站在复国、复仇的层面上了。这么定义，是重新赋予刘邦集团基于民间思维和认知的政治属性，这与当初刘邦集团在沛县起事时的政治属性是一致的。一个失去道德制高点的集团，很容易引起其他政治军事集团的诟病、谴责，以至成为被攻击的理由。刘邦缺乏这样的政治思维和觉悟，在毫无知觉中，把自己和他的集团放到烈火上烹烤。幸亏，张良是高级贵族出身，拥有很强的政治斗争意识，向刘邦指出了这个问题。

在樊哙和张良的劝说下，认识到当前面临的问题，他马上改弦易辙，自己带头离开皇宫，随后下令还军霸上，封存秦朝的府库。此后，他做出两件事，完成"定"关中的使命。

首先，把关中有影响力的人物叫来，宣布自己是"和平使者"，不会对关中百姓滥杀，要求大家各安其业。向广大百姓高调公布"约法三章"，即"杀人者死，伤人及盗抵罪"。刘邦军队瞬间收敛起抢劫的暴行。但这还不够，为安定关中百姓人心，巩固当前统治，他向关中百姓撒了一个弥天大谎。

根据《史记》和《汉书》的记载，他向关中百姓宣布，"吾与诸侯约，先入关中者王之，吾当王关中"。"先入定关中者王之"，这句话是"楚怀王之约"的内容，但刘邦这样向关中百姓阐释"楚怀王之约"却有很大问题。

第一个问题是，"楚怀王之约"是楚怀王发出的，不是刘邦发出的。第二个问题是，楚怀王之约是楚怀王熊心和"诸将"约定的，不是和诸侯们约定的。"诸将"肯定是指楚国的各路将领，但刘邦大言不惭地说是他和诸侯们的约定。第三个问题是，别说刘邦是否有能力向诸侯们发出这个约定，即便是楚怀王，能不能和赵国、燕国、魏国、齐国等诸侯们约定，并得到诸侯们的认可也是问题。即便诸侯们口头上认可，当咸阳被攻下，面对富庶的关中平原和富甲天下的咸阳，诸侯们能抵抗住诱惑，而任由楚国及其将领独自霸占吗？

既然这是一个逻辑不通的谎言，刘邦为什么要撒这个谎呢？

在当时，刘邦初入关中，撒这个谎，无形中拔高了自己的政治地位，对秦国百姓的震慑力瞬间提升数个层级。刘邦进入关中后，心态发生改变，他很乐观地认为，自己已经可以和诸侯们平起平坐了，不再把自己看成楚国的一个将领了。显然，他的这种乐观心态为时尚早。

在巨鹿之战中，项羽以高超的战术、惊人的勇武和无敌的战力，全歼巨鹿城下的秦军，俘虏主将王离，赢得天下瞩目的赫赫声望。赵国的张耳，魏国的魏王豹，齐国的田安、田都，燕国的臧荼等诸侯联军，被项羽的威名所震，瞬间奉他为联军首领。项羽率诸侯联军和章邯、司马欣、董翳所率秦军，在安阳对峙数月后，随着秦军投降，项羽进入关中的阻力尽灭。当刘邦入咸阳时，章邯投降项羽，项羽率领诸侯联军以秦朝降军为先导，渡过黄河，到达洛阳附近，准备西进入关中。

天下人都已知道，刘邦占领咸阳，章邯投降，秦朝灭亡。高度专制下的秦国军政表面看极为强大，但中枢神经系统一旦瓦解，分支系统毫无生命力，随之瞬间"土崩"。从洛阳到函谷关，项羽所率领的诸侯联军没有遇到任何抵抗。只是大军走到洛阳以西的新安县（今河南新安县），由于投降的秦军害怕自己的投降行为被秦朝以秦律惩处，且株连家人，也听说关中被刘邦攻破，害怕入关后，被关东六国的军队报复等，诸如此类的消息遍布，无论真假，都导致秦军降军人心浮动，开始有哗变的迹象。项羽害怕这些降军在西进过程中反戈，大概也是为了节约粮食，下令当阳君英布等人坑杀掉这二十万秦军降卒。

但在短时间内，坑杀或者袭杀如此众多的武装的降卒，《史记》中没有记载对联军造成哪方面的不利影响。比如，由于秦军反抗，出现巨大战损。这不由得引起一些史学研究的怀疑。姑且不论这一大规模的杀降事件是否真实发生，但有一点可以肯定，在新安县，项羽至少杀掉部分秦朝降卒，并引起巨大的社会舆论。不可否认的是，这一军事行动对项羽入关中后，以及之后的政治和军事行动产生了巨大的不利影响。

在项羽处理秦军降卒时，刘邦也许觉得有"楚怀王之约"为自己撑腰，在关中称王是有法理依据的。他没有告诉张良等身边的重要谋士和将领，私自派兵把守函谷关，摆出把项羽及诸侯联军挡在关外的姿态，向大家表达出"独占关中"的态度。

当项羽带着诸侯联军兴冲冲地来到函谷关外，发现函谷关有刘邦军队把守，极为愤怒。他派当阳君英布破关而入，数十万诸侯联军蜂拥而至，气势汹汹地驻扎在咸阳附近的新丰镇。随后，在这里上演了一场鸿门宴大戏。这场宴会非常著名，围绕它产生了很多成语，很多世情故事。其中，让大家最关心的是，刘邦为什么能活着逃出去，项羽为什么放走刘邦。

虽然鸿门宴成为千古流传、杀机四伏的著名宴会，但如果反向思考，鸿门宴其实本来应该是温馨和谐的宴会。为什么呢？在鸿门宴之前，刘邦和项羽的关系究竟是什么？刘邦和项羽应该有三层面关系：战友关系、同事关系、江湖兄弟关系。

第一个是战友关系。项羽的叔叔项梁在世时，受项梁的差遣，刘邦和项羽曾经并肩作战，一起攻打过雍丘、外黄和陈留等地。两个人作为当时项家军的中级将领，一起冲锋陷阵，历生死，共患难，结下纯朴而浓厚的战友情。

第二个是同事关系。同事关系和战友关系本质上是一样的，但在形式上又有所不同。他们形成同事关系，是因为在项梁死后，他们归属于同一个领导楚怀王的麾下，各自向楚怀王负责。此时，他们已不在一起作战，也不在一起吃住，更不会共同面临危险。

在"楚怀王之约"发出后，他们几乎同时从楚地出发，项羽往北，去救赵国，刘邦往西攻略，进攻关中。他们都是楚国将领，到达咸阳之后，依然是楚国将领，古语称"同殿称臣"。也可以理解为，他们是在同一个单位，为同一老板"打工"的同事。这时，和出发时唯一不同的是，项羽在军中斩杀了宋义，逼楚怀王封他为"上将军"，在级别上比刘邦高出一头。

作为同事，两个人分别在不同地方主导灭秦战争。项羽战河北，刘邦战河南，两人的作战互为表里，都对对方作战给予巨大支持。不管两人是否有意为之，但客观上看，正是因为他们在黄河南北的协同作战，加速了秦朝灭亡。

第三个是江湖兄弟关系。刘邦和项羽在楚汉相争期间，曾经有一次见面后，刘邦向项羽提及"约为兄弟"这件事，为什么？

刘邦刚起事时，曾因雍齿背叛，丢掉根据地丰邑，刘邦为此向项梁借兵和借将，收复失地。而后投靠项梁，跟随项梁征战。项梁对刘邦有救命之恩和提携之义。从这个意义上看，刘邦算是项家军的一个分支。在楚国内部，由于项梁的关系，与其他将领相比，刘邦和项羽在感情上理应更加亲近。在项梁指派下，刘邦和项羽曾经并肩战斗，亲密接触。其间，他们按照江湖规矩，约为兄弟，是完全可能的。

因为有这三层关系，刘邦与项羽经过千辛万苦终于在咸阳见面，正常的场景应该是，两人见面抱头痛哭，话离别之情，诉思念之苦。当然，真实情景不是这样的，而是剑拔弩张到空气凝固，让人上不来气。之所以导致这一结果，和刘邦有很大关系。刘邦派人把守函谷关，对以项羽为首的诸侯联军表现出不友好的态度，引起大家公愤，把这场宴会变成危机四伏、凶险无比的宴会。

二、刘邦为什么成为众矢之的

项羽进入关中，占据新丰县洪门镇，还未见到刘邦，但刘邦身边的左司马曹无伤派人告诉项羽，刘邦想在关中称王，任命子婴为相国，霸占所有的珍宝。项羽听罢大怒，准备马上犒劳将士，进攻刘邦。而此时，范增又在旁边说，刘邦在进入关中之前，贪恋财货和美色。现在进入关中后，不要财物，不宠幸美女，他的志向一定远大。范增还说，他派人去看刘邦所在地的气象，"皆为龙虎，成五采，此天子气也"。在范增看来，如果项羽想称霸天下，甚至当新一代天子，现在要"急击勿失"。从曹无伤和范增的话看，两个人的话非常矛盾。一个说刘邦贪财好色；另一个说刘邦既不贪财，又不好色。两个截然相反的信息，在项羽进入关中后，同时摆在项羽面前，但信息背后，都表达出同一个观点，鼓励和说服项羽马上攻灭刘邦。

虽然史书没有明确记载其他诸侯及其将领的态度和观点，但可以想象，如果项羽因为刘邦封堵函谷关和独霸关中，对刘邦开战，以示惩戒，大家应该不会有太大意见。原因有三个：

第一个原因是，"楚怀王之约"是楚国内部对其所属将领的约定，其他诸侯国没有理由认可。楚怀王为激励楚国将领积极讨伐和攻灭秦朝，也为打压项家军，而发出"先入定关中者王之"的约定。这个约定发出之前，并没有和其他诸侯国交换意见。出了楚国地界，这个约定对其他诸侯没任何法理上的约束力。

当时，楚国要攻灭秦朝，其他诸侯们也有这个意愿，只是害怕秦朝的军力，或者正在被秦朝军队攻伐，为自保和求生存，而没有像楚国那样积极且高调地付诸实际行动。但秦朝灭亡了，诸侯们肯定垂涎关中这块地方。

一旦秦朝灭亡，关中和巴蜀成为无主之地。即便不能在这里称王，诸侯们也不会放过到这里劫掠一番的机会。咸阳是秦朝的国都，积聚天下无数的宝物重器和美女。如果刘邦仅依靠楚国内部发出的约定，合法完全占有这块土地，不让其他诸侯及其将领染指，这些诸侯及其将领肯定不答应。他们会自觉地对刘邦独吞胜利果实的行为表示愤慨，敌视先入关中的刘邦。

从项羽在安阳和章邯谈判时已封章邯为雍王，充分表达出灭掉秦朝后，要按照军功分割天下的意思。那些出身一般、野心很大且还立了功的人，如张耳、英布、司马卬、申阳等，如果和刘邦开战，自然会站到项羽这一边。这些人后来都被项羽封了王。

第二个原因是，项羽不认可"楚怀王之约"。如上文所述，楚怀王和他身边的楚国旧贵族打压项羽和项家军，是"楚怀王之约"的重要目的之一。项羽肯定对此耿耿于怀、心怀不满，而在巨鹿之战中，项羽表现得非常抢眼，仅依靠楚军，就彻底打败王离的长城边防军。在秦军中，除守卫咸阳的中尉军外，这支边防军久经沙场，战斗力最强悍，这次胜利彻底在精神上征服在旁边"作壁上观"的其他诸侯联军。虽然在漳河战场上没有打败章邯率领的秦军，与其对峙数月互有胜负，但最终把章邯逼降。军功卓著的战神项羽成为秦末一颗耀眼的明星，俨然成为楚国的最高军事统帅。消灭秦军主力，导致秦朝呈现出土崩瓦解的态势，项羽受到诸侯以及诸侯国将领们一致拥戴，积聚出的政治势能可以凌驾于楚国和其他诸侯国之上。在巨大的军功面前，项羽已具备废除"楚怀王之约"的实力。

在项羽看来，立熊心当楚怀王，是叔叔项梁的权宜之计。项羽始终有干一番大事业、称王称霸的想法。他后来在戏水主持分封大会时说："怀王者，吾家项梁所立耳，非有攻伐，何以得主约！本定天下，诸将及籍也。"从始至终，项羽没把楚怀王当成楚国的真正"领导"。从他的话可以看出，他信奉"立军功，称王封侯"，与陈胜的"王侯将相宁有种乎"理念一致。当然更主要的原因是，他出身于将相之后，身上没有流淌楚国国君后裔的血液，如果想称霸诸侯、统一天下，只能高调秉持这样的理念，才可能有机会。

第三个原因是，在漳水河边，项羽接受章邯投降，把章邯封为雍王。但这个举动没向楚怀王汇报，擅作主张，属于犯上之举。这一举动的政治含义非常丰富，意味着把自己凌驾于怀王之上。只有天子或者皇帝才有资格封王，他对章邯封"王"，而不是"侯"，意味着他在形式上已把自己凌驾于所有诸侯王之上。雍这个地方在关中西部，是秦国发源之地。此时，章邯和他都在漳河，距离关中几百里地之遥。尚未入关中，却把章邯封到这个地方为王，项羽用实际行动，已经废除掉所谓的"楚怀王之约"。"先入定关中者王之"，在项羽看来，已经成为一句废话。如果刘邦继续秉持"楚怀王之约"，实际上是在否定项羽的政治地位，公开挑战项羽。如果项羽纵容这一行为，无法对已被他封为雍王的章邯交代，那些对项羽抱有期待的其他诸侯及其将领，也会因此失望，和他离心离德。

按说即便诸侯们不认可，项羽心里有怒气，但毕竟是刘邦先入关中的，这个功劳相当大。大家都看在眼里，总不能漠视刘邦在灭秦战争中所做出的巨大贡献吧？他们出于一己私利，破关而入，总是让人感觉是在仗着人多欺负人。他们就不觉得理亏气短吗？

可是，说实在的，项羽和诸侯们还真不觉得自己理亏。相反，如果站到他们的角度看问题，他们甚至还会觉得理直气壮、理所当然。

为什么呢？灭秦是一个"集体项目"，不是哪一支队伍能独立完成的。如果把反秦的诸侯联军比喻成一支足球队，球队最后取胜，是球队齐心协力的结果。进球了，胜利了，总不能说是进球前锋一个人的功劳吧？

刘邦一路西征，打了很多仗，有些仗打得很艰苦。作为前锋，刘邦"进球"，付出巨大努力和辛苦，理应受到额外奖赏，但项羽和诸侯们觉得他们立的功要大于刘邦。原因是，项羽、诸侯们和刘邦都立了功，但功劳的含金量并不一样，为此付出的努力和承担的风险也不一样。

和项羽及诸侯们在巨鹿、漳水对阵的是整个秦朝最后的王牌主力。一个是章邯军，一个是王离军。周文率起义大军打入关中，进抵戏水河畔，秦朝面临第一次灭亡的危险。虽然章邯之前从事财经类工作，但论带兵打仗，其专业水准却力压群雄，无人可挡。他临危受命，将在骊山修陵墓的民工和守卫国都的中尉军组织起来，打败气势汹汹的周文大军。按照李开元教授的分析，章邯率军东出函谷关后，秦朝一刻不停地从关中征发兵源，支持章邯大军平叛。他先后消灭陈胜和项梁等起义军中最难打、最有影响力的队伍，纵横关东地区，势不可挡，将起义浪潮打到谷底。

等到在漳水和诸侯们对峙时，章邯的军队已不再是临时拼凑的"乌合之众"。经过战争的残酷锤炼，这支队伍作战效率之高，不逊于任何一支秦朝正规军。王离的军队是从长城调过来的正规军，长期和匈奴作战，是秦军中的绝对主力。这两支支撑秦朝江山的秦军主力，在河北先后被项羽及诸侯联军打败和收降。尽管有秦朝高层内斗的原因，但不管如何，项羽和诸侯联军的努力起到决定性作用。如果没有诸侯们联合顽强作战，完全靠秦朝高层窝里斗彻底毁掉这两支强军，显然不可能。

相比而言，刘邦西征途中攻打的秦军，要么是秦军留在砀郡监视楚国动向的留守军队，要么是一些地方军队。显然，他所面对的对手与诸侯们面对的对手，在实力上相差很大。

尽管刘邦率先进球，但并不见得做出的贡献最大。可以设想一下，刘邦西征时，全军不过一万五千人到两万人，而且是刘邦沿途收编陈胜、项梁、郦商以及各路降军拼凑而成。如果让他单独面对章邯军的主力或者王离军的主力，肯定毫无胜算。刘邦成功入关，如果再独霸关中，有点窃取大家胜利果实的意思。在项羽和诸侯们看来，如果他不肯让出关中，就显得无耻和道德败坏。

当然，刘邦西征路上的秦军实力不如章邯和王离率领的秦军，但刘邦军队的实力也不如项羽和诸侯联军。从所冒的风险系数看，刘邦和项羽、诸侯联军显然不在一个层次上，且相差很大。

刘邦西征是主动出击，秦朝军队基本上被动挨打。主动出击的优势在于，如果能打就打，不能打就撤回去，或者绕道而行，总是有规避风险的空间和机遇。刘邦在西征刚开始的几个月里，其实一直是在他的辖区砀郡那一带作战，并没有真正向西进军。之后进攻西边的城市，攻打开封，因打不下来，就绕道而行；攻打洛阳失败后，就南下绕道宛，通过武关进入关中。仅有一次野战，是和秦将杨雄作战，并取得胜利，杨雄因此被秦朝诛杀。一路上，没有任何一支秦军和他死缠烂打，追着他不放。他拥有相对从容的作战空间，有条件实施灵活多变的战略战术，既能完成西征目标，又能保存实力，从未面临过那种鱼死网破、不成功便成仁的惨烈境况。

项羽和诸侯们面对的对手，和刘邦完全不一样。王离和章邯主动进攻赵国，气势极为嚣张，作战决心异常坚决。根据《史记》记载，章邯攻占赵国都城邯郸后，把老百姓全都迁到河内（今焦作市），专门派人把整个城市拆毁。他拉开的架势是不但要把赵国一口吃下，还要把"骨头"嚼碎，营造恐怖气氛，彻底断掉叛乱地的社会经济基础。在这种情况下，诸侯和项羽只有死死顶住两只"下山虎"的进攻，没有退路。赵国一旦不保，齐国、燕国、楚国和魏国，很容易成为下一个被攻灭的国家。保赵国，就是保家乡。面对如此输不起的紧张局势，项羽不得不违反作战常规，做出"破釜沉舟"与敌人同归于尽的举动。和章邯、王离作战，诸侯联军冒着九死一生的风险，这是刘邦不能比的。

总体来说，当刘邦封锁函谷关时，他得罪了项羽这个之前的战友和兄弟，惹怒了在河北血战过的诸侯联军。他要么给大家一个解释，求得大家原谅，让出关中，接受大家的安排；要么在关中与项羽和诸侯联军血战到底。赢，固然好；输，则身败名裂，身死他乡。

三、刘邦为什么没有守住函谷关

在中国历史中，"鸿门宴"是阴谋的代名词，此宴非好宴，以"公开的示好"掩饰"暗藏的谋杀"。一般而言，主动摆下"鸿门宴"的人，是不怀好意、深藏奸诈的加害方。另一方要么不知宴会上杀机重重，赴宴被杀；要么为某一个超越生死的目标，明知危险，慷慨赴宴；要么明知危险，以深藏化险为夷的妙策及靠对时局的精准把握，慨然赴宴，并全身而退。

汉元年（公元前 206 年）十二月中旬的某一天，在新丰县洪门镇，刘邦主动来拜访项羽。项羽设下宴会，招待刘邦一行人。之前，项伯听说项羽明天准备进攻刘邦，急匆匆夜访之前的救命恩人张良，劝张良离开刘邦，防止张良受牵连。但张良没有听从项伯劝说，反而拉着项伯见刘邦。刘邦对项伯极为恭敬，主动攀姻亲，并听从项伯劝告。天明后，刘邦到项羽大帐，拜见项羽，澄清误会，求得项羽原谅。

为什么刘邦听从项伯的建议，主动带着很少的随从，赶赴项羽在鸿门的大营？如果刘邦不想参加这次将自己陷入险境的鸿门宴，他其实有两次机会。

第一次机会是，项羽及诸侯联军在函谷关外时，刘邦派重兵，封住函谷关。函谷关是当时的天下第一关，秦朝重点防御关东六国的关口。之前，陈胜曾派一个叫周文的将领，率几十万起义军一路西进，破关而入，杀到咸阳附近的戏水河畔。这个关口好像算不上铜关铁隘。但当时周文能势如破竹，主要原因在于秦朝上层的决策失误。当时，以秦二世为首的秦朝上层极度轻视起义军，对这些起义军及起义大势的判断严重失误，由此展开的军事部署极为滞后和被动，函谷关被周文大军偷袭成功。

如果刘邦能够高度重视函谷关的守卫，虽然不一定最后能守住，但项羽所率的诸侯联军想破关而入，难免付出惨重代价。可以设想，诸侯们因为久攻不下，可能会离心离德。这些人来关中，并不是抱着解救受苦受难的关中百姓的美好愿望而来，而是冲着关中财物、美色。一旦进入关中，当大家凭实力分配利益时，实力不足的人肯定会很吃亏。谁会在函谷关前，让自身实力受到损失呢？在巨鹿时，项羽率楚军独立进攻秦军，与秦军血战，其他诸侯联军曾"作壁上观"。这些人为自保而算计他人的品行已经展现得淋漓尽致。很难想象，在秦军主力尽失，秦朝灭亡指日可待时，在函谷关前，他们会拼死作战。

根据《史记》记载，在函谷关外，项羽派英布冲击函谷关，很快就破关成功。英布在巨鹿之战拥有上佳表现，是一个作战能力极强的将领。但《史记》等史料里，都没有记述破关过程。看样子，这次破关之战，打得很轻松。这说明刘邦根本没有用全力守关。

公元前206年10月，刘邦进入关中时，项羽刚到达黄河边，但在11月至12月，有一个月左右，项羽在函谷关外。根据史书记载，他在新安县屠杀二十余万秦军降军。他没顾得上入关。

如果趁着这段不长的时间，刘邦认真准备守关事宜，加紧动员，利用刚刚打下秦朝都城咸阳，将士士气正旺的有利条件，在函谷关全力抵挡住项羽和诸侯联军，并非完全不可能。这么看，他没做好准备，可能不完全因时间不够，很可能问题还出在其他方面。

第一，刘邦手下的将领对守关没信心。刘邦刚进入咸阳时，曾经想住在秦朝宫殿，准备好好开始享受，但被樊哙、张良先后出面劝阻。樊哙和刘邦是连襟，共有一个老丈人，也就是吕太公。他们还是从丰沛地区一起走出来的"老兄弟"，甚至樊哙曾经和刘邦一起去芒砀山落草为寇，是刘邦身边最亲近的人之一。这样的人跑出来劝刘邦不要及时享乐，虽然史书中没有明确记载樊哙如何劝谏刘邦，但想来无非一个是让刘邦打起精神，不能过早地陷入富贵享乐之乡，要积极备战，迎接项羽、诸侯联军近在眼前的挑战；另一个是，建议刘邦树立除暴安良的光辉形象，与暴秦划清界限，以宽厚仁慈、勤勉爱民的形象，在关中扎下根，认真治理秦国故地。但也不排除另一个原因，刘邦不想放纵自己和将士，糟蹋关中，万一项羽和诸侯联军来了，不好交代。后来，张良出面，从树立优良的政治形象角度，告诫刘邦不要赖在皇宫享受，并建议刘邦"愿沛公听樊哙言"。很可能，樊哙劝说刘邦的角度和张良相似。我们不讨论樊哙如何劝说，但劝说这件事本身至少表明像樊哙这样的亲近将领，对独霸关中，心有余悸。

能够确定的是，另一个重要将领左司马曹无伤，肯定不支持刘邦"王关中"。曹无伤派人向项羽告发刘邦，说刘邦已经摆出独霸关中的姿态，由此，怂恿项羽攻打刘邦。曹无伤的行为充分表明刘邦身边的重要将领首鼠两端、徘徊犹疑的态度。左司马是军中负责军事的高级长官，这样的官员能在关键时刻背叛刘邦，也能从侧面说明在刘邦军中，如果对诸侯联军开战，没有多少中高级将领支持他。

第二，刘邦自己也没信心。如果站到项羽和诸侯联军的角度想问题，刘邦封关的举动，确实有些理亏。想必刘邦也很清楚。但也许他实在太想"王关中"了，才不由自主地以投机心态，派兵把守函谷关，希望将项羽和诸侯联军挡在关外，而项羽和诸侯联军也最好能很知趣地离开。出身底层的刘邦，刚刚成为万人瞩目的政治明星，缺乏政治斗争经验，他的行为显得非常幼稚。但他做出这么重要的决定，他身边的核心人物竟然不知道。这说明刘邦在这个问题上，不自信，且一厢情愿，是在搞投机。直接证据是，在史书上，没有任何明确记载，对守关这么大的事，刘邦曾派哪一位将领执行。同时，身边的密友兼重要谋士张良也对此不知情。

为什么这么说呢？在鸿门宴之前的晚上，项伯来找张良，让张良跟他逃命。张良假托说，这么溜掉，不符合江湖道义。他要和刘邦打个招呼。其实，他想先稳住项伯，然后去找刘邦商量如何对付项羽和诸侯们可能马上开始的进攻。张良见到刘邦第一句话问的是什么呢？根据《史记》记载，张良问刘邦，"谁为大王为此计者？"这说明张良应该不知道刘邦已经做出防守函谷关的军事部署，或者说，即使知道了，但细节并不是很清楚。虽然当时张良是韩王成阵营的人，刘邦西征路过韩国旧地，韩王成派张良协助刘邦入关中。不过，两个人很早以前认识，且双方觉得相见恨晚。在西征路上，张良为刘邦出过至少两个有见地且行之有效的建议，一个是降服宛城，一个是破武关。刘邦应该非常信服张良的谋略。但对守关这件大事，张良却并不清楚，刘邦没有征求他的意见。刘邦回答张良说，是一个鲰生让他守住函谷关的。据这个人说，只要把住关口，就能在关中称秦王。鲰生在那时候是一个骂人的话，泛指"混蛋"的意思。刘邦这么说，很可能是推卸责任，也表达出后悔、内心焦急的意思。紧接着，张良问："料大王士卒足以当项王乎？"刘邦的表现是"默然"，没法回答了。这说明刘邦这次重大的军事行动，根本没把后果考虑清楚。刘邦又反问张良："你说该咋办呢？"这样看，刘邦也承认，他不敌项羽和诸侯联军，有点不知所措了。

刘邦一厢情愿地堵住函谷关，但对如何守关以及一旦守不住该如何应对，毫无完备考虑和相应措施，这样也反证出他对守关是不自信的。

第三，刘邦军队的普通士兵不愿意和诸侯开战。分析这个原因要从两个方面考虑。

第一个是军队从心理上不能接受继续作战。从刘邦西征，到进入咸阳，经历十四个月的血战，很多人战死沙场，很多人身心疲惫，谁会愿意还继续打仗呢？经过艰苦征战，终于推翻万恶的秦朝，经历生死风险，始终撑住一股气。初入咸阳，面对巨大成功，这口气松了，主要心思放在受封领赏、过好日子上，这是人之常情。这时候，战争目标和性质突然转变，对普通士兵而言，心理上不会一下子转过这个弯。

第二个是刘邦军队无法接受和兄弟军队作战。刘邦军队的核心是楚军，其中很多人本属于项梁旧部，和项羽的军队同出一源。函谷关内外的军队，以前是同一个战壕里的战友，让这些人直接开战，不给出过硬理由肯定不行。

以上三个问题偏偏同时存在，这就很麻烦，刘邦军队不可能尽心尽力地防守函谷关，函谷关被轻松攻破实属必然。

四、刘邦为什么不在关中与项羽
作战

　　刘邦错过第一次躲过鸿门宴的机会，之后他其实还有第二次机会，就是在关中，刘邦和项羽及诸侯联军决一死战。

　　项羽和诸侯联军入关中后，驻扎在新丰县鸿门镇（今临潼县西北），刘邦的军队驻扎在霸上（今西安市东灞水西高原上）。两个地方应该都有秦朝守卫都城的军营。从大路走，两军相隔四十里；从小路走，相隔二十里。如果刘邦指挥军队，和项羽、诸侯联军在这一带展开决战，刘邦拿出鱼死网破、死磕到底的精神，结果无非两个，一个是打败项羽和诸侯联军，把他们赶出关中，另一个是兵败被杀或被擒。然而，刘邦为什么选择去参加鸿门宴，而没有选择开战呢？

　　没有开战的原因，从客观上看，无非是将领和兵士们在心理上不接受这样的战斗。从主观上看，刘邦没什么信心。如果在关中两军对峙时候开战，对刘邦不利的因素不但没有减少，反而增加两条。

一是与项羽和诸侯联军在兵力上数量悬殊，野战取胜概率很小。根据《史记》记载，刘邦军大概有十万人，诸侯联军有四十万人。

函谷关以东是山川和丘陵地带，即使兵多，受地理位置限制，也很难展开，无法发挥人多势众的优势。如果刘邦决心守关，而将士用命，士气高涨，利用关口的有利地势，用较少兵力还有可能守住。而关中是平原地带，如果开战，刘邦无关可守，只能列阵打野战。这时候，兵力上的悬殊会成为致命缺陷。

二是刘邦军打野战毫无胜算，刘邦军和项羽军在作战能力上，差距很大。

第一个原因是刘邦军构成比较复杂，短期内无法形成有效的战斗力。刘邦在洛阳受挫，南下进入宛。据推测，这时候，他的军队有两万多人，收服宛，以及宛以西各个城市和关中秦军后，刘邦军壮大到十万人左右。除了投降过来的秦军，刘邦的核心军队并不多。

刘邦进入关中后，实行惠民政策，收买人心，项羽军在关外滥杀降军。按说刘邦阵营里的秦军会愿意和刘邦同心协力守关，以抗拒项羽和诸侯联军。但只有意愿还不行，对这支秦军的整编管理也很重要。从刘邦进入关中，到项羽破关而入，大概有两三个月时间。其间，刘邦有很多需要做的繁杂工作，能否在这么短的时间里，还能抽出时间、精力有效整顿八万之众的秦军，并形成经得起恶战考验的战斗力，对刘邦是个大问题。

在世界上，公司兼并成功的案例很多，但失败的案例更多，特别是跨国公司兼并失败的案例更是数不胜数。整合兼并之所以难，原因很多。但一个公认的原因是，由于两个公司在文化和制度等方面存在显著差异，兼并重组后，在新公司内，很难形成信任感和凝聚力，公司内部经常是暗流涌动、内耗不断。刘邦所率的楚军实行楚国军制，让这支军队和投降过来的秦军整合，必然面临类似于公司兼并中可能遇到的问题。即便表面上秦军和刘邦的军队融合，在短期内也很难形成战斗力。后来，韩信负责汉军的整军工作。他把秦国军制植入到刘邦军，在军事制度上实现"汉承秦制"，逐步从内到外把汉军打造成秦军的模样，并形成很强的战斗力。

第二个原因是刘邦军和刘邦本人缺乏像巨鹿之战那样规模巨大、惨烈艰苦的战争磨砺。在西征中，虽然刘邦军打过很多类型的战斗，如攻城战、野战、追击战，但主要和秦朝的地方军队作战。即便是野战，也仅是和战力不算很强的秦军将领（如杨雄）作战。而项羽军曾打败秦朝最有战斗力的两支军队。特别是，巨鹿之战是标准的野战，项羽以少胜多，全歼秦军主力，极为精彩，也极为艰苦，时至今日，依然是中国两千多年战争史上的经典战例。如果在关中，刘、项开战，作战形式类似于巨鹿之战。刘邦缺乏这方面的指挥经验，他的军队缺乏这方面的作战经历，面对项羽这样的对手，刘邦如何能有必胜的信心？

第三个原因是项羽所统帅的楚军在数量和质量上比刘邦统帅的楚军有明显优势。刘项决战，决定双方胜败的关键，是双方所统领的楚军实力。史书上没有明确记载，项羽统领的楚军数量有多少，很多学者推断，宋义、项羽和范增率楚军，北上援救赵国时，楚军数量大概有十万人左右。这支军队救援赵国，对楚国具有战略价值。出发时，宋义是统帅，是楚怀王的亲信，楚怀王希望宋义立下战功，在楚国政坛，占据高位，形成拥护自己的军事集团，巩固他的王位。他有充足理由抽调楚国精兵，充实到这支军队。不过，当时楚国军队中，战力强、可用于远征的军队，很可能是项梁留下的项家军，或者和项家军渊源颇深的军队。而这支军队在感情上应与项羽更亲近，甚至会视项羽为新一代的项家军领袖。由此，这支军队会支持项羽在军中杀掉宋义，也会紧随项羽与秦军奋勇作战。反观刘邦，西征时，除本部仅一万多人马外，先后收罗项梁、陈胜的散兵游勇，收编刚武侯和郦商等人手上的军队。可以说，刘邦军是地方杂牌军。这些军队在西征路上一边征战，一边整合。一旦碰到硬仗，战斗力不足的问题就暴露无遗，比如，在洛阳城外，被秦军击败后，军队竟然四处溃散。在起跑线上，刘邦已全面输给项羽。在征战中，刘邦也并没有能力变不利为有利。

到关中后，有的学者认为，项羽军可能扩充至二十万人，有人则认为还是十万人左右，或者更少一些，毕竟战争有所损耗。对项羽究竟统帅多少楚军，所说不一，但项羽所带的楚军在数量和质量上，依然高于刘邦，则确定无疑。在关中，即使不考虑军队整合问题，单从人数上看，加上投降过来的秦军，刘邦军也只有十万人左右，最多和项羽的楚军数量相当，依然毫无明显优势。

避免与项羽及诸侯联军作战，是一个明智的选择，甚至是唯一的选择。在鸿门宴之前，刘邦的最优选择，是听从项伯建议，主动走向项羽大营，以身涉险，化干戈为玉帛。真实的历史上，刘邦正是如此而为的，并做到全身而退，将之前出的昏着以及可能引来的恶果，全部化为无形。

五、项羽是"政治幼童"吗

如果站在刘邦角度分析问题，刘邦主动到鸿门，拜访项羽，是最明智选择。如果站到项羽角度考虑问题，项羽接受刘邦拜访，摆下鸿门宴，并放走刘邦回到霸上军营，是不是犯下致命错误？他这么做的原因是不是因为他太年轻，缺乏政治头脑，错过轻松诛杀刘邦的机会呢？

可以说，认为项羽在鸿门宴上放走刘邦，是犯了致命错误的观点被很多人接受。在秦汉时期，就已经有人如此认识。《史记》记载，项羽放走刘邦后，范增气急败坏地说："唉！竖子不足与谋。夺项王天下者，必沛公也，吾属今为之虏矣。"他说，天下终究要归刘邦，大家最后都难逃被人擒杀的命运，公开且高调地指责项羽犯了一个致命错误。姑且不论这句话的真实性，如果我们回到历史的现场，重新审视项羽放走刘邦这件事，也许会发现，历史的真相并没有我们想象的那么简单。

从"事后诸葛亮"视角看，项羽确实犯了一个天大的错误。但要说项羽犯这个错误是因为政治判断失误，却并非如此。

从项羽之前的所作所为看，项羽并不是没有政治智商、做事轻率任性的莽夫鲁汉。作为政治人物，应该具备一些基本素质。比如，具有很清晰的政治目标、超强的判断力和决断力，能够很好地把握妥协和坚持的分寸，能够有效控制情绪和行为尺度。刘邦是一个很成功的政治家，那么项羽呢，他的政治智商如何？要回答这个问题，可以从之前的三件事上考察，而得出的结论是，项羽的政治智慧非常高，甚至远高于同期的刘邦。

第一是项羽拿捏政治局势很有分寸感，具有很强的判断力和决断力。这个政治素质体现在他斩杀宋义这件事上。楚怀王趁着项梁突然死亡，收缴项家军的军权，刻意打压项羽。在立下"楚怀王之约"后，按照楚怀王的政治布局，项羽几乎不会有出头之日。当项羽听说楚国派刘邦西征，他主动跑出来，表达和刘邦同去西征的请求。这一请求被楚怀王和他的臣僚们否决，还对他的品性进行了羞辱。可是，从《史记》和《汉书》的记载看，他并没有情绪失控的表现。相反，他不露声色地隐忍了下来。苏轼在《留侯论》一文中说，"天下有大勇者，卒然临之而不惊。无故加之而不怒；此其所挟持者甚大，而其志甚远也"。这句话用在当时的项羽身上也很合适。

宋义率军在安阳滞留长达四十六天，希望等秦军和赵军拼得伤痕累累、两败俱伤，再收渔翁之利。在这么长的时间里，项羽劝谏宋义，加快渡河，救援赵国，被宋义否决，他并没有气急败坏，而是深藏不露，等待时机。由于天寒大雨，士卒冻饥，广大将士对宋义很不满，在一天清早，项羽冲入宋义大帐，立斩宋义。而后，他逼着楚怀王封他为上将军，从此掌握一支战斗力很强的军队。

在彭城，他受政治排挤和孤立，他忍下来。等到离开彭城后，利用有利时机，杀将夺军，出手可谓"稳、准、狠"。这件事显示出项羽具有高级的政治智慧，是一个具有政治斗争策略的人。

第二是项羽具有很强的政治鼓动和宣传能力。他在杀掉宋义后，对诸将总要有个交代。当时，他主要向广大楚军将士表达了以下几个意思。

首先是在安阳这个地方长期待着，后方供应粮草还不足，广大将士应赶快渡过黄河，去赵国找粮食。这说明他很在意士卒生存状况，从感情上和广大士卒拉近距离，争取到大多数人的支持。

其次是宣传救赵国的现实价值。他认为，把刚建成不久、势力很弱的赵国救下来，对反秦大业很有利。在赵国危急之时，不去救赵国，下一个就会轮到齐国、楚国等其他诸侯国，唇亡齿寒，救赵国，就是救自己。

再次是贬损政治对手宋义，树立自己的光辉形象。他拿"宋义送自己的儿子去齐国联络，但到'无盐'这个地方喝酒联欢"这件事，和广大士卒们吃了上顿没下顿做比较，突出了宋义自私自利的恶劣形象，激起大家的愤慨情绪。他得出的结论是，宋义不体恤士卒，不关心大家能否吃饱，却只顾自己吃喝玩乐，不配当社稷之臣、领军之帅，以此赋予他杀主帅宋义的合理性和正义性。

最后是为擅杀主帅的行为，披上合法外衣。他向大家宣称，宋义和齐国阴谋反楚，是楚怀王命令他杀宋义的，而不是他擅自为之。之前，项家军曾在定陶救过齐国相国田荣。后来，田荣在齐国的政敌田假跑到项梁那里寻求政治避难，项梁没有按照田荣的要求杀掉他，得罪田荣。从此，田荣和楚国划清界限，对欠项家的人情，也不认了，双方反目成仇。如果说齐国得罪项梁，是没问题的，但说得罪楚国或者说楚怀王，则毫无道理。甚至项梁死之前，楚怀王曾派宋义出使齐国，齐国也派使者来到楚国，当着项梁的面，楚怀王和齐国表现得很和谐。有些学者猜测，宋义派儿子去齐国，目的是联络齐国，一起反秦，而这么说很可能是受楚怀王之令或者默许。这样的猜测极有可能。可是，项羽说宋义联合齐国反楚，明显是无稽之谈。但这一说法却激起广大楚军的愤慨，原因应该是，齐国国相田荣即使和楚怀王有来往，关系不错，但他因拒绝和楚国军界或者说项家军保持良好关系，必然激起楚国军界和项家军对他的不满。即使项羽编谎话，诓骗大家，楚军特别是项家军，也不会有质疑和反驳。项羽正是利用这一心理，鼓动楚军拥护他。由此可见，他很会揣摩人心，并为己所用。

根据《史记》记载，在安阳，广大楚军将士拥护他成为新的楚军统帅，甚至还迎合他，说"楚国就是您家首立的，您这么做是在平定叛乱"。

第三是他能够为了宏大的政治抱负而牺牲个人恩怨，拥有政治家的博大胸怀。章邯是袭杀项梁的罪魁祸首，在安阳殷墟（治今河南省安阳市），项羽接受章邯投降，还封他为雍王。史书对项羽和章邯的交涉，着墨不太多。按照大家一贯看法，项羽是一个把私怨看得很重的人，他当时能这么做，应该是权宜之计，不是发自内心的。但以后，项羽收服刘邦，在戏水河畔主持天下分封，依然履行对章邯的承诺，甚至章邯的部属董翳、司马欣也被封王。这充分表明，项羽拉拢曾经的死敌，把统战工作做得非常到位。仔细分析的话，他应该是在安阳时，与参加作战的各国将领们达成协议，将来要以军功作为分封天下的依据。分封章邯为雍王，正体现出这一原则。他为实现政治抱负和未来发展，能够做到尽弃前嫌、牺牲个人私怨，拥有宏大的政治胸怀和务实的政治手腕。即便他有时会意气用事，但绝不能说，他是一个完全被个人情感左右的人。

正因为要在关中称王，项羽在救援赵国成功后，没有和楚怀王知会一声，直接率军向关中进发。之所以要这么干，主要是他确立的分封原则和标准，必然要动关东六国国君后裔特别是楚怀王的"奶酪"。在入关中前，向楚怀王复命，会让项羽很被动。大家可以想象，一旦复命，意味着要请示下一步的工作指示。如果楚怀王让项羽回彭城，或者让项羽在赵地待命或者平叛，项羽又该如何是从呢？如果项羽不听楚怀王命令，肯定扛起违命、抗命的责任。如果回去，项羽还能再出来吗？他私杀主帅宋义，胁迫国君给他"上将军"头衔，这两条罪行足够项羽被楚怀王秋后算账，甚至要项羽的命，都不为过。

后来，当项羽进入关中，杀掉子婴，在形式上，由他为灭秦大业画上句号，向天下展示他的超拔武力和不世出的伟业，彻底慑服刘邦和诸侯联军，占据政治舞台的最高峰。他在军事、政治上已力压群雄，这时候，他向楚怀王请示下一步工作，时机把握得非常精准，不再忌惮楚怀王的牵制和威压。不过，此时楚怀王回复的是"如约"，意思是，命令项羽在关中执行"楚怀王之约"，承认刘邦为秦国故地的王。这种回复显然不能让项羽和入关的其他诸侯及其将领满意。为此，羽翼丰满的项羽站出来，高调宣布"楚怀王之约"是废纸一张。在谁能宰割天下的问题上，他废除"血统论"，推出"军功论"。

在楚国内部，首先遥尊楚怀王为"义帝"，架空楚国国君后裔出身的王，向天下做出表率。从传统角度看，项羽作为楚国的将领，不具备分封天下的资格。即便是楚怀王，作为一个诸侯王也不具备这样的资格。而把楚怀王拔高到"帝"的高度，这时候，再沿用春秋时期惯例，在"帝"之下，项羽才可能遵从符合春秋时期流传下来的传统，代替"帝"，以天下霸主身份分封天下。而楚怀王一旦成为名义上的天下之帝，被项羽貌似合理地迁出富庶的彭城，离开楚国的政治核心，楚怀王在彭城和楚国的政治势力被合法合理地拔除了。在关中，尽管项羽自封为西楚霸王，但他占据楚国最富裕的西楚之地，人口众多，地广物博，文化发达。仅从实力上看，他是楚国真正的统治者，以及天下秩序的维护者和主宰者。

从以上分析可以看出，项羽很懂得如何把握时机、积累政治实力，以及如何把政治实力发挥出来，取得与之对应的政治地位。这样看，项羽的政治智慧非常高。司马迁曾在《史记·项羽本纪》里说，项羽"才气过人"，不仅仅指他"力能扛鼎"。说他"奋其私智而不师古"，这句话应该是对他综合素质的肯定。在司马迁看来，项羽绝不是那种赳赳武夫，而是在政治、军事方面都具有很强能力的人。

在历史上，确实大部分人把项羽放走刘邦这件事，看作项羽得了政治"幼稚病"，或者说项羽有妇人之仁，上了刘邦的当。结合我们上述分析，项羽在鸿门宴上没有杀掉刘邦，从他的最后命运看，是个不可弥补的重大失误，但只从这个结果逆推出"项羽缺乏政治智慧"这个观点，显然并不成立。在政治舞台上，一直表现上佳的项羽怎么会在鸿门这里突然"弱智"呢？项羽如此而为，也许有他更深层次的政治考虑，一定是他为实现政治理想和目标而做出的最佳选择。

六、项羽想要干什么

在鸿门宴之前，从政治作为看，项羽具有不同寻常的政治智慧，他绝不是政治"幼童"。由此而论，在鸿门宴上，项羽放过刘邦，也应有其政治层面的深思熟虑。如果回到项羽在鸿门宴前后所处的环境和他的政治目标，有可能解开"项羽在鸿门宴上放过刘邦"背后的迷局，也才可能理解项羽所作所为的原因。

站到历史人物视角分析他的行为，必须要注意三个问题：第一是他要什么。第二是他为达成目的，面临着哪些约束条件；在这些约束条件中，哪些对他影响比较大，哪些则相对小一些。第三是如何评价他的行为的成本收益。考虑上述三个问题，可以更深入地分析，项羽为什么要摆鸿门宴，以及为什么在鸿门宴上让刘邦全身而退。那么，在鸿门宴前后，项羽究竟想要什么呢？这是一个非常重要且必须首先弄清楚的问题。

戏水分封后，项羽封自己为西楚霸王，这个"霸"字其实很讲究，透露出项羽所秉持的政治理想。从政治抱负上看，项羽要做天下的霸主。为实现这一目标，项羽需要完成两步，第一个是称王，第二个是称霸，而称霸要在称王的基础上才能实现。

春秋时期，天下曾出现"春秋五霸"。在先秦时期，"霸"是一个政治名词，反映出当时在周天子治下的一种政治生态。在春秋中晚期之后，周天子是天下之主，因缺乏真正的实力，这个天下之主"有名无实"。诸侯国为各自利益，互相征伐。最终，天下的政治格局遵循丛林法则而形成。个别诸侯国，如郑国、秦国、齐国等，靠发奋图强、自力更生或者其他一些偶然因素，在一个时期内，国力远超其他诸侯国。他们因此产生影响其他诸侯国内政和外交的冲动，甚至以周天子的名义讨伐不尊奉自己的诸侯国，赢得一种"不是天子胜似天子"的社会地位和尊荣。

根据学者邢怒海的总结，霸主统治天下的方式有三个特点：一是对不服从自己的诸侯国使用武力，使其归附；二是以"会盟"的方式建立政治等级秩序；三是霸主的仆从国保持独立的军队和内政权力。与中央集权的专制体制不同，霸主通过朝贡、会盟等方式实现对仆从国的控制，但不在仆从国设立常设机构，不对其实施二十四小时的行政监管。项羽分封天下后，天下的政治格局很符合以上三个特点。

在鸿门宴前后，项羽如果想王霸天下，他遇到哪些约束条件呢？

既然项羽要当霸主，而不是皇帝。他需要从形式上，把诸侯们召集起来，召开一次"会盟"大会。这个会议是一种很重要的仪式。通过这种仪式，向天下展现出王霸天下的政治秩序，得到大家的支持和响应，这种政治秩序才具有合法性。没有哪怕是表面上的支持，王霸天下的政治秩序，都会因缺失法理基础而名不副实，成为自说自话的笑话。但在鸿门宴前后，他想王霸天下，却受到一些不利条件的约束。

一是他的身份不符合"霸天下"的基本条件。在鸿门宴之前，项羽不过是楚国的一个将领，并不是君主。如果想"霸天下"，他的身份必须得到修正，只有先称王，才有资格称霸。称王是第一步。

另一个是，他受到楚怀王和"楚怀王之约"的限制，他如果称王，在政治上，面临着合法性不足的问题。刘邦第一个进入关中，按照"楚怀王之约"，应该在秦国旧地称王。不管制定"楚怀王之约"时，项羽是否认同，但楚怀王是他的君王，且该约定发出时，他在现场，并没有公开表达反对意见。他要称王，必须废除这个约定；他要称霸，则还要进一步抬高和架空楚怀王。如果处理失当，会让项羽在政治上陷入被动。

不过，他曾和参与巨鹿之战的诸将约定，灭秦后，以军功为标准宰割天下，以此标准，项羽称王确定无疑。作为政治交换，在楚军内部，那些立大功的将领也肯定会支持他称王，维护他的政治权威。他甚至以军功为标准，封赏楚怀王身边的人，把这些人不动声色地也拉入他的阵营，在楚国内部进一步凝聚起更大的拥护他的势力。在楚国之外，那些真正有军事实力和立军功的人能够在项羽的主持下获得王位，自然支持项羽称王和"霸"天下。如果成功，天下将瞬间形成一种以军功分封天下的政治氛围，这对项羽称王、称霸和架空楚怀王无疑是相当有利的。

后来，在戏水河畔，项羽召集入关中的诸侯和各路将领，召开"会盟"大会，主持天下分封，称王后，号称西楚王。同时，进一步把"西楚王"提升为"西楚霸王"。他在关中，已雄霸天下，遥控天下大局。

以军功为标准分封天下，是实现他政治理想的切入点，也是立足点。而在各路诸侯及其将领中，项羽的政治诉求能否顺利实现，刘邦的态度显得极为重要。

在鸿门宴之前，其他诸侯及其将领之所以敌视刘邦，主要是因为刘邦把"楚怀王之约"看成护身符，当作独占关中、称王的法理根据。但在项羽和诸侯联军看来，刘邦占据的胜利果实委实过大，远超出他做出的真实贡献。不过，刘邦一旦让出关中，这些将领们也就没必要敌视刘邦了。

只要刘邦放弃关中的所有权，就意味着刘邦不再承认"楚怀王之约"。而把自己在关中的未来收益权交给项羽主持的"灭秦业绩考核委员会"（会盟大会），相当于刘邦承认项羽主持分封的霸主地位，从楚怀王的怀抱投入项羽的怀抱。这时，项羽为实现当下最迫切的称霸天下的理想，也没必要杀掉刘邦。

在鸿门宴前，刘邦和其他入关中的诸侯诸将们所处的环境和位置，有相似的地方，也有不同的地方。相似的地方是，刘邦拥有靠真刀真枪打出来的战功。他毕竟第一个攻入咸阳，成为"灭秦足球队"的进球前锋，谁也不能抹杀这一卓越功绩。他的战功高于除项羽以外的其他所有诸侯。不同之处在于，他因第一个进入关中，按照"楚怀王之约"，他可以在关中称王。但当刘邦主动泯然众人，理应得到大家欢迎和认可。刘邦投降和顺从的姿态具有很强的示范作用，项羽的威望有望进一步攀升，非常有利于威服其他诸侯及诸将，特别是对压服关东的诸侯和楚怀王的意义更大。

从项羽处理章邯投降这件事看，在鸿门宴之前，项羽为实现宏大而长远的政治目标，可以考虑对有"前科"的人宽大处理。对章邯可以如此，对刘邦这个以前的战友、兄弟和现在的同事，当然也可以。

这时候，项羽急切地希望赢得大家的一致支持，从而取得王霸天下的法理依据。如果项羽称帝的话，是不是也可以呢？也就是说，他为什么非要称霸，而不当权力更大的皇帝呢？项羽自身的成长环境，决定了他对帝制没什么好感。

大家知道，每个人在成年以后的价值观和人生观，都是会受到他在成长过程中的环境影响。比如，孔融三岁的时候，把个头大的梨让给他哥，说明他是顽固的儒家传统的坚守者。当然，他长大后，死也不会和崇尚王霸理念的曹操"吃一锅饭"了。他最后被曹操杀掉，可以说在他让梨时，已经显示出来。司马光能砸缸，救小朋友的性命，除了说明他从小就不是个傻孩子，还说明他非常坚持做自己认为正确的事，为人很有担当，很固执，以至不害怕家长事后责怪他把家里的贵重物品毁坏。他长大后，入朝为官，不支持宋神宗和王安石主持的变法，且很高调。宋神宗让他到洛阳编史书，使其远离政治中心，即使这样，他也始终反对王安石和宋神宗的变法，绝不和他们同流合污。

项羽出身于楚国军事贵族家庭，他从小没有或者很少受到过如何称帝方面的教育。相反，在长辈们的思想灌输下，他很仇视秦帝国，对帝制不会有什么好感。

这种环境决定思想的论调也是推测项羽不称帝而称霸的一个很普遍的看法。这个说法很有道理，至少在当时，他没有这个想法。不过，如果我们假设项羽有称帝想法呢？

大家可以看看刘邦的称帝之路，发现项羽在关中登上帝位是不现实的。如果想称帝，项羽必须具备如下基本条件。

第一，要有根据地。显然，项羽在当时并没有。

第二，在根据地拥有绝对的军事、政治的控制力。可是，项羽不过是一个军事将领，楚国还有一个楚怀王，项羽显然尚未对楚国政治有绝对的控制力。

第三，建立郡县制。当时，项羽连地盘都没有，哪有可能选拔一批唯命是从的公务员队伍为自己服务呢？更何况，项羽最后被逼自杀，在西楚国也没有完全实行郡县制度，更不用说在鸿门宴前后了。

帝制生存的土壤是特定的，不是谁想称帝就能称帝的，没有制度和经济基础，即使称帝，也有名无实。义帝就是个典型例子。虽然表面上楚怀王被尊为义帝，实际上他的地位和帝这个称号根本不沾边。

总之，项羽在鸿门宴之前唯一拥有的就是一夜暴富式的军功和手上掌握的那支楚军，而仅靠这两项资源，不足以让他有称帝的想法。即使有这个想法，那时候也完全不可执行。

七、项羽为什么放过刘邦

如上文分析，刘邦一旦放弃楚怀王之约，必将会赢得项羽的宽恕，甚至还会被项羽拉拢。但刘邦为表达让出关中地区的控制权、放弃"楚怀王之约"的态度，不能仅仅派个使者或者写个手札之类的东西，简单表达自己投靠项羽、不与诸侯联军为敌的意思，他必须亲自参加鸿门宴。否则，很难让大家相信他。

在乱世，大家都是心机很重的人，谁也不会相信所谓的口头表示，甚至立字为据也很难取信于人。刘邦敢于亲赴鸿门见项羽，按照信息经济学的原理解释，这种行为向所有人传达出一个可信的承诺，以此证明自己和广大立下战功的诸将一样，承认项羽和诸侯、诸将们定下的分割天下的规则。

可以设想一下，这时候，如果项羽听从范增的建议，杀掉刘邦，将直接面临很大问题。从此，他将失信于来到关中的诸侯、诸侯的将领们和广大士卒，使自己在政治上处于极为不利的境地，直接影响他实现称王和称霸的政治目标。

这些将领抱着未来称王的目的，杀入关中。如果刘邦已经和大家站到一个立场，还被项羽在毫无反抗能力的情况下杀掉，那么，这些人还会相信接下来由项羽主持的分封吗？如果不相信，大家也就不会承认项羽称王的合法性，更不会拥立他为霸王。即使大家表面不说什么，在政治和法理上，项羽主持的分封将因此存在严重且明显的法理缺陷。即使强行推行下去，也很难得到广泛的社会认可和支持。最可怕的是，大家在戏水分封上，表面上受封，回到关东后，这个戏水分封因杀刘邦而遭天下责难和废弃，这些进入关中的诸将和诸侯也失去成为诸侯王的机会，广大士卒和百姓也因此受到影响，不再承认项羽戏水分封的合法性，那么，项羽前期苦心经营的形象必将付之东流。与其他人不同，他的下场可能更惨。

这时候，项羽其实是孤悬在外的一名楚国将领。虽被楚怀王授予楚国"上将军"的职衔。可他和大家心里都知道，他是靠矫诏擅杀军中统帅才当上的，犯了政治上的大忌。如果不利用在关中取得的巨大声望，趁机获得社会广泛认可的土号和霸号，等他回到楚国，很可能面临"秋后算账"的危险。到那时候，跟着他的这些将士也会因为他不是"货真价实"的诸侯王，逐渐离开他。最后，别说他能否称"霸王"，能不被楚怀王杀掉，已经是很不错的结局了。

因此，一旦刘邦来到鸿门宴，项羽绝不能在宴会上杀掉刘邦。

我们知道，批评一个人没有长远眼光，做事缺乏远见，这没错。但人都是生活在现实环境下的，只看远处而不看近处，这样走下去，肯定会掉进沟里。不顾眼前，只顾以后，也是不行的。项羽在鸿门宴上不杀刘邦，虽不是什么最优选择，但可以说，是最能实现当下利益最大化的选择。

但项羽既然不能在鸿门宴上杀掉刘邦，难道说就没有其他方法对付刘邦吗？其实，从史料看，鸿门宴前项羽其实早已动了杀掉刘邦的心思，并准备付诸行动。为什么呢？一个原因是刘邦封堵函谷关，触犯了项羽的利益，让项羽动了杀机。另一个原因是刘邦之前的所作所为给了项羽杀他的借口。

在项羽刚入关时，曹无伤派人向他报告，刘邦在关中不杀秦朝皇帝子婴和官员的行为，向大家宣告了，刘邦与秦国余孽勾结，背叛反秦初心，妄图与诸侯对抗，谋求当上第四个皇帝。此时，范增曾劝说项羽，刘邦平日里一贯贪财好色，但进关中后，一反常态，财物不要，女人不碰，很像立下平定天下大志向的人，刘邦很可能入关中后，将夺天下、称帝作为下一步追求的目标。他还说，刘邦身上有天子之气，如果这时候不消灭他，将来会被他消灭。这两人的劝言对项羽应有影响。

此时，项羽完全可以利用曹无伤的报告，也依然可以效仿诛杀宋义的模式，利用大家对秦朝唾弃、仇恨的心理，再次发表演说，鼓舞士气，串联诸侯联军，攻打刘邦。为增加合法性，他甚至可以谎称，杀刘邦，是楚怀王秘密给他下了指令。那么，不管用何种方式，刘邦被杀，都会让大家认为是死有余辜了。

从以前项羽的成功经验看，这些说辞和做法非常可行。更何况，此时的项羽，比在安阳诛杀宋义时，身份更高贵，名望更显赫。项羽说出以上说辞，更容易让那些不明真相的普通将士信服。显然，项羽具备这种完美高超的政治煽动能力，同时他也有这个时间。

对于入关的诸侯及将领而言，他们都有基本的政治思维和见识，很容易看得出项羽玩的猫腻。这些人因此会揭露以"正义"之名谋杀刘邦的项羽，并和项羽对抗吗？大概也不会。

虽然他们都有兔死狐悲的感觉，但项羽一旦编撰出杀刘邦的正义之词，征服广大普通将士，掌握了人心，其他进入关中的诸侯及诸将，即使揭露项羽的阴谋，其实也很难应对项羽随之而来的报复，想必这些诸侯及诸将也会知难而退。更何况，刘邦的恶行（封堵函谷关、与秦王子婴暗通款曲等），有目共睹，且有来自刘邦阵营的人（曹无伤）的状告作为有力证据。即便有人想为刘邦袒护，也很难。

其实，那些入关的诸侯及将领也是冲着"分蛋糕"这个目的来的。他们最关心的应该是，在这里拿到多少面积的封地，以及什么时候拿到封王拜侯的"文件"。如果因为项羽杀了刘邦，而和项羽死磕，还真就犯不上了。以前和项羽打秦军时，这些人"出工不出力"，更何况项羽打刘邦呢？从本质上讲，刘项之争属于楚国内讧，与这些人没有太大的利益关系。

对于没来关中分封大会的诸侯及其将领们，也只关心自己能得到多少地盘和财货。刘邦是如何受屈，如何被打，以及生死存活，他们更不会关心。进而言之，如果刘邦被项羽杀了，分"蛋糕"的人又少了一个，大家从中还会受益，考虑到此，更不会有人公开与项羽作对，挑战随后的戏水分封的合法性。最可能的结果是，从项羽阴杀刘邦这件事上看出项羽的为人，在得到好处后，以后对项羽保持高度的戒备而已。

从后来结果看，即使不杀刘邦，那些认为自己得到地盘少的诸侯和将领们，也不认可关中分封大会的结果。像陈徐、田荣、彭越因为嫌封到的地盘少，或者没封到地盘，戏水分封刚结束，很快起兵，攻打参与关中分封大会的人。从这些人手上抢地盘，用实际行动否认项羽主持的分封大会的合法性。

然而，刘邦身后还留下十万大军，这毕竟是一个不小的军事集团，项羽不应掉以轻心。但是刘邦在霸上的十万大军中，真正属于刘邦嫡系的楚军总计不过两万多人。其他是秦朝投降过来的，内部并非铁板一块，且还处于整合期，这些人对刘邦的归属感并不强。这样推想，如果刘邦被项羽杀了，真正愿意为刘邦报仇且由此与项羽为敌的人可能并不多。

即使在刘邦的核心队伍里，也还有类似曹无伤这样的动摇分子，想必类似曹无伤这样的人，并不会只有他一人。而像萧何、樊哙、夏侯婴这样的刘邦的铁杆死忠分子，在首领刘邦已死的情况下，实际上也很难闹出太大动静。如果项羽使出分化瓦解手段，一方面，给这些死忠分子高官厚禄，另一方面再以楚怀王名义，消灭那些准备为刘邦报仇的少数人，大概也并非难事。

除此之外，那些秦朝遗民和官员如何对待刘邦被杀呢？刘邦进入关中后，关中百姓对他不打不杀的行为很感恩，《史记》记载，关中百姓很拥戴刘邦当秦王。但关中百姓对刘邦有好感是有原因的，这是因为刘邦拥有武力时，对他们网开一面，让他们有劫后余生的欣喜，自然会对刘邦感恩戴德，这种心理类似于"斯德哥尔摩综合征"。如果不是因为此，关中百姓和刘邦又没渊源关系，甚至以前根本不认识刘邦，大家怎么会无缘无故、无条件无目的地爱他、拥戴他呢？更何况，诸侯联军尽管对项羽阴杀刘邦会不满，但对付秦人的反抗，也还是会不遗余力地打压的。这些关中百姓看到刘邦被杀，最可能的表情是"吃瓜群众"的表情。

很可惜，刘邦没有给项羽这次机会。

八、项羽真的放过刘邦了吗

项羽为什么在鸿门宴前，起兵攻杀刘邦呢？因为刘邦没有给他足够的准备时间。

项羽在安阳杀宋义，且能成功夺位，有一个关键的前提条件，他有充足的准备时间。宋义在安阳滞留四十六天，史书没有明确记载，在这期间，项羽做了什么，但按常理推断，项羽不可能什么事都不做。他应该在这段时间里，利用在楚军中的影响力，私下里做过很多联络和动员工作。对项羽来说，四十六天足够用。可是，项羽在关中却没有这样充足的时间。

根据《史记》记载，项羽看到刘邦派兵把守函谷关，派当阳君英布破关后，率军入关中，驻扎在戏水河畔的鸿门镇。这时，曹无伤派人来打刘邦的小报告，范增在旁边添油加醋地鼓动项羽立刻攻打刘邦。《史记·高祖本纪》记载，项羽"方飨食，旦日合战"。他接受建议，准备第二天进攻刘邦。但在《史记·项羽本纪》中，并无明确记载，项羽准备马上进攻刘邦。无论是否项羽已启动攻伐刘邦的战争，但刘邦确实面临近在眼前的危险。

在这里，我们设想一下，如果刘邦发现应该马上投降项羽，以避免被攻杀的危险，但他只是派人向项羽表达"我投降"的意思，而他却没有亲自来。或者，刘邦等到项羽和诸将们拿出值得他信任的承诺后，他才来见项羽，表达投降意愿。或者，刘邦没有对项羽和诸将表示任何认错的态度，在霸上军营傻傻地待着，让项羽看着办。那么，项羽就掌握主动权了。

如上文所述，项羽无论是否马上进攻刘邦，如果刘邦不赶在项羽进攻前，亲自来找项羽，项羽都有机会消灭刘邦，而且还不会付出任何政治代价。比如，项羽模仿在安阳诛杀宋义的做法，发表一通有煽动力、迷惑性强的政治说辞，煽动广大不明真相的士卒，攻打刘邦，并许诺或者暗示攻杀刘邦后，给大家多少好处。如此而为的话，刘邦将难逃一战，最终难逃一死，且刘邦的下场很可能和宋义一样，身死后，得不到大家的些许同情。

但是，正在项羽磨刀霍霍时，项伯夜访刘邦大营，让项羽丧失了攻杀刘邦的机会。

在这个危机时刻，项伯连夜去刘邦军营，找到张良，让张良逃命，张良又把项伯引荐给刘邦。刘邦马上向项伯表示"我无条件投降"的意思。根据《史记》记载，项伯对刘邦说了一句很关键的话，他说，"且日不可不蚤自来谢项王"。这句话的意思是，"天明后，你千万要早早地亲自来见项羽，表达出投降的意思"。结合当时情况，项伯这样建议，虽然会让刘邦冒险，但这是基于刘邦确实要投降的基本想法上提出的。如果刘邦真的要投降，则必须按照项伯的建议去做，否则，会被项羽抓住先机，即使想投降，也晚了。总结项伯的建议，可以分为以下两个方面：第一，刘邦亲自来见项羽，这样做才能传达出投降的承诺是真实的。第二，速度要快，绝不能给项羽充足时间。

很多人认为，《史记》记载的鸿门宴前后发生的事并不真实，是后世杜撰的。但项伯夜访张良这件事，应该不是捕风捉影的。理由是，在《高祖功臣侯者年表》中记载，项伯因为在这个关键时刻，救了刘邦，为此，被封"射阳侯"，并赐刘姓。

历史上和现代的很多学者认为，根据《史记》多个地方的记述，项羽是个念旧的人，有妇人之仁的性格。通俗点讲，就是属于那种吃软不吃硬的人。一个人越是软弱，他就越对人家好，比如，说他"人有疾病，涕泣分食饮"。据此判断，项羽念在刘邦和他曾共同作战、关系亲密的分上，再加上刘邦服软，在鸿门宴上，当两人相见，刘邦主动和项羽话旧情时，他瞬间打消杀刘邦的念头。显然，这种看法有失偏颇。

项羽是一个很有政治头脑的人，更何况，项羽不是一个人在战斗，他决断时，必须更多地考虑政治集团和个人的政治利益。在鸿门宴上，无论项羽还是刘邦，他们首先是政治人物，他们有责任为他们所代表的政治军事集团谋求长期和短期的最大利益。他们的决定除了为自己，更多要为集团利益考虑。个人的性格因素会因受制于集体意志，而更趋向于理性。仅基于此，他不能、也不会任性而为。

所以，第二天一大早，刘邦不请自来，到鸿门镇，面见项羽，一见面，就充分表达了投降服软的态度。项羽由此宴请刘邦和张良等人。一场危机就此化解，刘、项心照不宣，各得其所。因此，为在关中谋求最大的政治利益（称王称霸），项羽只能放弃直接消灭刘邦的方案。

实际上，在鸿门宴上，虽然刘邦毫发无损地离开，但项羽和范增却想到另一个办法，来达到抑制刘邦的目的。如果这个办法真正有效，既能确保项羽获得当前的利益最大化（遵守"楚怀王之约"，维护相对良好的形象。称王称霸，夺取楚国最高权力，躲过楚怀王可能施加的迫害，在未来掌控天下），也能保证未来的刘邦和死人也差不多，对项羽未来的威胁将会很小，或者可以说忽略不计。

他们想到的办法是，"项羽利用主持分封的权力，不露声色地把刘邦'关'进巴蜀这个穷山恶水且交通恶劣的地方，让他成为政治上的'活死人'"。

根据《史记》记载，在鸿门宴后，"项王、范增疑沛公之有天下，业已讲解，又恶负约，恐诸侯叛之，乃阴谋曰：'巴、蜀道险，秦之迁人皆居蜀。'"基于此，项羽和范增商量后，把巴蜀分封给刘邦。巴蜀之前是秦朝流放犯人的地方，也算是秦国旧地。把刘邦封到那里，在一定程度上把"楚怀王之约"打折后兑现给刘邦，部分地遵从了"楚怀王之约"。但在项羽和范增看来，刘邦一旦去巴蜀之地，将永远失去反抗项羽的实力。原因是：

一是当时巴蜀荒凉，人少地贫，经济不发达，是秦朝犯人的流放地。司马迁《史记·货殖列传》说蜀地"沃野千里，蓄积饶多。所为天府，天下之雄国也"。但不可否认，这种描写有夸张的成分。真实情况应是，那里是秦国和之后的秦朝流放犯人之地，重峦叠嶂，经济落后，民风彪悍，治理困难。直到汉朝时，也依然如故。后来，诸葛亮主政蜀汉，北伐中原失败，其中原因很多，但经济基础和人口数量不如曹魏，应是根本原因。

二是从巴蜀地区出来很不容易。从巴蜀这个地方出来，一条路是往北走，可北面是巴山、秦岭。一旦有军队把守关口，则很难杀出来。这里地势险峻，道路崎岖，先不说战斗，运送军粮，就是一个很大问题。比如，诸葛亮六出祁山，北伐中原，每次出征，尽管有木牛流马这样高级的运输工具，但粮食供给问题始终没有从根本上解决。还有一条路是往西走，但要穿过三峡。三峡是水流湍急、河道狭小和航道复杂的流域，很难运兵运粮，即使沿着长江走，道路依然崎岖且狭窄，不便于行军。刘备东征东吴，沿着长江东下，在夷陵之战中，大败而还，没有占据地理优势，应是一个重要原因。

三是刘邦的嫡系军队是楚国人，长期生活在人生地不熟和远离亲人的巴蜀地区，肯定会出现大量的逃亡，刘邦军因此将元气大伤，短期内很难复原，更难形成战斗力，再想和项羽争夺天下，绝无可能。即便如此，项羽依然对刘邦没有掉以轻心。他有意识地做出安排，封堵刘邦北上和东出。在关中地带，放置忠于自己的章邯、司马欣、董翳这些秦朝的降将。长江三峡以东，放置临江王共敖、九江王英布。这些和他关系比较亲近，受其恩惠较多的诸侯王，将是刘邦东出的重要障碍。按照常理推断，或者按照项羽和范增的设想，刘邦一旦进入汉中、巴蜀，再想翻身雄起，势必难如登天。

仔细分析，项羽和范增考虑得非常精妙，使出的策略相当靠谱且恰当。可以说，如此设计，项羽既不会在鸿门宴上因杀刘邦而导致政治利益受损，又能避免刘邦威胁自己的未来利益，可谓是一举两得。可惜的是，如此周密的部署和思量，之后还是出现巨大意外。刘邦摆脱项羽和范增设下的陷阱，还定三秦，东出函谷关，和项羽争夺天下。这是历史的吊诡之处，难怪项羽在身死之前，会将自己的败亡之因归于上天。

现在让我们再回到鸿门宴的现场。从古至今，很多研究者对鸿门宴这个故事的真实性有质疑。主要是因为《史记》用一千八百多字描述的鸿门宴整个过程，在很多地方缺乏逻辑，甚至有违常识。

比如，项伯夜访张良，然后在张良引荐下，和刘邦见面。大家觉得不理解的是，项伯是如何进入刘邦大营？难道他不害怕被刘邦军营里的哨兵抓住？刘邦军营里有很多楚军，之前应该认识项伯，项伯如何躲开这些人，潜入张良的营帐？这些问题很难让人理解。

再比如，在鸿门宴上，刘邦看到范增要置他于死地，而项羽又不加制止。他被迫以上厕所为名，从宴会上撤离。很久没回去，项羽让都尉陈平召唤刘邦回到宴会中，继续喝酒，但在樊哙的劝说下，刘邦带着樊哙、纪信等人从小路跑回霸上军营。临走前，刘邦嘱咐张良，"度我至军中，公乃入"。刘邦不辞而别，如果等到他回到霸上军营，至少一小时以上，项羽、范增等人在宴会上等这么长时间，竟然置之不理吗？这些故事细节细究起来，明显违反常情常识，让人难以置信。

根据陈金霞博士的分析，《史记》对鸿门宴的记载，应该脱胎于《楚汉春秋》，而《楚汉春秋》的作者是陆贾。汉朝初立，刘邦曾让陆贾写《新语》一书，主要目的是总结秦朝失败教训和刘邦成功经验。这部《新语》是官方组织编撰的书，虽然《楚汉春秋》是陆贾私人所作，刘邦和群臣可能也会看到。这里面的内容难免有宣示刘邦文功武略、贬抑项羽或者把项羽脸谱化的问题。

大家如果只看鸿门宴这个故事，肯定会感觉到项羽性格存在巨大缺失，也能感觉到刘邦的大智大勇、委曲求全和正义凛然的形象。所以，《史记》对鸿门宴的记述充满文学色彩，政治意味很浓，与真实的史实可能会存在很大差异。然而，在鸿门宴上弥漫着剑拔弩张的紧张气氛，充满传奇性，应该符合史实。

第五章

戏水分封下的隐秘布局

一、戏水分封

刘邦参加鸿门宴后，脱险而走。根据《史记》记载，项羽开始主持分封，地点大概在戏水河畔，所以，这次分封也叫戏水分封。这次分封的结果影响了以后楚汉相争的局势和发展方向，甚至对汉朝的政治制度建设也有直接影响，是中国历史的一个重要拐点。

这次分封从公元前 205 年 1 月开始，到 4 月结束。在这三个多月中，项羽和诸侯、诸将，一方面讨论分封，另一方面放手让手下兵将杀人抢劫。在这期间，刘邦应该会经常亲自到会场，和项羽、诸侯及诸将一起开会。在《史记》中，没有任何蛛丝马迹可以证明，在这段时间里，项羽有杀掉刘邦的意思。这更加说明项羽对刘邦虽有提防之心，但至少这时候，并不想杀掉刘邦。

项羽主持分封，充分听取大家意见。这并不是说，项羽很有民主精神。他这样做，一方面，使分封方案能得到更广大人群的拥护，确保分封具有合法性，减少不必要的摩擦和抵牾；另一方面，他往分封方案里"掺沙子"，也要提前摸清楚大家是怎么想的，做到知己知彼，有利于分封方案最终通过。下面这张图是戏水分封的最后结果。

名字	原封号	新封号	地域	都城
熊心	楚怀王	义帝	长沙郡	郴（湖南省郴州市）
项羽	鲁公	西楚霸王	九郡（学者韦一推测包括会稽郡、泗水郡、薛郡、东海郡、东阳郡、陈郡、琅琊郡、东郡和砀郡）	彭城（江苏省徐州市）
刘邦	沛公	汉王	巴、蜀、汉中（后来靠行贿得到的）	南郑（陕西省汉中市）
章邯	秦降将	雍王	咸阳以西	废丘（陕西省兴平市南）
司马欣	秦降将	塞王	咸阳以东至黄河	栎阳（陕西省富平县东南）
董翳	秦降将	翟王	上郡	高奴（陕西省延安市北）
魏豹	魏王	西魏王	河东郡（可能还包含上党郡、太原郡）	平阳（山西省临汾市）
韩成	韩王	韩王	颍川郡	阳翟（河南省禹州市）
申阳	赵国将领	河南王	三川郡	雒阳（河南省洛阳市东）
司马卬	赵国将领	殷王	河内郡	朝歌（河南省淇县）
赵歇	赵王	代王	代郡	代县（河北省蔚县东北）
张耳	赵国相国	常山王	赵地（大概是恒山郡、邯郸郡、巨鹿郡）	襄国（河北省邢台市）
英布	项羽部将	九江王	九江郡、庐江郡等地	六县（安徽省六安市）
吴芮	楚将	衡山王	长沙郡等地	邾县（湖北省黄冈市北）
共敖	楚国柱国	临江王	南郡等地	江陵（湖北省江陵市）
韩广	燕王	辽东王	辽西郡、右北平郡等地	无终（河北省蓟县）

续表

名字	原封号	新封号	地域	都城
臧荼	燕王部将	燕王	广阳郡、上谷郡等地	蓟县（北京市西南）
田市	齐王	胶东王	胶东郡	即墨（山东省平度市东南）
田都	齐国将领	齐王	临淄郡、琅琊郡等地	临淄（山东省临淄东）
田安	项羽部将	济北王	济北郡	博阳（山东省泰安市东南）

注：《史记》和《汉书》并没有对各个诸侯国的地理范围给出详细记载，在本表里所列出的地理范围是根据推测得出的。

从最终分封结果看，项羽确实达成了他在当时力所能及的政治意图。首先是项羽主持的分封，他实现了称王和称霸的意图，站到了政坛的最高位。这是他此次分封所要达到的第一个也是最重要的目的。其次架空楚怀王，项羽真正成为楚国的实际统治者和掌控者。至于楚怀王能不能束手就擒，那就看楚怀王是不是决心和项羽战场上"见真章"了。最后是封杀刘邦，解决鸿门宴上没有解决的问题。按照项羽、范增的设计，把刘邦封到汉中、巴蜀，刘邦基本上已丧失和他争天下的能力。他安排章邯等人占据关中，堵住刘邦出汉中、巴蜀之路。在项羽看来，刘邦想"满血复活"，比登天还难。

项羽公开以军功为标准，分封天下。在关中，对项羽和诸将而言，大概也只有军功，"计功割地，分土为王"，对在关中的项羽、诸侯和诸将意义非凡。但在实际操作中，项羽和诸将并不是拿军功作为唯一的标准。在军功这个标准外，还有以"既成事实"作为辅助标准，对没有来关中的诸侯王也封了王。这是一种政治妥协。

一个原因是，诸侯王有不可小觑的影响力。这些诸侯王在他们的封地，没有进入关中亲自参与灭秦，但并不能忽视他们的影响力。燕王韩广是狱卒出身，社会影响力乏善可陈。但其他诸侯王都是旧六国国君的后裔，拥有传统的合法性，群众基础很扎实。在打入关中前，无论从法理上看，还是从实践层面上看，这些诸侯王曾作为反秦战争中名义或者实质性的领导者，客观上对反秦大业做出了贡献。如果完全抹杀未入关的诸侯王的既有地位和反秦功劳，会使以军功为标准的分封原则受到损伤，降低戏水分封的政治合法性。

另一个原因是，项羽不希望各个诸侯王势力过大，威胁到自身的安全。通过分封，项羽可以重新洗牌，重组既有的天下政治格局，在保持自身安全前提下，挑起诸侯内斗，从中渔利。除了项羽和被分封到楚国地域的三个楚将，那些受封诸将领到的封地，要么在他们原来君主的地盘上，要么是在其他人的地盘上。这些人如果在关中拿到项羽颁发的受封文书，去原来的诸侯王那里要土地，很可能和这些诸侯王们闹翻，即便没有发生冲突，内心也会产生隔阂。在各个诸侯国内部，不稳定和不信任的氛围一旦形成，无论是否真的发生激烈的内讧，对天下盟主项羽称霸天下、主宰天下，百利无一害。

从鸿门宴开始，项羽始终重视分封的政治合法性。能否获得政治利益，关键是能否获得群众拥护。拥护的人越多，他的政治影响力和权力就越大，所获得的政治利益就越多。

项羽分封在政治上取得合法性，必须争取更多的群众支持。这里所说的群众，一个是指诸侯和诸将这些实力派，另一个是广大士卒和百姓。项羽称王也好，称霸也好，在戏水分封时，他的身份不是战神，而是政治家。作为政治家，他不能只想着打打杀杀，必要的"政治秀"需要演，必要的政治说辞需要说，唯其如此，他的行为和主张才会披上正义的外衣，政治地位和合法性才有依托和保障。

在分封前，项羽装模作样地给楚怀王发出一封信，表达的意思是，尊重领导，请示下一步工作。"我准备分封天下了，你怎么看？"楚怀王只回了两个字"如约"，楚怀王让项羽"按我以前说的办"，也就是"先入定关中者王之"。这句话给项羽传达两个意思，一个是把刘邦封为王，这是表面的意思。其实，另一个含义更重要，这就是"一切听我的，你项羽不要改变既有的天下政治格局，你没资格封自己和别人为王"。楚怀王没听他的，让项羽很被动。

大家都看得出，楚怀王对项羽的所作所为很生气、不认可。根据项羽之前的所作所为，在这个关键时刻，他不会为项羽锦上添花。当然，项羽并不在乎。他仗着强悍武力、威赫战功和超高威望，轻而易举地把这个被动给化解了。其实，他给楚怀王发出信的那一刻，就没指望楚怀王能给自己脸上贴金。而后，他用一种很生硬的办法，就把楚怀王一脚给踢开了。

项羽在关中发表激动人心的演说。他说："当初为激励大家投入反秦大业，我叔叔项梁立熊心当王。熊心根本没有什么军功。"他的潜台词是："我和大家已经达成一致意见，以军功为标准，将反秦有功，特别是跟我参加巨鹿之战且入关的诸将、诸侯分封为王，其他人的声音可以忽略不计，就当没听见。让我们现在开始吧！"不过，楚怀王是项家"阳"立的楚王，虽然没"功劳"，但也有"苦劳"。作为旧楚国直系后裔、曾经的楚国反秦的精神领袖和实际领导，于情于理都需要给他一个名分。如此而为，让大家感觉，项羽具有"许他人不仁，我不能不义"的高尚情操，至少在表面上也维护了以军功为标准的分封原则。为此，他在正式分封其他人之前，先"阳"尊楚怀王为"义帝"。

在这里，这个"阳"字很有讲究。在《史记》和《汉书》上，有时候也被写成"佯"字，其实，都是一个意思，这就是"仅仅在表面上尊奉楚怀王为义帝"。实际上，这么做也就只是在做表面文章，大家不用太当真和太较真。义帝一旦被捧到"天上"，成为类似于周天子的天下共主。楚怀王成为义帝，自然把楚王位置让出来，项羽才可能把楚国分成四块（九江王、临江王、衡山王和西楚王），而他占据最富裕的西楚国。从此，他可以在有"天子"的世界里，模仿周朝，封土建邦，戏水分封的合法性显得更符合传统。

虽然这样做有点掩耳盗铃的味道，但作为政治人物，这种做法是必需的。至少在表面上，他这么做，让关中的分封大会充满承天受命的味道，显得合法性很足，群众基础扎实。在关中，项羽扮演的不是"土匪"，他剥夺楚怀王的政治权力，也不是在打劫，项羽在扮演为天下谋福利的政治家。

过了九个月后，根据《史记》记载，他暗地里让九江王派人追杀义帝。那时候，他已占据西楚九郡，牢牢掌握了自己名下的政治经济资源，雄霸天下已成事实，无须再表演任何"政治秀"了。

二、项羽建都彭城的政治、经济意图

在戏水分封中，项羽埋下很多伏笔。"面子"工程和"里子"工程做得都很用心。具体而言，他做了哪些"里子"工程呢？

项羽主持的分封，剥夺了已存在的诸侯王的部分地盘。按照李开元教授的说法，项羽主持的分封否定王政复兴原则，不承认旧六国之王权世袭继续有效，是对陈胜开创的以军功封王思想的继承和发展。这是对项羽主持的戏水分封的定性。但在具体操作层面上，项羽除了使自己获得王霸的政治称号、架空楚怀王和封杀刘邦，对其他政治势力的安排，也煞费苦心。

首先使自己成为真正有实力主宰天下的霸王。如果手上没有掌握绝对的资源和实力，一个霸王的名号也毫无意义。通过戏水分封，项羽占据最大份额、含金量最高的地盘。西楚国涵盖九个郡，如果再加上受他实际控制的韩王成的韩国（颍川郡），以及九江王、临江王、衡山王这三个楚国将领控制的地盘，项羽实际控制以及间接影响控制的地域相当广阔。可以说，占据秦朝留下的国土面积六成以上。

尽管占的地盘大，但后世很多人认为，项羽放弃关中而回彭城，是一个错误。按照大家的理解，关中之地是成就帝业的地方，在这里，之前有秦朝统一天下，之后有刘邦打下大汉几百年基业，这都说明把关中和巴蜀之地作为根据地，不管是想统一天下，还是称霸天下，都非常有利。可项羽没有这么做。

根据《汉书》记载，当时，有个叫韩生的人曾劝项羽，留在地形险要、土地肥沃的关中，王霸天下，可项羽没有听他的。此外，项羽还说了一句很有名的话，这就是"富贵不归故乡，如衣绣夜行，谁知之者"。对此，大家比较普遍的看法是，这句话反映出项羽虚荣心强、好显摆，没有心怀天下的视野，鼠目寸光，缺乏战略思想，对称帝称霸有利的关中弃之如敝屣。韩生听罢项羽答复，嘲笑项羽说："你们楚人都是沐猴而冠，没见过世面。"这句话把项羽惹恼了，项羽烹杀了他。他这么做，更加让人们坚信，项羽不但鼠目寸光，而且心胸狭窄，刚愎自用，属于那种不可救药型的君主。但这样看项羽，其实很有问题。项羽不在关中建都称王，并不是他的视野有问题。

一个原因是，关东诸将、士兵来自关东地区，父母妻儿都在关东。灭秦大业完成后，广大将士希望功成名就，收获宝货重财，回到家乡，让家人享用，这是人之常情。

另一个原因是，诸侯联军对咸阳周边和关中地区进行大规模破坏，短时期内在这里建都称王，极为不利。诸侯联军在关中和咸阳，破坏到什么程度，史书上仅记载"烧秦宫室，火三月不灭"，项羽和诸侯联军"收其货宝妇女而东"。几十万人放开手脚，在三四个月里，烧杀抢掠，肆意破坏，破坏力之大不可想象，造成不可弥补的恶果。

其实，对诸侯联军在关中地区搞破坏，项羽即使想阻止也很难。在关中，项羽最需要诸侯、诸将们对他的政治支持，以及广大对发财致富极为渴望的士兵们的衷心拥护。而按照古代战争惯例，取得类似灭秦这样大的胜利后，一般而言，主帅如果没有想占据关中的想法，如刘邦，为激励士气，都会默认或者直接颁布命令，纵兵抢掠。当然，诸侯联军抢掠三个月，时间确实有点长了。但要是考虑到，如果项羽和诸侯及其诸将们从未打算在关中待下去，那么他们甚至还希望破坏关中的基础设施，抢掠物资，避免以后在这里称王的人再成立第二个秦帝国。

可以想见，最后的破坏程度应该达到没法把咸阳继续当国都的程度。后来，刘邦和项羽争天下，他自己在关中的临时都城放在栎阳。栎阳是司马欣当塞王时的国都，也是秦孝公变法之前秦国的国都。后来，刘邦建立汉朝，建都长安，也不是在咸阳这个地方，而是在咸阳以东、渭水以南，另择新址。战争残酷破坏后的咸阳，已无法恢复元气，重现往日的光彩了。

至于说项羽主张"富贵不归故乡，如衣绣夜行"，如果完全被理解为思想狭隘和落后，也有失偏颇。我们应该结合当时人们的传统思想和民间风俗理解这句话。

历史学家王子今认为，"富贵后归故乡"符合当时的乡土观念和地理意识，也是一种社会风尚，项羽这么做并不能证明他思想狭隘。

汉朝建立后，刘邦有一次回老家沛县，作了那首有名的短歌《大风歌》。他唱道，"大风起兮云飞扬，威加海内兮归故乡，安得猛士兮守四方"。"威加海内兮归故乡"，这句话明确表达出"一个人建功立业后，衣锦还乡"的意思，但很少有人认为刘邦思想落后和狭隘。刘邦和项羽拥有同样的理念，但大家"选择性失明"，对项羽进行苛刻批评，反而歌颂刘邦，大概觉得刘邦是成功者，成功者说的话都有道理。

在汉武帝时期，有一个叫朱买臣的人，成语"覆水难收"就源于这个人的经历。他当官之前，是一个普通的平民，但很喜欢读书，有文化，有见识。后来，他找到在朝中做大官的老乡严助引荐自己，和汉武帝见了一面。和皇帝一聊天，他深受皇帝喜欢。汉武帝任命他回老家会稽郡当郡守。临行前，汉武帝对朱买臣说，"富贵不归故乡，如衣绣夜行，今子何如？"也就是说，有本事、有地位后，就要回家显摆。今天你是不是觉得很爽呢？

后来，刘邦被封到巴、蜀、汉中。那些跟着他去的将领和士兵，人生地不熟，家人都远在几百里外的楚地，深受思乡之情的折磨。在这种穷乡僻壤的地方待着，对于大多数基层官兵而言，先不说能不能挣到钱，即使能挣到钱，也失去了孝顺父母和享受天伦之乐的机会，很多人都感到继续待下去，没什么意思。大量将领和士兵脱离刘邦，私自逃跑，其中就有淮阴侯韩信。后来，刘邦"还定三秦"、东出函谷关，除刘邦胸怀大志、争夺天下外，将士们思乡、回家的心情，也起到很重要的推动作用。

项羽选择回到彭城，还有一些其他更现实的考虑。楚国可以被分为西楚、东楚和南楚，从地理位置上看，以彭城（今徐州市）为中心，以西为西楚，以东为东楚。张守义的《史记正义》中指出，淮河以北、沛、陈、汝南、南郡为西楚；彭城以东，东海、吴、广陵为东楚；衡山、九江、江南、豫章、长沙为南楚。项羽建都在彭城，号称"西楚霸王"。实际上，他占据的地盘包括西楚、东楚的大部分地区，称西楚霸王，大概是指他把政治中心放在西楚的彭城。此外，他把临江王共敖、九江王英布和衡山王这些出自楚国的将领，分封到南楚。南楚是楚国比较落后的地区，在这里称王的人，即便有异心，对项羽的威胁也不大。项羽之所以把自己分封到这里，并把都城建在彭城，主要还有以下几个原因。

首先，彭城是当时楚国的政治中心，出于政治斗争的需要，项羽迫切需要回彭城。之所以说这里是政治中心，是因为以楚怀王为核心的楚国旧贵族在那里，主要政治和行政力量集中在彭城。那里有一整套健全的行政机构，如果接管过来，对牧民施政很方便。项羽虽然在关中擅自称王称霸，但他手上并没有一支行政力量，只有一支囊括楚国军事精华的军队。大家知道，对一个国家或者地区进行统治，只有军队是不行的，日常的治理离不开文臣、官吏和相应的行政制度、行政机构。

其次，从对付楚怀王的角度看，项羽也急需回到彭城。项羽在关中分封天下，使楚怀王很不满，更不认可。楚怀王并不是一个政治低能儿，不甘心当一个傀儡。如果项羽不把楚怀王的政治、军事势力铲除，以后，难保楚怀王会振臂高呼，凝聚那些对项羽不满的人和项羽对抗，甚至铲除项羽。显然，这是项羽不能也不愿接受的。

端掉楚怀王在楚国的政治势力，也绝不是靠一纸"分封令"就能做到的。如果项羽不亲自来彭城驱逐楚怀王，根除楚怀王在彭城和楚国的政治根基，培植和发展拥护自己的政治势力，想轻松使楚怀王让出位置，这是异想天开。有学者推测，楚怀王对他明升暗降的处置，非常不满，甚至为此反抗过。为断绝后患，项羽暗地里指示九江王杀掉楚怀王，甚至衡山王和临江王也参与此事，彻底镇压了拥护楚怀王的旧楚国贵族的势力。

再次，以彭城为中心的西楚和东楚地区，是楚国甚至是整个天下经济最发达的地区。从春秋以来，楚国一直坚持向北发展，楚国北部和中原接壤的地区的经济逐渐发达起来。战国时期，由于受到秦国长期不懈的打击，楚国的政治经济文化中心逐渐东迁。经过几百年的建设，以彭城为中心方圆几百里范围内，工商发达，人口密集，文化先进，物产丰富，粮食产量很大。历史学家史念海认为，楚汉相争中，项羽的粮饷从来没有发生过恐慌。当然，他是指如果没有彭越和刘邦派出的刘贾、卢绾袭扰项羽的粮道的话，项羽后方的粮食供给相当充足。在正常情况下，项羽军队的物资保障不存在问题。

同时，这一带的交通很便利。这里的地形主要以平原和丘陵为主，从战国时期，彭城以西，是关东六国统治的核心区域，交通设施发达。从这里往前线也就是楚河汉界运输粮食，显然比刘邦从关中走崎岖的崤函古道运粮食要方便得多。

汉朝建立后，刘邦大封功臣时，非常高调地把萧何作为他夺取天下的第一功臣，从一个侧面说明当时能保证汉军在前线有饭吃，是件极难的事，萧何功莫大焉。否则，按照常理，那些在前线拼杀的人所立功劳，理应大于管后勤供给、没有生命危险的萧何。根据《史记》记载，当刘邦提出这个想法时，那些一身军功章的战将们表示反对，刘邦反驳道："你们这些人都是'功狗'，萧何才是'功人'，没有萧何这个功人，你们这些'功狗'哪有机会立功呢？"

到了汉景帝时期，在江东地区、东楚国旧地的吴国，吴王刘濞因为掌控着大量的物产，特别是可以用于造钱的铜矿，以至敢于和中央公开叫板。能成为"七国之乱"的始作俑者，没有充足的物质基础，他大概也不敢。

但是，如果抛开经济和地理因素，仅从军事角度讲，彭城因是"四战"之地，易攻难守，这对项羽很不利。这是很多人诟病项羽把这里选作都城的主要原因。

三、项羽建都彭城的军事意图

后来，刘邦"还定三秦"，出函谷关后，曾带着五十六万大军，攻占彭城。而项羽从戏水分封后，无论如何努力，却再也没有杀入过关中。从纯军事角度看，项羽在西楚称王，在彭城定都，确实是比较失策的。

不过，如果仔细分析，项羽占据西楚、建都彭城，并非一无是处。

首先，彭城周边地势并不是一马平川，固守这里，不能说毫无优势。苏轼曾写过一篇奏折《上皇帝书》，在文中，他指出，彭城三面环山，只有西面是平原。他认为，彭城之险固形便，形成了"足以得志于诸侯"的地理优势。虽然苏轼是文人，并不是军事家，他的评论不能作为有力依据，但他的这种评价得到宋朝学者黄震等人的肯定。作为文人的苏轼都能看出来彭城拥有便于防守的地理形势，对打仗业务更精通的项羽，肯定也能看出来。

其次，彭城的军事设施比较完备。彭城所处的地理位置是楚国和齐国交界地带，一直以来，都是楚国进军北方的前哨堡垒。可以说，经过几百年的经营，这里的城防坚固，防守设施完备。后来，为防秦军，项梁和楚怀王肯定对这里的城防也做了一些加固和完善。

当然，后来刘邦率诸侯联军，很轻松地攻下彭城，实有其他原因，不能因为被攻下了，就说这里不利于防守。

最后一个原因是，在项羽看来，占据西楚、建都彭城对他称霸天下有利。项羽封自己为霸王，在关中分封前后，他最主要的政治抱负，或者说至少在当时的政治意图，肯定是霸天下，而非称帝。那么，当霸王就必须选择合适的地方，使自己很方便、及时地运用军事力量，打压不服从他政令的诸侯王，有效控制天下政治局势。如果把自己分封在周边都是山地且远离其他诸侯的关中地区，显然不方便。

明代学者陆深曾说，大家讨论项羽都彭城，认为是失策，主要从"自守之策居多"方面来考虑。仅考虑军事因素，尽管彭城的防御确实不如关中地区，但如果从项羽推崇积极进攻的战略思想考虑，项羽选择彭城，就是既现实又有价值的选择。

彭城地处南北要冲，军事势力所能控制的范围很广阔。当时，项羽所分封的诸侯王，大部分在函谷关以东地区，刘邦既然被关进了巴蜀，那么，在项羽看来，他最应该关注和防范的是其他诸侯王，使他们不能"叛之"。项羽所占据的西楚、建都的彭城，距离关东地带的那些诸侯王们很近，而且周边都是平原或丘陵，他行使霸主权力，或者想吞并谁，进军、打仗都很方便。

根据《史记》记载，项羽对刘邦当然是重点防范的，但对其他诸侯王并没有掉以轻心，明着打压刘邦，也包含"杀鸡儆猴"的意思。其实，后来第一个"跳"出来反抗项羽的，并不是刘邦，而是田荣等这些觉得被项羽欺负、暗算的人。

此外，也不能因刘邦占据关中而统一天下，就说只有关中才适合统一天下，其他地方就完全不适合。从以后的历史看，在长安建都的王朝，都城也有很多次被攻陷。比如，东汉末年的刘玄，唐朝的安禄山、黄巢，南北朝时的刘裕，都曾攻下过长安。而如果仅考虑地理因素的话，很多王朝并不是占据有利的地理形势才能统一天下、坐稳江山。地理形势当然重要，但更重要的是经济富庶、文化发达和人心向背。

汉三年（公元前 204 年）二月，刘邦在前方和项羽打仗，在大后方却出现关中大饥，米斛万千的恶劣局面。刘邦不得不把关中百姓迁徙到蜀地和汉中去找饭吃。学者陈国生曾分析，刘邦定都关中是不得已为之，那里并非最善之地。刘邦在消灭项羽后，最初也是在洛阳待着，并不是马上在关中定都。后来，汉朝建立后，把关东的大族逐步迁徙到关中，才使那里慢慢恢复元气和生机。

根据以上分析，我们推测，彭城和西楚是否有利于军事防御，不是项羽主要考虑的因素。可以说，只要彭城具有一定的防御能力，不用太强，对他来说，就够了。站在项羽的角度想，选择彭城为都城，使他更能发挥他善于进攻的优势。比如，在巨鹿之战中，他率领人数不多的楚军主动攻击秦军，取得大胜。他能比较熟练地应用奇袭、包抄和袭扰等进攻策略，但不太擅长那种阵地战。比如，他之前曾从薛县长途奔袭三百公里，打下襄城；在彭城之战中，项羽率奇兵，突然从城阳南下，打败刘邦及其率领的诸侯联军；等等。但和刘邦在楚河汉界打阵地战时，项羽几乎一筹莫展，很难取得突破性胜利。

可以说，称霸天下的政治理想、积极进取的军事思想，使他更加坚定"建都彭城、占据西楚"的意图是最佳选择。

此外，另一个重要原因是，他对自己主持的分封很自信。至少他认为，分封结果会导致各个诸侯国矛盾重重，陷入互相牵制的状态。他在军事上不会陷入无法挽回的被动境地。

从两个方面，戏水分封使项羽在军事上处于主动而安全的位置。第一是不允许诸侯王们有过大的地盘。但诸侯王的地盘多大算过大呢？其实，也没什么标准，主要出自项羽的主观判断。

以分封章邯、司马欣和董翳三人为例。项羽把章邯、司马欣和董翳封到关中地区，主要是为了防范刘邦死灰复燃。这三个人都是投降项羽的降将，属于历史上有污点的人，完全是靠项羽才当上的诸侯王。按常理，他们必然紧紧依靠项羽，死死抱着项羽的大腿，对项羽忠心才能巩固王位。后来的情形也确实是这样。章邯被刘邦大军包围在他的都城废丘（废丘在哪里？历史上一直有争议。但在 2019 年，考古发现确认了懿王都城的犬丘在东马坊遗址，即今天西安市长安区高桥街道东马坊村秦皇大道附近。经进一步确认，这里可能是雍王章邯的都城废丘）长达一年，最后死战不敌，城破人亡。司马欣也是如此，虽然被刘邦逼降，但后来他找机会，又投靠了项羽，最后，他为项羽守成皋（今荥阳市汜水镇西北），作战不利，自杀而死。刘邦还把他的尸首拉到关中，枭首示众，以儆效尤。

在项羽看来，刘邦肯定不是什么"好人"，但章邯、司马欣和董翳就是"好人"吗？在政治斗争中，大家都习惯于用"有罪推定"考虑问题，这样才能保证自己立于不败之地。也就是把什么事、什么人都往坏处想，然后再拿出防范措施。项羽对他们三人当然也有防范。项羽把章邯等三人封到关中，把关中分成了三块。虽然章邯领到的"蛋糕"比较大，但毕竟不是他独霸关中，章邯的势力不可能最后发展成秦国那样。章邯也是武力高强的悍将，之前是项羽和天下诸侯的劲敌，项羽对章邯不可能不做任何防备。

除遏制关中诸王的发展空间外，对其他诸侯王的分封，也充分体现出项羽遏制诸侯坐大的意图。

具体说来，项羽占据了九个郡的地盘，可其他诸侯王占的地盘明显和他不在一个档次上。

黄河沿岸是经济文化发达地区，是控制天下的中枢地区，项羽绝对掌控着这些地区。每个诸侯王的地盘也不可能太大，大体上一个诸侯王占据一个郡，占据这么小的地盘，怎么有实力和项羽对抗呢？具体而言，项羽把赵国将领司马卬分封到河内郡，相当于今焦作、鹤壁等地区；把赵国将领申阳封到三川郡，大体上相当于今洛阳地区；封韩王成到颍川郡，大体上相当于今郑州、许昌等地区。

对其他地区，他也如法炮制。比如，在齐国，他分封了三个王；在南楚地区，也分封了三个王；在赵地，则分封了两个王和一个侯。同时，把魏王豹贬为西魏王；在燕国，则封了两个王。这些诸侯王占据的地盘都很小，最大的也不过两三个郡的地盘。相比而言，刘邦占据的地盘虽然穷，地方也偏僻，反倒显得封国面积比较大了。

四、燕、齐、赵和魏的分封布局

项羽通过分封挑起了诸侯之间的争斗，削弱诸侯王的势力，从而坐收渔利。

在分封中，除了属于楚国将领的刘邦、三个秦朝降将，项羽把入关中的诸将们分封到自己君主或者其他已有诸侯王的地盘里。此外，除了原属于楚国的被封王的将领，很多将领占据的地盘都好于他们原来的君主。对燕国和齐国，燕王和齐王这样传统的封号都给了入关中的将领。可以说，项羽使出"阳谋"，打压未入关的诸侯王。这么做更加彰显以军功代替世袭封王，特别突出打巨鹿之战、与章邯对战和入关中期间所立下的军功。

在楚怀王等诸侯王眼里，这些人以项羽为首，仗着武力和战功，在关中举行了一个合法性有瑕疵的分封会盟大会。当这些人拿着项羽颁发的红头文件，站到诸侯王面前要封地时，让这些诸侯王情何以堪呢，他们心里又如何能痛快地接受呢？如果这些诸侯王把土地让出来，这些受项羽分封的诸侯王和原来的诸侯王如何相处？不用想，肯定是隔阂很深，不互相攻杀，闹个鸡飞狗跳，就已经算和谐了。

如果这些诸侯王坚决不让土地，结果肯定是"刺刀见红"，双方必然杀红眼。不管是谁打赢了，双方都会元气大伤。对项羽而言，他肯定首先希望按照军功标准分封的诸侯王打赢，如果没打赢，项羽必然会出手相帮，以维护戏水分封的政治成果，以及他的良好形象。当然，打赢了，项羽也就坐观其成了。而从关中来的诸将即使打赢了，在政治上肯定更加依赖项羽，没有项羽支持，他们称王的合法性就没地方安放。

下面是戏水分封后，对每个诸侯国的实际情况的分析。

第一是燕国。跟着项羽入关的燕国将领臧荼，领到燕王的封号。原来的燕王韩广被封更北边也更穷的辽东。当臧荼向韩广要地盘时，韩广和他翻脸。两人开战后，臧荼取胜，诛杀韩广。燕国距离楚国比较远，也不富裕，即使坐大，对楚国的威胁也不大。在这次火并中，入关中被封王的臧荼获胜。

第二是齐国。项羽把齐国分为三块，旧君主齐王田市被赶到穷困的胶东地区，当胶东王。当初，齐王田儋被章邯攻杀后，他的弟弟田荣立了他的儿子田市当齐王，而田荣成为齐国的实际掌权者。项梁在东阿这个地方，救过被章邯围困的田荣，但田荣因为项梁没有按他的要求，杀掉投靠项梁的政敌田假，和项梁彻底闹翻，之前欠项梁的救命之恩，他也不认了。在项羽看来，田荣的人品有问题。

在大家齐心协力救援赵国时，田荣采取"事不关己高高挂起"的态度。种种迹象表明，齐国的两位将领田都和田安，尽管参加救援赵国的"国际军事行动"，但应该没有接受田市和田荣的命令，属于擅自行动。对田荣这种自私自利、忘恩负义的人，项羽不管从私仇和公愤角度出发，在分封大会上，都不可能给他任何利益。项羽通过分封，把田市和田荣赶到胶东去"啃树皮",让立了大功且参加过巨鹿之战和入关中的田都当齐王,田安当济北王。

田荣对此当然极度不满,更不会承认项羽给齐国的政治安排。为此,他和田都、田安开战,应在项羽的预料之中。汉二年(公元前205年)五月,田荣打败田都,逼着田都跑到项羽那里寻求庇护。六月,性格懦弱的田市接受项羽给的封地,主动跑到胶东当胶东王。田荣一怒之下,派人把田市也杀了。七月,田荣攻杀了田安。次年四月,各诸侯王回到封地,仅过两个月,田荣统一齐国,公开挑战项羽主持的分封。在戏水分封后,齐国闹成这样,项羽应该不会太意外。但田都和田安这么快被田荣打败,这大概有点出乎项羽的意料。田荣除了在齐地攻杀田都、田安,他还主动联合没有被封王、心里憋着怨气的彭越、对分封结果不满的陈馀,形成反西楚的联盟。对于这种人,项羽当然愤慨异常。他亲自带着楚军主力,杀向齐地,把田荣打败。田荣兵败,跑到平原县时,竟然被当地百姓杀了。

从项羽出兵攻打田荣和打压齐地武装力量的做派来看,他压制田荣的心态和压制刘邦不相上下,甚至有过之无不及。根据《史记》记载,项羽攻杀田荣期间,在齐地大肆屠杀,齐地在战争中惨遭重大创伤。在项羽看来,刘邦和田荣都是"妖孽",绝不能给他们咸鱼翻身的机会。只是因为齐国与西楚国毗邻,对田荣,项羽使出快刀,携雷霆之势,瞬间消灭田荣。刘邦的汉国距离西楚国远,在项羽看来,即使刘邦挑战他、对抗他,短期内不会威胁到西楚国安全。对刘邦使"钝刀",慢慢把他困死在巴蜀,更符合西楚国利益。

第三是赵国。在戏水分封前,旧赵国国君后裔赵歇是赵王,他是张耳、陈馀两个人立下的王。在秦朝时,张耳组织地下反秦组织,陈馀是张耳的死党,而且还是义子。因为关系极好,当时大家都认为他们的关系达到"刎颈之交"的程度。可是在巨鹿之战时,陈馀眼睁睁看着张耳和赵歇被秦军围困在巨鹿城里，却对救援敷衍了事。而项羽来后，击败秦军，张耳逃出生天。被救后，张耳和陈馀彻底闹掰，结下死仇。陈馀赌气去黄河边钓鱼，脱离起义队伍。当时，对于他们从生死之交到反目为仇，天下人都当成一个大笑话。

项羽把张耳封为常山王，定都襄国（今河北邢台市内），占据赵国的大部分土地，把赵歇迁到北边代郡。代郡不但穷，而且距离匈奴很近，这么做明显在打压赵歇。根据《史记》记载，项羽看在陈馀这人有贤名，听说他在南皮县（今河北南皮县，在旧赵国东北地区），在别人劝说下，把南皮周围三个县给他，并封他为"南皮侯"。按说，像陈馀这种因为个人私怨闹脾气，擅自脱离起义队伍的人，不给他任何封赏，也是说得过去的。如果陈馀可以封侯，那么也立下大功且手上掌握一支独立武装的彭越，也可以得到封赏，被封侯也理所当然。可项羽没有给彭越任何封赏，大概觉得彭越在他的政治安排中没现实用处，他和彭越也没交情。而彭越还是"山大王"出身，手上的兵将也不多，出身贵族的项羽自然不重视彭越。

项羽这么安排，从表面上看，是因为陈馀在反秦战争中立下过大功。一是陈馀亲自领兵与项羽一道参加巨鹿之战；二是陈馀曾经给章邯写过一封劝降信，对促进章邯及早投降立有功。项羽对陈馀封侯而不封王，一方面是对他擅自脱离队伍的一种惩罚，另一方面也是部分承认陈馀的战功。论功行赏，公平分封，从陈馀身上得到充分体现，项羽的政治文章做得很到位。

从深层次看，项羽这么做，其实还另有深意。

赵歇是战国时期赵国君主的后裔，和楚怀王一样，属于根红苗正、世袭下来的诸侯王。但他的能力和楚怀王不可比，他被张耳、陈馀推立出来后，是货真价实的傀儡。在反秦战争中，没有表现过突出过人的政治和军事才能。指望他牵制张耳，项羽不放心。

陈馀和张耳之间有不共戴天的矛盾，已是人所共知。这两个人都比较有能力，后来局势的发展表明，陈馀比张耳更强一些。对这一点，项羽很清楚，如果给陈馀在赵地内划出一块地盘，可以对张耳形成一种牵制。如不出意外，陈馀因为起点太低，当然很难坐大，不足为虑。而在赵地，常山王张耳不可能高枕无忧，也难以做大做强，威胁项羽的王霸地位。

第四是魏国。项羽对魏国的安排比较独特。魏王豹跟随项羽入关中，是入关中之前已被项羽封王的两人之一（另一个是雍王章邯）。魏豹起家，源于楚怀王的支持。楚怀王曾资助他几千兵马，以图恢复魏国。他作战能力很强，先后打下二十多个城池。这时，项羽在河北刚招降章邯，看到魏豹军事能力强，立下大功，擅自封魏豹为魏王。项羽这么做，和在安阳分封章邯一样，意图在入关中前，提前拉拢这些地方实力派，以扩大自己的政治军事势力。从此，深受楚怀王之恩，本应死心塌地追随楚怀王的魏豹，在巨大的利益面前，瞬间倒向项羽，亲自引精兵，追随项羽入关中，并在关中拥护戏水分封和项羽称王称霸。

然而，根据《史记》记载，项羽想占据以开封为中心的梁地，即东郡和砀郡等地区。他在戏水分封时，把魏豹给迁到河东郡（今山西省南部地区），只给魏豹一个"西魏王"的封号。这个地方在战国前期，属于魏国，甚至魏国国都安邑（今运城市）也曾在这里。因国都安邑与秦国仅隔一条黄河，距离太近，是秦国东出主攻地区。为确保国都安全，魏国第三代君主魏惠文王不得不把都城从安邑迁到大梁（今开封市），以躲避秦军兵锋。

对魏国，项羽亲自动手，把本来已属于魏王豹的地盘夺了过来，强行让他挪到一个经济文化发展比较差的地方。项羽这么做，主要觉得以大梁为中心的地区，在战国末期，经济社会非常发达，物资、人口资源丰富。更重要的原因是，大梁距离西楚国都城彭城太近，直线距离不过二百里，一马平川，无险可守。把魏王豹赶走后，他自然会感觉安全多了。这里还是通往关中的必经之路，把这里纳入直接管辖范围，有利于防范来自关中方向的进攻。

项羽占领本属别人的地盘，属于以权谋私的行为。史书记载，在戏水分封时，魏豹对此并没有表达强烈不满。

在秦末天下大乱时，魏豹追随从兄魏咎投奔陈胜，参加秦末大起义，之后，魏咎兵败身死。他在楚国的资助下，依靠自身能力，火中取栗，攻城略地，在魏国旧地打下一片疆土。从某种角度看，魏豹可以说也是起于微末，他被封王，并非源于他的贵胄之躯。《史记》把他和"山大王"出身的彭越合传，指出他和彭越都"固贱"，这也许表达出当时人对魏豹的真实看法。

在项羽以军功为标准的戏水分封中，他没有因为是魏国国君后裔，受到项羽公开打压和歧视，最终当上西魏王，其实已经不容易。在戏水分封时，他大概觉得，他所掌握的军事力量，之前是楚国给的，楚国对他有恩。他这个所谓的魏王，也是项羽册立的，项羽对他有提携之义。他的实力与项羽相比，更是不可同日而语。在当时，即便他心有不满，也不敢明确表达。

当然，即便没有上述原因，魏豹认可当西魏王，也有基于现实利益的考虑。以大梁为核心的魏国旧地，毗邻项羽的西楚国，特别是距离彭城很近。魏王豹一旦占据这里，也需要时刻提防项羽。一旦和项羽的西楚国发生冲突，他实际上很难抵挡项羽率领的楚军。与其这样，不如远离西楚国，即便之后和项羽发生冲突，也不至于被强悍的项羽瞬间消灭。此外，河东郡地处今天山西省南部，南边和东边是太行山，西边是黄河，非常利于防守。所以，即使在分封中吃了明亏，但他能够获得相对更多的安全感，去河东郡称王，也算是一个不差的选择。

后来，刘邦"还定三秦"，东渡黄河，来到西魏国。魏王豹马上带着军队，和刘邦一起东征项羽。这一举动反映出魏王豹对项羽是不满的。只是在戏水分封时，把这种不满深藏起来，暂时隐忍下来，天下反楚之势已起时，他也随大流，加入反楚联军，继续开始他"火中取栗"式的冒险之旅。

其实，魏王豹不仅有隐忍能力，更拥有积极进取的心态。根据《史记》记载，他有一个姬妾叫薄姬。这个女人就是汉朝皇帝孝文帝刘恒的母亲。根据《汉书·外戚传》记载，她当初嫁给魏王豹时，曾有一个叫许负的相士说，她将贵为天子的母亲。魏王豹一听，觉得既然薄姬能当天子的母亲，他理应是天子之父。由此而推，他有当"天子"的运数。他原本希望依附于刘邦的势力，攻打项羽，以谋求割据一方。很可能因为有这样的预测，竟然脱离刘邦阵营，走上独立发展的道路。后来，魏豹被韩信率兵攻打，并被俘虏。之后，又被刘邦的手下杀掉。后来，薄姬被刘邦纳入后宫，果真成为皇帝的母亲。从这件事上可以看出，魏王豹内心对成就不世功业充满渴望。他不属于那种小富即安、满足现状的人物。

项羽应该看出魏王豹积极进取的性格，为牵制他，对魏王豹的封地河东郡以北的上党郡、太原郡，项羽没有把这两个郡分封给任何人。而上党郡、太原郡以北的代郡是赵王歇的封地。根据学者张庆捷、周振鹤和叶永新等人的研究，从韩信率兵东渡黄河，攻灭西魏国和抓捕魏王豹的作战过程，可以推测魏王豹之前已经占据了上党郡和部分太原郡。如果属实的话，他肯定会和更北边的代王赵歇以及拥护赵歇的陈馀发生军事冲突。可以说，项羽如此安排深谋远虑，深藏心机，导致河东郡、太原郡等（今山西省中南部）的诸侯间产生不可化解的明争暗斗。而他坐收了渔翁之利。

五、中原与南楚的分封布局

赵将司马卬被项羽封为殷王，封地是秦朝时的河内郡（今焦作市、新乡市和鹤壁市境内）。项羽之所以把他分封到这里，是因为这块地盘是司马卬亲自打下来的。

根据《史记》记载，刘邦"还定三秦"，准备东出函谷关时，司马卬竟然反楚了。虽然那时候，刘邦攻占关中大部，但他的未来是不是一定前途远大，是不是一定会打败项羽，谁也看不清楚。这时候，司马卬却急急忙忙地反楚，令人充满疑惑。为什么这么说呢？

一是司马卬的封地既小也不利于防守。殷国所占地盘包括今河南焦作市、新乡市和鹤壁市的部分地区，都城在今天的淇县，当时叫朝歌，这里也是殷朝故都。封国的地理形状沿着南太行展开，模样很像一条长蛇，防守缺乏纵深。地盘小，经济实力弱，物资、人员都无法支撑其与实力强大的诸侯国作战。基于此，司马卬能在乱世中保存自己已属不易，怎敢挑战西楚霸王？

　　二是司马卬和刘邦有过节。之前，司马卬与项羽有交情。项羽接受章邯投降，之后南渡黄河。此时，司马卬在河内郡，加入项羽的诸侯联军。其间，他应该给项羽提供过帮助，比如，在章邯军身后袭扰，以及帮助诸侯联军渡河等。他被封王，也包含着项羽对其投桃报李之意，他也理应感激项羽的认可和慷慨。相比而言，司马卬和刘邦并没有旧情，相反可能还有旧怨。刘邦西征打到洛阳时，司马卬也想趁机从黄河北岸过河，攻占洛阳北部，摆出入函谷关的架势。当时，刘邦一心想从函谷关第一个进入关中，当然不希望有人抢他的风头。为此他还派军队在黄河渡口（在今洛阳市孟津区境内）把司马卬挡回黄河以北。由此可知，两人曾发生过军事冲突。

　　三是司马卬的封地夹在各个诸侯国之间，可谓强敌环伺，能自保已属不易。殷国夹在楚、汉、西魏、常山国和黄河以南的河南王之间，如果自保，他需要四处设防。所以，如果确保平安无事，他要处处小心。在这种情况下，他能保证大家不欺负他，就已算是不错的结果。如果没有十足的把握，他不会随便和谁发生冲突，他最好的策略是雌守静处。在天下局势尚不明朗时，他怎么可能会那么急着反楚呢？

　　一种观点认为，他反楚是和魏王豹一样，想通过和刘邦结盟，对抗项羽。不过，这个观点很难成立。

　　可以设想一下，《史记》明确指出，刘邦"还定三秦"准备东出函谷关，且尚未正式东出时，司马卬反楚了。给人的直觉是，刘邦占据关中，势力剧增，司马卬见风使舵，为投靠刘邦，才公开反楚。但当时，刘邦并没有马上东出，在函谷关外仅仅表达了一下反楚的意思，就又撤回关中，继续追剿章邯等人的残余势力了。这时司马卬反楚，显得太操之过急。

　　直到汉二年（公元前205年）三月，刘邦才真正誓师东征，东渡黄河，进入西魏国。此时，魏豹直接缴械投降，投靠汉军，与汉军会合后，一同东征项羽。当汉军和魏军翻越太行山，到达殷国时，《史记》记载，"下河内，虏殷王卬"。和魏豹直接带兵投靠刘邦相比，刘邦解决司马卬，却动用了武力，这说明司马卬对刘邦没有好感，司马卬反楚不是为了投靠刘邦。

这么看，司马卬反楚，和刘邦无关，很可能和项羽有关。也许是项羽侵犯他的利益，出于自保，他不得不和项羽决裂了。

当刘邦启动"还定三秦"战争，且取得初步胜利后，项羽感知到从关中飘来的巨大威胁，但田荣已在与西楚国毗邻的齐地反叛项羽。相比尚在关中的刘邦，齐地的田荣是一个近在眼前、威胁更大的祸患。项羽认为，必须先平灭他，把距离比较远的刘邦暂放一边。但刘邦反相已现，他也不能不有所防范。为此，项羽需要控制司马卬的封地，作为抵御刘邦东出的一道屏障，以此为平定齐地争取更多时间。史书没有详细记载项羽如何与司马卬谈判，但可能的过程是，项羽给司马卬捎过去话，让他交出封地，或者让楚军进驻殷国，带领殷国军队，共同防范汉军，阻止或延缓刘邦东进。

如此推测并非没有先例。项羽在处理韩国问题时，就是如法炮制的。根据《史记·项羽本纪》记载，项羽虽然封韩王成为韩王，但等大家都回到封地时，他却说，韩王成没什么功劳，但他的部属张良和刘邦过从甚密，以此理由，竟然把韩王成强行带到彭城软禁起来。刘邦"还定三秦"成功后，他派心腹郑昌去当韩王，目的是在刘邦东征彭城的路上，放上信得过的人，以更加有效地阻挡汉军东进的步伐。

如果上述推测正确，司马卬很可能拒绝了项羽，而且态度上可能比较激烈。在项羽看来，此举属于不听霸主号令，废弃了戏水分封的基本精神，等同叛乱，必须加以惩处。因此，项羽派后来当上汉朝丞相的陈平，统领客居楚国的魏国将领和士兵，降服司马卬，将殷国纳入西楚国的势力范围。项羽手下将领、属于项家宗族的项悍为此代项羽奖赏陈平厚金，并拜他为都尉。

如此处理司马卬，项羽最终失算了。后来，刘邦攻下殷国，俘虏司马卬，裹挟他一同东征。曹参等将领从司马卬的封地河内郡出发，沿着黄河北岸，作为汉军东征彭城的北路军，一路东进，攻占围津（今山东省东明县），渡过黄河，与刘邦亲领的中路军夹击彭城。

对于其他诸侯，项羽也有针对性地加以安排。申阳曾是赵将张耳的近臣，曾打下三川郡（今河南省洛阳市周边），项羽顺势把这里封给他，封号河南王。而把韩王成安排到颍川郡（今河南省郑州、许昌等地）。在这么一块并不大的地方，项羽安排两个诸侯王，很有深意。

这块地方有两个特点，一个是社会经济发达，是战国末期韩国、魏国的统治核心，也曾经是东周的天子所在地。二是战略位置重要。这里就是传统意义上的中原地带，南可遥控楚国，北可监视赵国，西可监控关中，是兵家必争之地。三是这里有一个关键的地方——荥阳的敖仓。这是秦朝时期全国最大的粮仓，也是后来楚汉争霸时，双方拼力争夺的战略要点。如果项羽想牢牢控制这里，就不能在这里只放一个王，否则，这个王一旦做大做强，就很难对付和控制。

即便这样处理，项羽依然不放心。从地理上看韩王成的封地颍川郡可以发现，颍川郡地理位置非常关键，从郑州市向西到洛阳市，过了汜水镇（今名）后，则进入丘陵和山地地带。如果刘邦从西而来，打下函谷关和洛阳，而项羽希望在今天的郑州市第一时间堵住刘邦军，他必须图谋占据三川郡，控守汜水镇和古荥镇（今名）。

当初，韩王成能当王，是张良说服项梁后，由项梁批准的。这么说，韩王成这个王是项家立的。《史记》记载，韩王成曾派张良帮助刘邦，打入关中，张良和刘邦的关系暧昧，项羽因此迁怒于韩王成，而把他杀了。而历史学家吕思勉认为，杀掉韩王成的原因，不像《史记》记载的那样简单。项羽采取强霸和野蛮手段抢夺和控制韩地，应是为西楚国在西部拓展一块缓冲地带，以确保西楚国的战略安全。杀掉韩王成，充分暴露出项羽必争韩地的决心。

对河南王申阳，项羽也有所防范。他的封地在今天的洛阳市，项羽意图让他牵制三个秦国降将和刘邦。这里虽然山川形势险要，易守难攻，洛水、伊河等河流穿过这里，灌溉设施完备，土地肥沃。然而，总体面积过小，物质生产能力有限，实际上，如果不发展的话，很难对项羽产生什么威胁。项羽派亲信郑昌占据三川郡后，既可以挡住刘邦东出，也有对申阳监视的意图，从此，他的发展进一步受到限制。

通过以上分析，可以说，这些诸侯王都处在一种很紧张的状态。回到封国后，日子其实都不会太好过。

项羽把英布、吴芮和共敖这三个王封到南楚（今湖北、安徽、湖南和贵州等地）。这三个人以前是楚国将领，和项羽关系比较亲密。最起码，以前没有像同是楚将的刘邦那样，有和项羽离心离德的明显倾向和劣迹。

在南楚的三个诸侯王中，英布最受项羽信任。英布所率之兵是吴芮给的，他本人是吴芮的女婿。他跟随项梁打仗时，就已"勇冠三军"。在巨鹿之战中，英布表现堪称"上佳"。他和项羽在战火中结下深厚战友情，项羽把他看成值得信赖的亲信，也是理所应当。比如，项羽去攻打齐国，平定田荣之乱。他只征调一个九江王英布来助阵。不过，此时已经成为诸侯王的英布不再像以前那样，唯项羽马首是瞻了。接到项羽征调令后，他只派将领率几千弱兵前去。这一行为明显是在敷衍项羽，项羽被彻底激怒。项羽对英布不知感恩的行为耿耿于怀，屡次派使者去责备他，并召唤英布去见他，要求他登门谢罪。英布为此惶恐不安。刘邦借机派出使者，唆使英布反楚归汉。在无所适从中，英布最终与项羽决裂，投靠了刘邦。

根据一些人的研究，在戏水分封中，项羽也有意在南楚留下了一些无主之地。如果属实的话，他这么做，大概也是为让这些诸侯王因为抢夺地盘而产生隔阂，并因此互相牵制。

把义帝熊心封到长沙郡，也很有深意。那里是九江王、衡山王和临江王的势力范围，让一个虚名如此之高、拥有社会影响力和政治手段的前任楚王到那里，这三个诸侯王肯定不舒服。楚怀王一旦到封地后，很可能会利用之前的社会影响力，或者被别有用心的人利用，一旦站稳脚跟，很可能蚕食三个诸侯王的地盘。因此，对义帝，他们不得不有所提防。

因此，项羽暗地里派这三个人联合追杀义帝。即使出于保护自己的利益目的，他们也非常乐于从命。实际情况也如此。虽然项羽调英布协助攻打齐国，英布推诿敷衍，但项羽暗令英布追杀义帝时，他却干得很卖力。义帝因此死在去封地的路上。

对吴芮部将梅鋗的安排更有深意。项羽因为梅鋗灭秦有大功，封他十万户侯。十万户的食邑在当时是什么概念呢？如果细算起来，在刚经历战乱的天下，很多诸侯王也没有这么多食邑。相比而言，这个侯爵的含金量甚至高于很多诸侯王。可是，项羽好像是专门搞恶作剧似的，他竟然没有指明这十万户的封地具体在哪里。也就是，梅鋗获得的食邑，只有数量，没位置。可能的意思是，暗示梅鋗去抢地盘。如果他真的如此而为，定将引起其他诸侯王的不满，甚至成为牵制所有诸侯王的不稳定因素。当然，这仅是猜测。

后来，梅鋗究竟去了哪里，有很多说法，比如，说他去了长沙郡（今湖南省），或者去了南粤国（今广东省）。但不管去哪里，梅鋗等于领了一张空头支票。

通过以上分析，客观来讲，戏水分封后，每个诸侯王回到封地后，心里面肯定不踏实，但想再动歪心思和西楚霸王对抗，几乎不可能。至少在当时，项羽是这么自信地认为的。

六、一次影响深远的政治布局

在戏水分封中，项羽对各个诸侯国的安排，使大家人人自危，人人受牵制。在军事上，则项羽处于相对安全的位置。那么，如何评价项羽主持的分封呢？总结起来，可以从以下三个方面进行评价。

第一，项羽主持的戏水分封符合当时的社会思潮。项羽和后来刘邦主持的分封相比，可能没有顺应历史发展潮流，但顺应他们所处时期的社会思潮。可以说，他们主持的分封体现出一种务实精神。

秦始皇在全国推广搞郡县制度，前后也就十几年。而从西周开始延续下来的分封制度，则有八百余年，这一制度对人们思想观念的影响更深，不可能在短期内改变。大多数人的思想都有惯性，社会风俗和思潮存在一定惯性。人们面对新挑战和新环境，很少有人真正能够做到与时俱进，求新应变，往往会从过去经验中寻找应对方法。

从制度经济学角度看，制度更新和发展都有"路径依赖"，以前的制度必然对现在的制度产生影响。现在制度要建立在以前的制度基础上，完全推倒重来的制度革新，往往因为阻力太大而无法推动，或者因没有社会基础而引起社会动荡，最后难免夭折或变形。

可以说，在当时的情况下，项羽和刘邦既离不开旧六国贵族的支持，也离不开封土建邦思潮的裹挟，他们更不是秦始皇，有祖宗基业支持，所以也没有能力完全摒弃封土建邦制度。所以，刘邦和项羽要争取大家的支持和拥护，其实并没有其他更多的路可选，只能面对现实，深谋远虑，合理而巧妙地运用分封，布局天下，以实现宏图伟业。

第二，项羽主持的分封对历史发展有推动作用。很多学者认为，项羽主持的分封是历史的倒退，否定了秦朝的大一统制度，使国家恢复到战国混乱的政治格局中。如何看这个问题呢？实际上，从大历史角度看，不能完全否定项羽分封的历史价值。

从表面上看，项羽主持的分封确实把天下拖入战乱的深渊，但仔细分析后可以发现，虽然项羽主持的分封导致群雄割据，但他的分封从本质上不否定秦帝国的郡县制，且和周天子主持的分封区别很大。

项羽封的各个诸侯王，包括他自己，以郡为单位划定土地边界。他占据九郡，西魏王占据河东郡，田安占据济北郡，等等。可以说，他开创的国家体制是在保留秦的郡县制不变的基础上进行的，是一种郡县制度和封建制度并行的制度。后来，刘邦主持的分封和项羽同出一辙，并没有实质性区别。

在项羽的西楚国，他沿袭秦朝的郡县制，他统辖的九郡各有郡长。虽然史书没有明确记载这些郡长是谁，但可以根据史料的一些细微处，可以佐证这一观点。比如，刘邦的骑兵司令灌婴曾"破薛郡长""破吴郡长吴下"……

因此，从大的历史发展角度来看，如果拿项羽对天下政局的安排与周朝的封建制度相比，是一种进步；而和秦帝国相比，显然是一种倒退。但必须看到的是，项羽也好，刘邦也好，他们利用已掌握的资源，顺应当时的社会思潮，已经最大可能地把国家政治制度向前推进了一步。因此，完全否定项羽主持的分封的积极意义则显得有失偏颇了。毕竟，历史发展往往以螺旋方式上升，很少出现直线上升。

第三，项羽主持的分封，其政治理念是对陈胜政治理念的延续，打压了旧六国王业复辟的理念。根据学者唐国军的研究，陈胜认为，秦末起义的合法性源于以下几个方面：

一是"天下苦秦久矣"，秦朝实施严苛的暴政，必须被否定。之后，刘邦等人相继喊出这一口号，鼓动大家参加反秦起义。需要指出的是，陈胜和之后的反秦起义，并没有把秦朝毁灭六国社稷和宗庙，作为反秦的理由，也没有把实现旧国复兴作为目标。

二是重申"王侯将相宁有种乎"，明确否定依靠血缘关系当王侯将相的传统，也就是对传统的血缘贵族政治体制的彻底抛弃与变革。正如历史学家田余庆所言，陈胜不主张恢复旧楚国的社稷，而主张以能力、实力作为称王标准。

其实，从追随项梁起兵江东时，项羽始终怀抱"王侯将相宁有种乎"的思想，是否定王政复兴的积极分子，而坚决主张以军功和能力为标准宰割天下。只是后来迫于起义形势需要，项梁听从范增的谏言，立了楚国国君后裔熊心为楚王。但在戏水分封时，项羽说："天下初发难时，假立诸侯后以伐秦"，这句话无论是否能代表项梁的观点，但至少项羽是这么认为的，这也充分展示出他对旧六国王族后裔的真实态度。

自古以来，总有一些学者认为，项羽分封的目的是为以后称帝打基础。虽然项羽在戏水分封时，是不具备称帝条件的。但他是否打算依靠掌握分封的权力，而谋划以后称帝呢？客观地讲，也不能排除这种可能。原因是：

第一，巨大的成功会激起他进一步谋求新成功的欲望。称霸与称帝相比，无论是从个人事业发展还是权力的含金量看，"霸"都无法和"帝"相比。比如，刘邦依靠一步步的成功，逐步登上皇帝之位，也并不是在起义之初就已有树立起称帝的宏伟目标。

第二，项羽周围的人会影响他，也许会改变他的既有思想。如上文所述，项羽的既有思想，也许是霸天下，甚至会排斥帝制。但他周围的人难免会给他灌输帝制思想，最终影响他，促使他走上帝位。如范增，他很有可能灌输给项羽称帝的想法。和萧何相似，范增也有"天下观"。在关中时，他强烈主张消灭势力逐渐强大起来的刘邦，主要原因是，刘邦身上有"天子气"。他明确告诉项羽，以后能和你争夺天下的人，就是刘邦。他把夺"天下"挂在嘴上，肯定会影响项羽。显然，范增所说的"天下"很可能不是称霸的"天下"，而是帝制的"天下"。

历史学家田余庆认为，项羽不会安于楚王与诸侯并立，不会眼看着空出来的帝位而毫不动心。所以，他在分封时隐伏了一些心机。第一步是把楚怀王升为义帝，以楚帝代替秦帝的法统帝位；第二步是杀掉义帝，帝位一旦空出来，他将处于进退自如的有利位置；第三步是做好各种善后事宜，为合法称帝铺好路。

除此之外，以下历史细节也可以作为推测项羽有称帝野心的证据。一是项羽对新占领地区推行郡县制。他把九江王英布打跑后，在九江王的封地设置郡县，派大将周殷驻守，对那里实施有利于集权的郡县制管理。二是项羽在西魏国、常山国等派出相国，强化对这些诸侯国的行政和军事控制。如项它是西魏国相国，协助魏王豹抵御韩信的进攻。派项婴到常山国，后来张耳去投靠刘邦时，杀了项婴。后来，汉朝初年，也沿袭了这一做法。

不过，项羽毕竟没有走上帝位。戏水分封后，项羽的事业逐步走下坡路，与称帝渐行渐远了。我们对项羽想最终称帝的所有推测，只能流于纸面。

总之，项羽是否意欲通过分封实现称帝的宏愿，确实是一个千古难解的疑案。

第六章
彭城之战
——一次失败的跃起

一、还定三秦

——刘邦入汉中

项羽分封天下后，在一些地方很快燃起战火，这是不是说明他的分封很失败呢？

其实，无论项羽如何分封，最后都有人不满意。既然这样，分封结束后，大家闹意见，互相攻伐，就是在表达对分封结果及其合法性的质疑。这种结果对项羽以及范增等参与制订分封方案的人而言，应早已预料到，甚至可以说，是他们刻意安排。

对项羽而言，此次分封是成功的，或者说，至少达到了次优利益。第一，他得到最大的一块封地；第二，称王且称霸；第三，封杀了刘邦；第四，架空了义帝；第五，把各路诸侯王的封地分得很小，引起他们互相猜忌、内讧和攻杀，普天之下，没有一个诸侯王有能力单独和他对抗。

一些人认为，因项羽分封不当，导致他的最后失败，是这样的吗？其实，对这个问题，很难回答。

戏水分封时，既然项羽不能称帝，他利用主持分封的权力，充分考虑到有利于自己的政治、经济和人心等方面的因素，使他占据到不能再多的优势。如果还有更好的分封方案，还能是什么呢？如果刘邦主持戏水分封，他还能做得更好吗？历史不能假设，但换角度思考一下，会更清晰地看出一些问题的本质。不把项羽失败的原因完全归于这次分封，最大限度地承认戏水分封下的政治格局以及对项羽的有利之处，再考虑项羽失败的原因。

按照楚汉相争的最后结局看，项羽对刘邦的安排，应该是一大败笔。然而，根据以前分析，如果站在当事人项羽的角度看，如此处理很有道理，甚至可以说，这样安排刘邦，在当时对项羽是最优选择。不过，问题也并不这么简单，项羽对刘邦的安排也确实存在不妥之处，那就是他严重低估了刘邦和他的集团所拥有的实力和潜力。

如果刘邦是张耳、田荣之类的人，把他关入巴蜀、汉中，几乎可以说是高枕无忧了。但刘邦不是，刘邦本人雄才大略、有勇有谋，即使亲自上阵杀敌，刘邦依然不惧，更重要的是刘邦带的这支队伍很出色。

一是内部相当团结。刘邦集团里的核心，是从丰沛地区出来的老兄弟，和刘邦同心同德，肝胆相照，对刘邦不离不弃，鼎力支持。在雍齿背叛刘邦后，在刘邦的队伍里，再也没有发生像张耳和陈馀那样反目成仇以及齐国内讧的情况。二是文武兼备。在刘邦的队伍里，有能打的曹参、灌婴、樊哙、周勃、郦商等人，也有张良、萧何、郦食其等文臣。三是经过严酷战争锻炼，实战经验丰富。刘邦从丰沛出来，历经各类战争，经受千锤百炼，具有独立承担作战任务的能力，且积极进取、精神旺盛。仅以上三点，很多诸侯王都无法与刘邦及其集团媲美。显然，项羽让章邯等三个秦军降将来堵截刘邦，确实有点勉为其难了。

汉元年（公元前206年）四月，刘邦和其他诸侯王一样到封国。根据《汉书》记载，刘邦很愤慨，因为项羽不让自己如约在关中称王，准备打项羽，周勃、灌婴和樊哙这些作战能力强的将领出来劝谏，萧何也出来说："虽然汉中这个地方很穷，但总是好过死吧？"刘邦说："你说的死是什么意思？"萧何说："项羽人多势大，我们打不过人家。如果非要打的话，不死还有其他结果吗？"他还说，上天给你巴蜀、汉中这块地方，你还嫌弃，以后一定会倒霉的。再说了，汤武当年就是因受到不公对待，而获得了大家的拥戴，最终取得天下的。你以后好好在封国搞好经济建设，多招揽人才，利用好巴蜀、汉中的资源，还是可以"还定三秦"，统一天下的。虽然萧何这番话没多少含金量，但刘邦竟然毫不费力地听从了。

原因大概是刘邦这么说，也就是当着大家的面，做做样子，发泄一下不满情绪。根据刘邦在鸿门宴上所处的境况，他应该会主动做出很大让步，对被封到巴蜀这样恶劣的地方，有心理准备。甚至有些学者推测，封到这个地方是刘邦自己提出来的。因此，肯定不会等到分封都结束了，刘邦突然觉得很难受，要反击项羽，更不可能是刘邦听了萧何这番话，才恍然大悟。

基于以上认识，有些学者则认为，这个桥段是《汉书》杜撰的，记述刘邦气急败坏要打项羽这件事，目的是指明在戏水分封上，刘邦委曲求全，忍辱含垢。之后，刘邦主动攻打项羽，非常具有正义性。这大概是《汉书》记载这一桥段的本意。

刘邦从关中到汉中，要翻过秦岭。即使现在，如果不走高速公路和铁路的话，徒步翻过秦岭，也很难。刘邦如何去汉中？现在说法不一。有的说，是从子午谷去的，这条路是在王莽时代整修和被命名的，比如，历史学家辛德勇就持此说法。有的说是从褒斜道过去的。但不管从哪里走，这些道路都很崎岖，汉军都必须从依山而建的栈道过去。

当时，张良送刘邦去封国，告诉刘邦："你为什么不把所过的栈道给烧了，向天下表示自己踏踏实实地去当汉王呢？也让项羽对你放心。"这个建议被刘邦采纳了。由此，大家普遍认为，烧栈道是为了表示刘邦拥护项羽对他的分封安排。实际上，《史记》记载，烧栈道还有另一个原因，"以备诸侯盗兵袭之"。烧掉栈道，可以有效防备项羽和其他诸侯兵在背后突袭刘邦。

但仔细分析，第一个原因应是主要的。要知道，栈道狭窄难行，在栈道上不是主动进攻的好地方，只对防守有利。项羽即使想偷袭刘邦，也不会从栈道过去。不过，项羽和范增把刘邦封到巴蜀和汉中，是打压和限制刘邦发展的策略，刘邦肯定不满。为防止刘邦做出不轨之举，项羽很可能会派兵，在刘邦身后监视他。

不过，张良送刘邦去封国，到栈道口后，和刘邦话别，没有跟着刘邦一起去关中。很多人对鸿门宴前后张良和刘邦的关系有错误认识，觉得张良是刘邦的属下，为刘邦出谋划策。实际上，当时张良从名义上并不是刘邦的人。

张良和刘邦很早就认识了。后来张良为恢复韩国社稷，游说项梁，说："你立楚国后裔为王，也应该立韩国后裔为王。"向项梁推荐韩国宗室公子横阳君韩成，还说："复立六国后裔，可以使秦朝面对更多敌人，对楚国复兴大业有利。"项梁给张良、韩王成一千多人，攻略韩地。可能因为这两人都不善于领兵作战，或者手上掌握的军队太少，秦军在颍川郡（韩国故地，今郑州、许昌等地）势力强大，他们曾攻下数城，但都被秦军夺回去了。一年多的征战，两人几乎一无所获。

等到刘邦西征时候，路过这里，韩王成大概希望和刘邦套上近乎，借助刘邦的势力，帮助自己复国。他知道张良和刘邦是旧相识，关系亲密。一方面，他和刘邦一起在颍川郡和秦军作战，共同打败秦军将领杨雄；另一方面，让张良随刘邦一起西进，杀入关中。

在鸿门宴上，张良帮助刘邦解困。戏水分封后，张良作为韩王成的属臣，协助刘邦入关中的使命已完成，要回到韩王成身边，完成恢复韩国的大业，所以他送刘邦去封国后，翻身追随韩王成。韩王成被项羽劫持到彭城，张良也跟着去了彭城。等到韩王成被项羽杀了，张良复国的梦想破灭，他偷偷离开彭城，到关中投靠刘邦。张良再次找到刘邦时，刘邦刚刚完成"还定三秦"。刘邦见张良正式投靠自己，非常高兴，封他为成信侯。看来刘邦很欣赏张良，不计较张良在他最艰难时离他而去，也不计较张良追随旧主，在落魄时再次投靠他。他看重张良身上为恢复韩国的理想而矢志不渝的精神，看重当旧主韩王成被项羽劫持，张良不弃不舍的忠诚守信的品性。封张良为"成信"侯，实属刘邦有意为之。

从秦始皇二十九年（公元前 218 年），张良在博浪沙刺杀秦始皇，到他从彭城亡命，投奔刘邦，在漫长的十二年中，张良的人生追求都是恢复韩国基业，而不是为刘邦或其他非韩国宗室的人打天下。在鸿门宴和戏水分封前后，他并不是刘邦集团的人，因他与刘邦的关系是知己朋友，刘邦很看重和他的友情。事实上，对张良封侯，刘邦集团没有人认为很突兀，没有表达任何不满。从此以后，张良终身追随刘邦，成为汉朝"开国三杰"之一。

《史记·高祖本纪》记载，刘邦去汉中时，项羽"使卒三万人从，楚与诸侯之慕从者数万人"。一般理解，是项羽拨给刘邦三万人，或者说，允许刘邦带领三万人，另有数万楚国人和其他从函谷关以东来的人跟着他去了汉中。但也有些研究者认为，不是项羽调拨给刘邦三万人，也不是很多仰慕者跟着他去了汉中，而是项羽派出三万人马加上其他一些诸侯的兵将，监视着刘邦去封地。理由是：

一是刘邦有过不让大家放心的行为，曾想独霸关中，他最有可能不认可分封这件事。不找人监视和督促他去封国，项羽、范增很难放心。

二是在鸿门宴时，刘邦有十万之众，却突然变成了三万，也没说明其他七万都去哪里了。

三是《高祖功臣侯者年表》记载，跟随刘邦到关中的将领，之后参与"还定三秦"，可是，如果士兵平白无故地消失七万，而统兵的将领都在，不符合常理。

四是刘邦进入汉中，到达都城南郑（今陕西省汉中市南郑区）后，出现诸将及士卒多道亡归的局面。根据《史记·淮阴侯列传》记载，其中仅将领就跑了数十人。很难想象，在刘邦未入汉中前，有其他诸侯国中的仰慕者，主动追随刘邦去汉中。

五是张良建议刘邦烧毁栈道，其中一个意思是，防止诸侯联军袭击他，很可能说明身后确实有一直监视他的大军，不得不防。

结合以上分析，真实的情况可能是，项羽派军队监视刘邦去封国。刘邦平定三秦时，和章邯、司马欣和董翳作战，是分兵作战，再加上到封地后，又跑了不少人，但刘邦究竟带去了多少兵，很难说出一个具体数目。如果没有其他证据，可以说刘邦带入汉中的人马不会少于三万。

二、还定三秦

——韩信与《汉中对》

刘邦到达汉中后，越来越多的人思乡心切，开始"开小差"，刘邦无法制止，只能听之任之。在这些逃跑的人中，就有后来被封为淮阴侯的韩信。

大家都熟知"萧何月下追韩信"的故事。这个故事大致情节是，萧何听说韩信逃跑，亲自骑马，追上韩信，把韩信劝说回来。不过，史书中没有记载，萧何去追韩信是在白天还是在夜晚。根据《汉书·韩信传》记载，萧何去追韩信回来，用了一两天，确实会出现晚上追赶的桥段。

韩信为什么会跑？萧何为什么会亲自去把他追回来？韩信刚去汉中时，汉军给他的职务是连敖。楚制下"连敖"职位低于"县公"，相当于现在的科级干部，官不大。因为韩信犯军法，要被处斩。虽然史书没有记载，韩信犯了什么罪，但可能是逃跑时，被抓回来，以军法处斩。正欲行刑，韩信看到夏侯婴，大喊："上不欲就天下乎？何为斩壮士！"夏侯婴感觉韩信不同凡响，把他救下，并引荐给刘邦。但刘邦也没觉得他有什么过人之处，只给韩信一个"治粟都尉"的官，负责后勤保障工作。

"治粟都尉"应归萧何领导，需要经常向萧何汇报工作。他有机会经常和萧何会面和讨论工作问题。大概在此时，萧何发现了韩信的才能。萧何答应韩信，找机会，再给刘邦进言，提拔他。但不知道什么原因，很久没等到刘邦提拔他的消息。韩信觉得萧何、夏侯婴等人肯定给刘邦说了自己提拔的事，刘邦不答应，刘邦不是欣赏自己的主公，不值得在这里浪费时间。因此，他趁机溜走。现在看来，萧何可能想再观察一下韩信，或者说，想磨炼一下韩信，让韩信有突出业绩，再说服刘邦任用韩信。总之，一定有一些未知原因，刘邦冷落韩信，韩信误会了萧何。

韩信被萧何追回来，萧何给刘邦讲了一通道理，中心意思是，韩信是无双国士，欲争天下，必重用韩信。这次刘邦被说服了。萧何请求刘邦，既然同意重用韩信，封韩信为"大将军"，登台拜将，摆足仪式，为韩信树威，方便他以后开展工作。大概萧何这次是真急了，刘邦被打动，对萧何的建议全部接受。

刘邦拜韩信为大将军，让所有汉军将领非常意外。大将军的地位高于所有普通将军，是一个至高荣誉，也是有实权的军职。当时，听说刘邦要选大将军，那些觉得和刘邦关系铁、战功多、能力强的人，都认为大将军非己莫属。当知道韩信当大将军时，确实让大家惊掉了下巴。这次确实是"非典型"的超常规提拔。

不过，韩信当上大将军后，做了一件大家普遍认为很有意义的工作。

他发表了《汉中对》。说到《汉中对》，大家一定想起诸葛亮的《隆中对》，两者确实有相似之处，就是帮助君主谋划未来。相比而言，韩信的《汉中对》主要围绕"还定三秦"这个主题，而《隆中对》谋划得更长远、更宏大一些。

韩信的《汉中对》很长，总结起来，可以归为两点，一个是项羽不可怕，另一个是刘邦"还定三秦"能打赢，而且前途很美好。

第一，项羽的劣势很明显，刘邦不用怕他。从项羽为人看，韩信认为，项羽拥有两个致命缺点，一个是匹夫之勇，另一个是妇人之仁。从管理能力上看，项羽不会"任属贤将"。从政治和军事战略上看，项羽放弃关中跑到彭城，失去战略优势。废弃"楚怀王之约"，把义帝放逐到江南，失掉人心。主持分封，只照顾亲近的人，不考虑到其他人的利益，自私狭隘，失去诸侯们的拥护。他为人残暴，在战争中杀人无算，失去了民心。他对刘邦的防御，更不足为虑，封章邯等三个秦军降将，镇守关中，而这三人因投降项羽，导致秦朝灭亡，关中遭受关东诸侯的蹂躏，从而失去关中百姓的民心，他们根本不足以挡住刘邦"还定三秦"的步伐。

第二，刘邦"还定三秦"有很多有利条件。韩信认为，一是汉军主要来自关东，被发配到这个穷山恶水的地方，都很不满，思乡心切。如果刘邦带着大家"还定三秦"，打回关东，士气一定高涨。另一个是刘邦入关中时，没有施暴，得到关中百姓的好感和拥戴。最后，是刘邦与诸侯约定，"先入定关中者王之"。刘邦应在秦国故地称王，却被封秦国故地中最偏远和穷困的巴蜀、汉中，关中百姓替刘邦愤恨不已。

根据《史记》记载，韩信和刘邦的对话，给人的感觉是，韩信在给刘邦上课，刘邦是个谦虚的学生。听完以上言论，刘邦和刘备听完《隆中对》的表情和感觉差不多，史书记载，汉王大喜，自以为得信晚。

历史上，对《汉中对》评价比较高，第一个原因是，刘邦很认可。第二个原因是，在大家看来，韩信是不世出的战神，他说出的话，大概不会不靠谱。第三个原因是，韩信力主的"还定三秦"，最后取胜了。但是，仔细分析这个《汉中对》，可以发现其中有很多值得辨析和反思的地方。

对项羽的评价，可以换个思路考虑，会发现《汉中对》并没有太多的真知灼见。

一是韩信说项羽的那些个人缺点，刘邦以前不知道吗？韩信以前当过项羽军中的"郎中"，也就是贴身侍卫，知道项羽的为人和秉性，但刘邦以前和项羽是战友和同事，与韩信相比，刘邦对项羽的为人和秉性也很清楚。而刘邦有更强的识人之能，应该不需要韩信告诉他项羽是什么人。

二是说项羽不会"任属贤将"，其实，是戴着"有色"眼镜看人。后来陈平、王陵等人都说过项羽身上这个问题，甚至还强调项羽不愿意把战利品和有功之臣分享。如果认真看，项羽也不是这样的。比如，项羽在戏水分封时，封了英布为九江王。英布出身江洋大盗，和彭越差不多，但他的武力高强，能征惯战，拥护项羽，项羽封其为王。同时，项羽还封范增为历阳侯等。韩信、陈平等人说项羽不会用人，是指项羽没有重视他们这些人，他们说这话带有一定的个人色彩。

三是说项羽对义帝不好，还放弃关中，跑到彭城，以及只照顾自己人，不考虑其他人的利益，也有问题。项羽主持的分封实际上很难做到让所有人满意。项羽利用主持分封，为自己捞足好处，换其他人也会这么干的，这个无可厚非。至于项羽放弃关中，尽管从后来情形看，出现了一些问题，但项羽也全盘考虑这件事，并不能简单地把这个选择看成鼠目寸光。如果他能很好地利用分封后的天下格局，最后打败刘邦，甚至称帝，也不是没有可能。

四是说对章邯等人的安排，确实会让项羽比较被动，韩信这么说有道理。但对项羽而言，这么干，他并非没有深思熟虑。在他看来，不能因为防着刘邦，就不防一样能打且以前还是死敌的章邯。至于刘邦"还定三秦"成功，除了因刘邦自身条件确实相当过硬，项羽低估了刘邦的潜力外，还有就是偶然因素促成了，这个因素在《汉中对》里却没有讲到。

他分析刘邦所具备的优势基本靠谱。但有一个问题需要提出来，他说："刘邦和诸侯约定，'先入定关中者王之'。"明显是在给刘邦脸上贴金。以前，刘邦刚进入关中时，向关中父老也如此宣传，说他因为第一个入关中，所以可以在这里称王，这是和诸侯们约定好的。现在我们都知道，这是忽悠人的。"楚怀王之约"是楚国内部的一个约定，和诸侯们没什么关系。从实际情况看，别说诸侯们不认，就是作为楚国将领的项羽也不认。

在汉中时，这个约定其实已经是废纸了，现在还拿这个说事，竟然还说关中百姓都很为刘邦感到愤恨，就显得很不实事求是了。《史记·淮阴侯列传》中的原话是，"大王失职入关中，秦民无不恨者"，这么说就有点过了。秦民尽管不反对刘邦统治关中，毕竟项羽和诸侯联军在关中作恶了三个月，刘邦还是相当不错的，但用"恨"来表达秦民渴望刘邦归来的心情，就有点夸张了。

韩信在《汉中对》中，主要是在证明"还定三秦"的可行性，实际效果还是不错的。最起码发挥了为刘邦打气的作用。刘邦听完韩信的话，马上组织人马开始行动。

不过，历史还有很多吊诡之处。在韩信给刘邦长篇大论说道理的时候，另一个韩信也说了类似的一番话。

当时，叫韩信这个名字的人有两个。一个就是大家熟知的淮阴侯韩信，另一个是后来被封为韩王的韩信。后者是旧韩国韩襄王庶出的孙子。《史记》《汉书》都叫这个韩信为韩王信。他是一个大个子，出身贵族，能文能武，比那个被项羽劫持到彭城的韩王成强多了。当初，张良在韩国旧地攻略时，遇到这个"韩信"，发现他的才能，拔擢他为将领，带着他，一同和刘邦打入关中。

刘邦进入汉中后，韩王信也跟着去了。他向刘邦进言："项羽把那些和他一起进入关中的诸将封了王，而且封地都在关东那些好地方，却把你发配到只有罪犯流放才来的地方。我们都是函谷关以东的人，整天都想着打回老家，争夺天下。"

根据史书记载，韩王信说完这番话后，刘邦没有像听完韩信说完后，表示大喜。但等到刘邦"还定三秦"后，封韩王信为太尉，派他去韩地征战，许诺韩王信平定韩地，封其为韩王。太尉在秦朝时是级别很高的武官。汉朝时，太尉这个职位尽管不常设立，但级别也相当高，与丞相、御史大夫并列"三公"，相当于国防部长。

韩王信在刘邦的授意下，去攻略韩国旧地。当时，项羽听说刘邦占领三秦之地，派郑昌当韩王，阻止刘邦继续东进。韩王信打败和俘虏郑昌，在刘邦东征项羽前，攻占韩国旧地，为刘邦东征扫清一道障碍。

两个"韩信"都鼓励刘邦"还定三秦"，韩王信说得少，但说出来的理由，和淮阴侯韩信是一样的。仔细分析，刘邦"还定三秦"能取得成功的一个最主要的因素，恰恰就是这个理由——士气旺盛，大家都想打回去。

三、东出函谷关
——"明修栈道，暗度陈仓"的隐秘

淮阴侯韩信的《汉中对》是相当有名的，他说的显然比后来的韩王信要更全面一些，但他说的那些内容，要么有失偏颇，要么并没有什么新奇之处，刘邦应该更清楚。在汉中，究竟是韩王信还是淮阴侯韩信说动刘邦鼓足勇气，马上整军，启动"还定三秦"的？其实，两个韩信都不是真正让刘邦下定决心"还定三秦"的人。

根据《汉书·萧何传》记载，戏水分封结束后，刘邦像其他诸侯王一样，准备打点行装，率军入汉中和巴蜀。此时，他突然表达出后悔之意，和萧何、诸将商量，要挥军和项羽作战。萧何劝谏刘邦打消这个念头。他指出，应该暂时去巴蜀和汉中，好好治理汉中、巴蜀，"还定三秦，天下可图也"。在刘邦阵营里，萧何是比较早地提出"还定三秦"的人。

从这里可以看出，萧何拥有"天下观"。大家知道，刘邦的军队进入关中后，大家都在抢好东西，萧何却派人把秦朝的丞相、御史府库里的书籍、文书和统计资料收集起来，为以后刘邦统治关中以及在各地设置郡守，管理秦国故地以及之后新占领的地方以和项羽争天下，做准备工作。他这个举动甚至对汉朝后来的国家建设发挥了重大作用。萧何之所以把韩信追回来，是因为在他看来，韩信能够帮助刘邦争夺天下。

在《史记·淮阴侯列传》中，萧何把韩信追回来后，对刘邦说："你要是想当个稳稳当当的汉中王，要韩信没什么用。如果想争夺天下，韩信这样的人不可缺少。"刘邦回答道："我也想向东边打回去，怎能在这里郁郁不得志地待下去呢？"可见，刘邦主观上是很希望"还定三秦"的。另一个客观原因是，两个"韩信"都曾说，进入汉中的汉军都很想回老家。否则，不会有数十员将领和无数的士兵私自逃亡。这时候，如果刘邦带着大家打回老家，很符合当时汉军大多数人的想法。

可以说，不用韩信鼓励，刘邦也会率领汉军打回关中。淮阴侯韩信也好，韩王信也好，只是把一个比较明显的事实，摆在刘邦面前。

按照传统的理解，韩信被刘邦登台拜将，拜为"大将军"，然后，韩信开始工作，指挥大军北上，完成"还定三秦"的一系列作战。可是，根据《史记·淮阴侯列传》记载，韩信向刘邦说完《汉中对》后，刘邦"遂听信计，部署诸将所击"。《史记·高祖本纪》记载，汉王用韩信之计，部署诸将所击。这里的主语都是刘邦，不是韩信，具体指挥"还定三秦"的人应是刘邦本人。直到刘邦进攻彭城失败，韩信在京、索（今河南郑州以西），率军挡住项羽的追兵。而之前，没有记载韩信参与和主导过任何一场战斗或战役。一些学者认为，"还定三秦"的战役是刘邦亲自指挥的，但是如何打，则出自于淮阴侯韩信的策划。韩信很可能做了很重要的参谋、谋划方面的工作。

也许是因为韩信刚成为大将军，大家对他不服气，他缺乏领军威望。韩信刚投奔刘邦而来，不是刘邦阵营里久经考验的将领，刘邦身经百战，是汉军的精神领袖，其威望和经验足以率领大家打一场生死之战。鉴于此，从刘邦的视角考虑，让一个以前项羽的护卫指挥汉军，即便刘邦用人上有魄力、有胆气，也很难放手让韩信真正指挥决定汉军生死的"还定三秦"之战。

很多学者认为，韩信在这段时间应该把主要精力放在了整顿刘邦军队的工作上。根据李开元教授的研究，韩信在汉军开展"申军法"的工作。所谓"申军法"，是指韩信在汉军中推行秦朝军制，废除楚国军制。从一个细节可以看出韩信"申军法"的结果。"还定三秦"之后，刘邦军中的官职名字改为秦朝军职。原来像大司马、连敖等楚国军职，不再见于史书。这应该是韩信在军中推行秦朝军制的结果。实践证明，韩信整军能力很强，有句成语叫"韩信点兵，多多益善"，这是形容韩信通过先进的军事制度，可以有效管理无数多的军队。如果没有对军法和军制有过精深研究，任何人不可能在带兵上做到"多多益善"。懂管理学的人都知道，只要拥有行之有效、落实到位的章法和制度，军队规模不管多大，都能做到令行禁止、整齐划一，且拥有真正的战斗力。

刘邦以前带的军队，推行一部分秦朝军制，但也有楚国军制，比较混乱。一支军队里有两套制度很不利于作战，但刘邦军队里缺乏像韩信这样的人才，也不得不如此。等到韩信成为大将军，他承担整军工作，汉军的军制才整齐划一，逐渐演变成"秦军"的模样。

"申军法"对刘邦军队很重要。《史记·太公自序》中有一句话，"于是汉兴，萧何次律令，韩信申军法，张苍为章程，叔孙通定礼仪，则文学彬彬稍进，《诗》《书》往往间出矣"。在司马迁眼里，韩信"申军法"是汉朝能够勃兴的几个关键原因之一。

从《汉书》记载看，汉元年（公元前206年）五月，刘邦杀出汉中，和章邯等人作战。但对刘邦出汉中的时间，《史记》和《汉书》的记载不一致。《史记》记载，汉元年八月，刘邦出征。《资治通鉴》采纳《史记》的记载，我们习惯于采纳这个时间。之所以不一致，一般理解的是，刘邦在汉元年五月，用了两三个月时间积极备战，八月开始和章邯等三个秦将作战。大概在这个时期，韩信在汉军中大规模推行秦朝军制。

汉军"还定三秦"迈出的第一步，具有传奇色彩。

一般理解的是，汉军靠明修栈道，暗度陈仓，杀出汉中。但实际上，整个过程并不简单。

除了团队素质过硬，还有一个偶然因素，在关键时刻促成汉军一击而中，杀出汉中。这个偶然因素是，一个叫赵衍的人为汉军指出一条隐秘小道，使汉军偷袭陈仓（今陕西宝鸡市陈仓区）成功。根据《高祖功臣侯者年表》记载，赵衍"以谒者汉王元年初起汉中，雍军塞陈，谒上，上计欲还，衍言从他道，道通"。后来，赵衍被刘邦封为"须昌侯"，立下这个功劳是他封侯的最主要原因。仅指出这条小道，就能在汉初被封侯，由此可见，这条小道对汉军多么重要，绝不可小觑。

大家的普遍看法是，汉军"还定三秦"成功，很大原因是因为韩信给出的所谓"明修栈道，暗度陈仓"的战术。但细究起来，这个说法可能是后人杜撰的，与史实并不相符。为什么呢？一个原因是，在史书中没有任何有关汉军修栈道的记载。另一个原因更重要，那就是即使刘邦北出秦岭，打回关中，如果从栈道打回去，有悖于兵家常理。从栈道进攻，对进攻方非常不利，这是共识。那么，刘邦在这里修栈道，章邯肯定不会相信汉军要从这里打出来。所以，依靠"明修栈道"，诓骗久经战阵的章邯，显得很可笑。既然如此，汉军也不可能如此而为了。

严格意义上讲，历史上，汉军并没有使出"明修栈道，暗度陈仓"的计策。但如果非要说汉军有"明修栈道，暗度陈仓"的作战态势，也可以。为什么这么说呢？

所谓的"明修栈道，暗度陈仓"，在兵法上来说，就是"声东击西"或者说"掩空击虚"的战术。这一战术是指把敌军的注意力吸引到别处，从敌人不注意的地方突然出击，敌人因缺乏防备或防备失当而被击败。汉军"还定三秦"时，其实用了类似计策。

当时，从汉中向关中行军，有四条道。由东向西依次为祁山道、散关道（陈仓道或称故道）、褒斜道和子午道。其中，通过褒斜道、子午道进入关中，路程最近，但路况险恶，特别是，从这两条道，必须走栈道，不利于进攻。走祁山道、散关道，路途虽远，但因地势平坦，相对好走。其中，最好走的道路是祁山道，不过行军路线也最长。三国时期，这条路是诸葛亮北伐时的主要行军路线。综合考量后，散关道相对好走，路程又较短，选这条路进军关中，比较适合。但汉军既然能想到，作战经验丰富和军事指挥能力强的章邯肯定也能想到，必然派重兵把守散关道的北出口陈仓（今宝鸡市陈仓区）。所以，为攻占陈仓，汉军必须选择一条比较隐蔽的道路，实施奇袭。正是赵衍指出了这条小道。

不过，即使这条小道比较隐秘，在进攻时，也不能直接把大军全部押上。毕竟人多目标大，会暴露汉军进攻意图。即使从隐秘小道进攻，一旦被发现，奇袭效果也会大打折扣，甚至会功败垂成。

为此，汉军使用"声东击西"战术，调开一部分章邯的军队，离开陈仓。当时的作战态势是，曹参、樊哙等人率军先向西攻打陇西，先后打下西县（今甘肃省陇南市盐官镇）、下辩县（今甘肃省成县）、故道县（今甘肃省凤县境内）等地，拉开的作战态势好像准备从祁山道打过来。章邯派兵去陇西，予以堵截。趁章邯的部分军队离开陈仓，汉军从那条隐秘的小道杀出，突破陈仓以南的大散关，占领陈仓，建立起打入关中的"桥头堡"。

既然是从小道杀出，路肯定不好走，依靠从关东而来的将士，显然会降低作战效率。根据《华阳国志·巴志·总叙》和《后汉书·南蛮西南夷列传》的记载，汉军能从小道杀出，得益于他征召了一支作战效率极高的敢死队。这支敢死队由生活在巴蜀地区、善于爬山涉水的賨人组成。

由此可见，汉军进军关中时，使用了"声东击西"的战术，其内涵与"明修栈道，暗度陈仓"倒是一致的。

当然，曹参、樊哙往西边打，除了有吸引章邯注意的意思，也有为汉军主力打开另一条通道，掩饰从散关道侧翼作战的意图。汉军占领陈仓后，章邯必定向东回撤。之后，刘邦的后续大军队可以从曹、樊等人打出的祁山道，源源不断运送物资和兵员，支援关中战场。

从后来的情形看，曹参、樊哙、周勃、灌婴、靳歙等大将，都参与了这场"定三秦"之战。刘邦拿出全部家当，完成"还定三秦"。可以从几员主要将领的作战轨迹看出这次战役的一些细节。

一是曹参先往西边打，吸引章邯的主力。汉军占领陈仓后，他挥军进入关中，打败章平、赵贲等人。而后，把章邯包围在雍国都城废丘。二是樊哙先挥军西进，后进军关中，先后打败赵贲，攻占咸阳，参与围攻废丘。三是灌婴打下栎阳，俘虏塞王司马欣。四是周勃参与击败章平、赵贲等人的作战，并参加废丘围城战。后转军陇西，攻打上邽，最后守卫峣关。五是靳歙在陇西打败章平的军队，平定陇西六个县。

从作战形势上看，刘邦的汉军进入关中后，三员秦将在各地迎战，几乎没有胜绩，根本挡不住汉军的凶猛进攻。在很短时间里，围绕咸阳的关中核心地区被汉军全部攻占。在控制这一核心地带后，汉军向北和向东继续攻伐，最后占领关中。

从大的作战态势看，汉军"还定三秦"很顺利。但实际上，其中的艰苦作战应该不少。举个例子，在楚汉相争期间，汉军有四个列侯战死，其中两个在"还定三秦"时战死。汉军把章邯围困在国都废丘，但并没有很快打下来，到汉二年（公元前 205 年）六月才打下废丘，章邯兵败身死。

这样算下来，从汉元年八月到汉二年六月，前后十个月左右，汉军并没有攻下废丘。而汉二年六月，刘邦已经因彭城之战失败，回到关中。北地郡也是在汉二年一月，俘虏章邯的弟弟章平后，才彻底平定。由此可知，刘邦"定三秦"之战并不容易，更没有出现韩信所说的关中百姓夹道欢迎的壮观景象。"还定三秦"艰苦异常，并非一蹴而就。

四、东出函谷关

——项羽的失策

刘邦打入关中后，很快占据军事上的优势，在关中战事还未完全结束时，刘邦派人去办了一件他认为非常重要的事——把父亲刘太公、老婆吕雉和一双儿女找回来。

根据《汉书》记载，汉元年九月，刘邦派薛欧、王吸两个人组成"先遣军"，南下出武关，途经宛，到沛县，以隐秘的方式接刘太公、吕雉和儿女到关中。项羽听说此事，派兵在阳夏（今河南省太康县），阻止薛欧、王吸。这次营救行动夭折了。

薛欧、王吸之所以途经宛，因为王陵当时驻扎在这里。王陵曾是沛县地面上的豪强，在江湖中的地位高于刘邦，刘邦曾"以兄事之"。天下大乱后，王陵聚众起义，带着一支人马到达宛。他和雍齿的心理很相似，大概因为刘邦在江湖中的地位不如自己，在沛县时虽然他从属于刘邦阵营，但内心并不愿意追随刘邦。他带着数千人马占据宛，处于半独立状态。

项羽曾经拉拢王陵，他把王陵的母亲请来，想让她劝说王陵反汉降楚。王陵听说后，不得不派使者到项羽这里查看情况。王陵的母亲送王陵的使者时，私下里让使者转告儿子，一定要追随刘邦。她给出的理由是，刘邦是忠厚长者，刘邦必然能得天下。让王陵不要因为自己而心存杂念，受项羽胁迫，投降项羽。说完，王陵的母亲拔剑自刎。项羽相当恼怒，把她的尸体给烹煮了。

以上桥段出自《史记》，王陵的母亲对儿子以死相逼，迫其跟随刘邦，拒绝项羽拉拢。这么看，在民间，刘邦的威望令人高山仰止。但如果仔细推敲的话，其真实性却令人生疑。

王陵的母亲在早年应该认识刘邦，知道这个人的秉性。当年，刘邦在丰邑中阳里混江湖，在泗水亭当亭长混官场，他身上流露出满满的江湖侠士之气。说他有长者风度，不能说不对，毕竟刘邦年纪不小了，在那个年代，算是中老年人。但他这个长者风度应该和我们想象中的有差别，可能更多的是侠士色彩，讲的是江湖道义。

王陵的母亲自杀前说，刘邦有长者风度，所以能平定天下。显然，发出这样的预言有点早了。有长者风度就一定能平定天下吗？更关键的是，当时刘邦的处境并不是非常好，只能说刚刚从巴蜀回到关中，正在平定三秦，和项羽相比，从实力上存在很大差距，能否最终平定天下存在很多未知数。

任何事物的发展都需要一个过程。"还定三秦"成功，对提高刘邦的威望确实有直接帮助。大家可以想象，刘邦"还定三秦"后，他所占的土地可以说是旧秦国的全部土地了。地盘广大，土地肥沃，汉军在战争中得到淬炼。实践也向世人证明，刘邦所率领的军队是一支能打硬仗、积极进取的队伍。这时候的刘邦已然是名副其实的诸侯王，而这个诸侯王的名号是戏水分封认可的，也得到楚怀王等楚国旧贵族的认可。但应该看到，

"还定三秦"不过是他迈向大汉帝国的第一步，虽然是很关键的一步，可前面还有很多路要走、很多挑战要迎接。说他从此就成为众望所归、平定天下的人物，为时尚早。而一个远在千里之外的老妇人，如何能如此笃定刘邦能最终平定天下呢？别说这个老妇人不知道刘邦能否最终"定天下"，大概刘邦自己也不会确信自己一定是"真龙天子"吧？所以，有些学者认为，对王陵母亲言行的记述，大概是后来汉朝官方编撰的，目的是抬高、神化刘邦，向项羽身上泼脏水。

项羽听说刘邦杀出汉中后，对此高度重视，并马上拿出应对策略。第一，他派亲信郑昌到韩国故地当韩王，阻止刘邦军队东进。第二，他争取王陵投靠自己。不过，大概因为采取的方式失当，激怒王陵的母亲，结果适得其反。第三，他可能去找殷王司马卬，要求司马卬让出河内郡这块地盘，或者让楚军进驻河内郡，阻挡刘邦从黄河以北进军。总之，项羽对刘邦有所防备。不过，项羽并没有亲自来堵截刘邦，他去攻打齐地的田荣，希望快速解决后顾之忧。

按照《史记》《汉书》的记载，是张良蒙骗项羽，导致项羽没有亲自堵截刘邦。但这个说法显然不足信。

项羽知道，在鸿门宴上，张良帮助过刘邦。张良离开刘邦后，根据《史记·留侯世家》记载，他依然暗地里帮助刘邦。汉元年（公元前206年）八月，刘邦开始"还定三秦"后，张良拿出田荣和彭越之间的通信，证明这两人已暗通款曲，准备联手反楚，把项羽注意力吸引到齐国。他告诉项羽说："刘邦因为没有按照楚怀王之约，得到关中，所以才发兵关中。如果能得到关中，则马上收手，绝不会再往东打了。"《史记》记载，项羽因此北上，亲率主力攻打齐国。

项羽为什么这么听信张良的话呢？这很不合常理。《史记》《汉书》都曾记载，因为张良和刘邦过从甚密，项羽才不让韩王成到封国，最后还把韩王成杀了。这一记载与项羽真实的想法相差很大，有抬高张良和刘邦、贬低项羽的嫌疑，但至少表明项羽不会对张良的进言深信不疑。从张良帮助刘邦入关中和张良在鸿门宴前后的表现看，他应该知道张良的立场。因此，如果项羽相信张良拿出的证据和说法，对刘邦放心，显然不可理解。如之前所述，项羽打田荣，是出于他既定的战略考虑，并不是受张良的迷惑。

汉元年（公元前206年）五月至七月，齐国的田荣平定整个齐国。项羽应该在戏水分封时，考虑到田荣肯定会反楚，攻灭田荣应是项羽的既定目标。齐国和西楚国都城彭城毗邻。按照项羽的安排，保持齐国稳定，可保证西楚国后方无忧。只有后方稳定，项羽才能放开手对付西边的刘邦，战略上才不会陷入被动。

在项羽看来，即使刘邦翻越秦岭，杀入关中，但要完全平定"三秦"之地，并不是短时期内能完成的。从实际情况看，项羽的判断并不错。汉二年（公元前205年）正月，汉军才把北地郡完全平定。汉二年六月，汉军攻下章邯的国都废丘，整个关中才被彻底平定。在项羽看来，刘邦如果平定三秦之地后才东出函谷关，在这个时间内，足够他攻灭田荣，平定齐地。

很可惜，项羽失算了。刘邦东出函谷关，并没有等到三秦之地被完全平定。

刘邦指挥大军平定三秦时，曾亲自领军到达陕县。按照史书记载，他此次出关，目的是镇抚关外父老，向关东诸国表达"刘邦已复活"。虽然此后他又回到关中，继续指挥关中战事，但这个举动已经表明他必"东出"的意思。

看地图，陕县（今河南三门峡市）在函谷关以东，属于河南王申阳的地盘。但史书中没有记载河南王申阳和汉军作战，说明他是直接投降汉军。申阳的投降其实是一个非常重要的事件，这意味着刘邦可以随时杀出函谷关了。

戏水分封时，项羽把申阳封到三川郡，这里是刘邦东出函谷关遇到的第一个屏障。但真正等到刘邦东出函谷关时，申阳却直接缴械投降了，刘邦顺势把申阳的属地纳入汉国，设置河南郡。为什么会出现这种情况呢？

一是汉军经过整军后，作战能力强悍，申阳仅仅占据一郡之地，没有实力顶住汉军。

二是申阳以前是张耳的嬖将，也就是近臣，张耳的"统战"工作应该发挥出了奇效。刘邦东出函谷关时，是汉二年（公元前205年）十月，这一年，陈馀在田荣的协助下，把张耳从封地赶跑。张耳权衡利弊后，投奔他以前的门客刘邦。根据《史记》记载，刘邦来到函谷关外时，张耳投靠刘邦。尽管史书没有明确记载，但张耳和申阳几乎同时投降，据此推测，申阳很可能因为是张耳亲信而投降汉军。

三是项羽拒绝韩王成到韩国的封地当王，之后将其圈禁在彭城，最终诛杀，以及项羽觊觎司马卬的殷国，这些所作所为肯定会对申阳有所触动。出于唇亡齿寒的考虑，申阳也不会为项羽把好函谷关这道大门。

大概有张耳在刘邦阵营里，刘邦对申阳也是比较信任的。后来，刘邦率军长途奔袭彭城，申阳可能并没有跟着去，而是驻守在河南郡。

与此同时，刘邦任命韩王信为太尉，攻略韩国。汉二年（公元前205年）十一月，韩王昌（郑昌）被韩王信打败，并被俘虏。韩国作为阻挡刘邦东出的第二道屏障，也被打破。

刘邦在关外转一圈，回到栎阳。这里以前是司马欣的国都，刘邦暂时把国都迁到这里，而不是秦朝故都咸阳。那时候，咸阳大概已经残破不堪，再做都城不合适。之后，他的很多将领在关中和陇西等地继续征战，逐步完成平定三秦的任务。

五、东出函谷关

——刘邦东征为什么如此顺利

刘邦从函谷关回到关中，随着关中战事逐步减少，他开始对已占领区实施治理，设置郡县，安抚百姓，恢复生产。汉二年（公元前205年）二月，在关中，刘邦废除秦朝社稷，建立汉国社稷，进一步确定汉集团的政治合法性。

汉军拿下河南郡，五个月后，汉二年三月，刘邦正式东征（当时，每年岁首是十月，汉二年三月是当年的第六个月）。这时候出兵，他无须再攻打函谷关，那里已经是汉国的地盘。他率兵从临晋（今山西省临猗县）东渡黄河，进入魏王豹占据的河东郡。魏王豹未作抵抗，率军加入汉军，随军东征。之后，汉军和魏军翻越太行山，攻下河内郡，俘虏司马卬，司马卬的军队也被纳入汉军。

此时，韩王信已占领韩国旧地，西楚国以西、黄河上下，都已纳入汉国的势力范围。刘邦继续东进，则可直接攻入西楚国。

　　《史记》记载，刘邦从河内郡的平阴渡口到达洛阳。在洛阳，一个叫董公的人劝刘邦，项羽流放义帝，还杀了他，成为天下人可诛之的乱臣贼子。因此，刘邦应为义帝发丧，三军戴孝，号召诸侯，一起讨伐项羽。刘邦听了董公的话，觉得很有道理。为此，号令全军为义帝发丧，他本人袒肩露背，大哭不止，并告示天下，义帝由天下诸侯共立，项羽杀义帝，大逆不道，有悖天道。他愿倾全力，跟从诸侯王击杀项羽，为义帝报仇。

　　不过，可以肯定的是，刘邦誓师东征的主要动机，仅仅是为了和项羽争夺天下。如果他真的想为义帝报仇雪恨，不管何时他得到义帝被杀的消息，他不应该是听别人劝说后，才想到为义帝发丧。当然，不管出于什么样的动机，他这么做确实使他的东征占据了政治的制高点，瞬间被赋予"吊民伐罪"的崇高意义。

　　刘邦从洛阳出发，裹挟五路诸侯，带着五十六万军队，杀向西楚国。《史记》记载，刘邦"劫五诸侯兵，入彭城"。但在历史上，很多研究者对刘邦究竟劫持哪五路诸侯，有不同看法。比如，颜师古、张守节和吕思勉认为，这五路诸侯是殷王、韩王、魏王、河南王、常山王，如淳、徐广、司马贞认为是翟王、塞王、殷王、魏王和河南王，应劭认为是雍王、翟王、塞王、殷王、韩王，韦昭认为是翟王、塞王、殷王、魏王和韩王。历史学家辛德勇认为，东吴时期的学者韦昭的观点是正确的，即五路诸侯王是翟王、塞王、殷王、魏王和韩王。其理由是：

　　根据《史记》记载，在彭城之战失败后，翟王和塞王投降项羽，殷王被杀。魏王豹在刘邦过临晋后，主动投降，举兵追随刘邦杀奔西楚国。韩王信则是刘邦封的，且是汉国的太尉，在刘邦东征前，已经和项羽亲信郑昌作战，汉军路过韩国故地时，韩王信理应追随汉军，杀入彭城。河南王申阳主动投降刘邦，但史书中没有明确记载他曾参加彭城之战，所以不能把他算进五个诸侯之列。但对翟王、塞王、殷王、魏王和韩王是刘邦

"劫"的五路诸侯王，历史上依然有争议。

　　一是翟王、塞王和殷王投降刘邦后，对自己的旧属还有影响力吗？还能把他们看作诸侯王吗？对这个问题，可以这样理解：刘邦通过作战降服这三个诸侯王，他们的土地被占领后，作为刘邦的战利品，都被设置成郡县，但这些人对原来的旧属还是有影响力和控制力的，刘邦大概利用了他们对旧属的控制力和影响力，裹挟着他们参加彭城之战。而与之相比，张耳是被陈馀打败，带着几个随从投奔刘邦的，虽然头上顶着常山王的名头，但一没兵，二没将，即使他投靠了刘邦，也不能把他看成真正的诸侯王。

　　二是赵国、齐国为什么不能算进五路诸侯王呢？对这个问题，可以这样理解：赵国、代国的实际控制者是陈馀，他虽然也加入刘邦的反楚联盟，但他的加入是有条件的。根据《史记》记载，刘邦派人联络陈馀共同反楚。陈馀说，让他加入联盟可以，但前提是必须杀掉他的仇人张耳。但刘邦不愿意杀掉刚投靠自己的张耳。为此，他找了一个长得很像张耳的人杀了，把人头送给陈馀。看到假人头后，陈馀才加入刘邦的反楚联盟。而那时候，齐国的田荣正在和项羽作战，项羽把齐国打得几乎没有还手之力，齐国不可能有能力派人和刘邦一起进攻彭城，能自保已很难得了。所谓"劫五诸侯"兵，从字面上理解，肯定是这五个诸侯必须无条件听刘邦的，显然，说刘邦劫持赵国、代国和齐国，并不符合史实。

　　因此，韦昭、辛德勇的观点应该是正确的。

　　世事无常。这时候，刘邦成为诸侯联军的领导者，杀入了项羽的西楚国。与几个月前，项羽率诸侯联军进入关中形成鲜明对比。

　　如果从汉二年十一月韩王信击败郑昌算起，刘邦东征的步伐相当快。

　　《史记·曹相国世家》记载，曹参从殷王司马卬的封地出发，进攻围津渡口（今河南滑县境内），渡过黄河，进入砀郡地界。在定陶（今山东定陶县），击败前来迎击的龙且、项羽立的魏国相国项它。之后，他率军攻下砀郡、萧县和彭城。

《史记·樊哙列传》记载，樊哙进攻煮枣（今山东东明市以南），之后，向西南进攻，攻打驻扎在外黄（今河南民权县）的王武和程处，而后向东北长途奔袭，进攻邹县、鲁县、瑕丘和薛县，并最终驻扎在薛县。樊哙在平定三秦时，因战功卓著，而"迁郎中骑将"，他率领的军队是骑兵，机动性强，行军速度快。相对而言，他的行军路线跨度比较大。

从以上看，项羽在彭城以西确有防备。根据《史记·项羽本纪》记载，项羽听说刘邦东征，"即令诸将击之"。但他的防备显然很差，可以说对刘邦的东征军根本构不成威胁。这时候，项羽在齐地，与齐国的田荣、田横等人纠缠，眼看封国燃起战火，且留守军队节节败退，他应赶快回军，可是，项羽却并没有这么做。在汉二年（公元前205年）一月，项羽去讨伐田荣。而从汉二年三月，刘邦从洛阳出发，到四月，打入彭城，这时候，项羽还在齐国继续作战。当时，田荣的弟弟田横在城阳，积聚起齐军残部，抵抗项羽。项羽倾全力进攻城阳，摆出除恶务尽的态势，铲除齐地反叛势力，但城阳竟然久攻不下。这时候，刘邦进入西楚国都城彭城。

项羽这么干确实有点不顾大局，都城受到威胁，他还一味地在外征战，好像太自以为是，顾小失大。其中原因是什么呢？

一是他想一劳永逸地解决齐国问题。攻杀田荣，项羽费了很大力气。他当然不想让田荣的势力在齐国死灰复燃，成为以后他和刘邦对决的掣肘。所以，他针对田荣的势力进行非常残酷的惩罚行动。

二是他低估了联军进军的速度。当时，刘邦率领号称五十六万的诸侯联军，而且这些军队是临时拼凑起来的，并没有很强的凝聚力。按照正常的行军速度，这么多人行军几百里，路上还有项羽派出的大将进行堵截，应该不会在一个月内就能打入彭城。

三是他觉得征服整个齐国指日可待。田横只是收拢了一些残兵败将，在项羽看来，撑不了多长时间。

四是控制齐国是项羽既定的战略目标，他不愿意在大功告成之际撤军。齐国国君后裔田假是田荣的政敌，他被田荣赶到项梁那里。田荣让项梁把他杀了，但项梁没答应，从此田荣和项家结下仇怨。项羽攻灭田荣后，项羽把田假立为齐王。如果能快速消灭田横，齐国则纳入项羽的势力范围。从战国时期以来，齐国就是一个最富裕的诸侯国，有这个地方作为西楚国的后援，相当有诱惑力。

只是不管项羽如何考虑，客观而残酷的事实摆在他的面前，彭城危险。他这时候必须回兵救彭城。回去晚了，彭城乃至整个西楚都会被刘邦攻占，项羽将又一次面临孤军在外的局面。而刘邦不是楚怀王，项羽一旦陷入进退失据的状态，刘邦不会给项羽翻本的机会。

六、彭城之战

《史记·项羽本纪》记载，项羽听说刘邦攻下彭城，只能放弃对城阳的围攻，亲自率领三万精兵南下，回援彭城，同时，"即令诸将击齐"。但从两个方面推测，在城阳的楚军大部队大概也会随后撤回西楚国，攻击联军。

一是刘邦带来的军队是十多万人，不是一个小数。项羽只有三万骑兵，人数显得太少了。

二是项羽立的齐王田假没过多长时间又被田横赶跑。如果项羽的大军队在城阳，田横赶不跑田假。

因此，推断项羽是全军回救彭城，只是全军分成突击和后续军队。也许项羽是从城阳撤退前，虚晃一枪，防止田横趁自己撤退，反击自己。当然，更可能是迷惑刘邦，使刘邦认为他依然在齐国打城阳，从而放松警惕，保证他偷袭联军成功。

田假被田横赶回彭城，却被项羽杀了，大概是项羽觉得田假留着没用了，就杀了。也许是为了向田横示好，以稳定田横。总之，项羽这么做有点让人很难理解。

按说史书上对项羽的行军路线记载得很明白，项羽"自以精兵三万人南从鲁出胡陵"，到达彭城附近后，他攻下彭城西边的萧县，从萧县进攻联军，"项王乃西从萧，晨击汉军"。但历史上项羽究竟如何回彭城救援，却存在很大争议。

项羽是在城阳这个地方攻打田横，战争正在进行中，刘邦偷袭他的后方得手，那么，项羽回军就应该从城阳这个地方出发。但城阳在哪里？历史上却存在很大争议。

当时，在东郡有个叫成阳的地方，这个成阳在巨野湖以西、鲁县的西南。而田横纠集残部坚守的地方叫"城阳"，和成阳音同字不同。历史上很多人把东郡的成阳当成田横坚守的城阳。比如，历史地理学家谭其骧编撰的《中国历史地图集》就把东郡的成阳写成"城阳"。但如果认真分析，项羽进攻的城阳应该在鲁县北部，大概在今天的临朐县西北部一带。学者辛德勇和燕京晓琳持这一观点。原因是：

一是《史记》的记载表明了"城阳"应在鲁县以北地区。既然项羽"自以精兵三万南从鲁出胡陵"，那么，城阳理应在鲁县北部。而东郡的成阳在鲁县的西南部，项羽如果南下打刘邦，不可能先往东北绕道到鲁县后，再南下，这样是在绕远路。

二是东郡的成阳在定陶的北边，距离很近。当时，这里已是汉军的控制区域。曹参曾在定陶和龙且、项它作战。定陶距离东郡的成阳很近。如果城阳在这里，项羽不可能看着楚军两员将领被打败，不管不顾。而如果项羽在这里和田横作战的话，刘邦应该趁机围攻项羽，而不是舍弃项羽直接进攻彭城。如果不攻打项羽，项羽很可能切断刘邦的后路。刘邦不会冒这个险。而这一带是彭越的势力范围，如果项羽在这里攻打田横，彭越不可能率军在这里加入刘邦的反楚联军并被刘邦任命为魏国相国，去负责经略梁地。

胡陵是在薛县西北方向，项羽为什么偏偏走这里呢？樊哙曾带兵攻下了邹县、鲁县、瑕丘和薛县，这些地方都在薛郡境内，在彭城正北方向，但他最后的主力可能放在薛县。项羽选取从胡陵南下，应是为避开和樊哙相遇。项羽这么做，正是避免遇到汉军的阻击和汉军的斥候（探马），能够悄无声息地插入彭城以西的萧县，打刘邦一个措手不及。

项羽从萧县直接进攻彭城，而萧县是在彭城以西，正是刘邦来彭城的路上，这是刘邦没想到的。刘邦攻打彭城时，曹参攻下萧县，大概因为这里是刘邦来时经过的地方，没有派太多兵力驻守，导致项羽三万精兵突至后，萧县遂告陷落。

但这是表面的理解。这里有一个问题，项羽带的是什么样的军队呢？刘邦在彭城被项羽打得大败，而后退防到荥阳，立足未稳之际，却马上命令灌婴组建骑兵军队，很可能是他吃了楚军骑兵的大亏。可以推测，项羽带的这支军队是能够长途奔袭的骑兵军队。与战国时代的骑兵不同，项羽带的这支骑兵不再是步兵的辅助兵种，而是能独立作战的队伍，否则很难长途奔袭。那么，既然是骑兵，骑兵攻城显然很吃亏。因此，项羽很可能根本没有攻城。

根据《史记·项羽本纪》记载："春，汉王部五诸侯兵，凡五十六万人，东伐楚。项王闻之，即令诸将击齐，而自以精兵三万人南从鲁出胡陵。四月，汉皆已入彭城，收其货宝美人，日置酒高会。项王乃西从萧，晨击汉军而东，至彭城。"从史书记载的来看，一些学者猜测，很可能项羽亲自率领这支军队，而刘邦大军尚未全部进入彭城，或者说，一部分军队在彭城以外时，他在凌晨趁着联军熟睡之际，从萧县突袭刘邦在彭城以外军队。刘邦军队没有防备，因此被打得大败。

项羽带兵往东杀去，把诸侯联军赶到谷水、泗水，十几万人被杀。剩下的军队无处可逃，往南边的山地奔逃。到达彭城以南的睢水，在灵璧以东地区，项羽的军队压着这些残兵败将，往睢水赶，其中被杀、被淹的又有十余万人。根据《史记》记载，死的人太多了，睢水为之断流。

按照一般理解，刘邦败这么惨，完全是因为他自作自受、粗心大意导致的结果。史书记载，刘邦和诸侯联军进入彭城后，"收其货宝美人，日置酒高会"，流露出一副得志猖狂的样子。但现在看来，这有点误解他了。种种迹象表明，刘邦应做了比较充足的防备。主要有以下理由：

第一是后来跟着刘邦统一天下的大部分文臣武将都参加了这次战役。文臣有张良、陈平、郦食其等。武将有曹参、灌婴、樊哙、吕泽和周勃等。应该知道，刘邦率领联军进入彭城后，项羽的主力在齐国，随时会杀回来，刘邦不可能不防备项羽回军救援。因此，在联军中，至少汉军应该高度紧张，严阵以待。

第二是彭城周边地区处在汉军势力的控制之下。在彭城北面，刘邦派樊哙在薛县，应该是第一道防线，通过守住项羽回救彭城的咽喉要道，阻击项羽。在彭城南边，有薛欧、王吸、王陵的军队，这支南路军曾被楚军阻截在阳夏附近，刘邦亲自率领中路军进攻彭城得手后，南边的楚军后路被截断，应该也会从阳夏撤离，薛欧等人的南路军也应军临彭城。在彭城西北方向的下邑县（今安徽砀山县），有吕泽驻守。之前，彭越已和陈馀、田荣暗通款曲。在刘邦攻下外黄后，彭越加入联军，刘邦把他封为魏国相国。而彭越控制的地区正位于彭城西北方向。

第三是项羽在战略层面上已被包围。项羽在城阳进攻田横时，他的北边有赵国的陈馀，齐国有田横在把守着城阳，南边有联军。

第四是刘邦的后方相当稳固。在刘邦东征的路途上，有河南郡的申阳、在荥阳的韩信。而以前亲项羽的诸侯王要么已和项羽离心离德，要么保持中立。在南方的九江王英布因为没有响应项羽的征召去打齐国，已和项羽产生裂痕，不可能对刘邦形成威胁。英布是衡山王吴芮的女婿，他们的关系紧密。吴芮和项羽也有嫌隙，他的地盘曾被项羽侵夺，还被降为"番君"，更不可能真心实意支援项羽。燕王臧荼和临江王共敖则都保持中立。

可见项羽已经处于非常孤立的状态。刘邦可以说处于必胜状态了。可为什么刘邦及其率领的联军还是被打败呢？

按照学者辛德勇的分析，刘邦犯了一个大错误，那就是过于依赖赵国、代国和彭越对项羽的牵制和阻击。按照常规的作战套路，刘邦占领彭城后，应马上挥师北上，攻打在城阳的项羽，这样的话，项羽会处于腹背受敌的状态。可刘邦没这么干，而是坐等项羽回援彭城。

他大概是想让赵国、代国，也就是陈馀和项羽打消耗战，双方打得两败俱伤后，坐收渔翁之利。可是，要知道，陈馀加入反楚阵营是很勉强的，是他向刘邦提条件，刘邦答应后，他才加入反楚联盟的。刘邦想消耗陈馀的势力，陈馀也不傻，不会和项羽死拼。

彭越的军队在项羽的侧后方，应该说对项羽能起到牵制和威胁的作用。但彭越出身草莽，独立性很强。为保全自己，他可以投靠田荣，也可以投靠刘邦，甚至可以投靠项羽。对他来说，保住手上的军队，才能在乱世求得功名利禄，他和谁站在一起，都不难。希望彭越和项羽拼命，显得一厢情愿，即使刘邦封他为魏国相国，他大概也不会为刘邦卖命。

可以说，在彭城时，刘邦以为项羽都城已失，现在只要守住彭城，项羽就会被彻底打败。因此，他开始考虑到以后如何借助项羽削弱各路诸侯的势力，而没有重点考虑眼下如何先把项羽彻底打败，使他错过了一次相当难得的灭掉项羽的机会。这个观点应该是有一定道理的。

刘邦派樊哙在北边挡住项羽回军之路，樊哙的任务可能不是击退项羽，以樊哙的作战能力，他也很难承担这样的使命。所以，樊哙的主要任务可能是牵制项羽，使刘邦有足够时间摸清项羽的回军路线和速度，从而有足够时间布置军力，与项羽决战。可是樊哙设置的这道障碍，却被项羽轻松绕过。楚军直接挥军插进联军后方，把樊哙甩在身后。从这一点看，刘邦和项羽打野战完全不占优势，被动防御态势在项羽面前不堪一击。

项羽之所以从彭城西边进攻，还有一个很重要的原因。彭城西边和西北边是平原，而彭城东北方向是山地、丘陵和河流众多的地带，非常不适合骑兵奔袭作战。刘邦如果认识到这一点，应该在萧县驻扎重兵。即使项羽突进到这里，一时也拿不下来，那么，在萧县西北方向的下邑，驻扎着吕泽军队，项羽很可能被包围在萧县附近。

项羽从彭城西边的萧县进攻彭城，很突然，毕竟只有三万人；刘邦的诸侯联军有五十多万人，实力也实在相差太大了。项羽如此而为，按常理推测，刘邦即使败，也不会瞬间一败涂地。但是，刘邦率领的五十多万人是由什么样的人组成的呢？这些军马是刘邦"劫五路诸侯"带过来的。这些诸侯兵都是刚投降刘邦不久的军队，对刘邦肯定谈不上多么忠心，军队也谈不上有太强的凝聚力。

塞王和翟王这样因战败而投降刘邦的诸侯，看到项羽来了，很可能会在军中散布失败言论，导致军心瞬间大坏。彭城之战结束后，塞王司马欣和翟王董翳又都投到项羽的怀抱，甚至为项羽尽忠到底。

魏王豹本是抱着投机侥幸的心理来的，对刘邦也谈不上有多忠心。后来，魏王豹因为觉得自己也能得天下，从彭城回去后，就脱离刘邦阵营，自己"单干"，且和项羽暗中也联系上。

至于司马卬，他应该是很希望独立的人，被刘邦打败、降服，跟着刘邦来到彭城，指望他为刘邦卖命，大概也不现实。

韩王信应该对刘邦有点忠心，但他是旧韩国国君的后裔，骨子里和韩王成一样，都是想恢复韩国基业。他打仗，对刘邦谈不上完全的忠心。后来，他和周苛等人为刘邦守卫荥阳时，城破后，周苛宁死不降，韩王信则投降项羽。汉朝建立后，韩王信被封为代王，最后反叛汉朝，投靠匈奴。

就是这样一支内部一盘散沙、各自心怀鬼胎的军队，作战能力可想而知。如果这样的联军打胜仗时，仗着人多，还能积极踊跃；一旦失利，必然溃退。兵败如山倒，在溃兵的相互践踏中，刘邦率领的联军彻底溃败。

总体上看，从彭城败退，刘邦确实吃了大亏，但主要的将领和文臣并没有伤亡，只是场面上比较狼狈罢了。在这次作战中，那个刚被刘邦降服并裹挟来的殷王司马卬死了。说起来比较奇怪，他和项羽、刘邦关系都不算好，之前，他想独立自主发展，但因实力又不济，被刘邦裹挟进联军，在彭城之战中，联军大败，形成一泻千里之势。在这期间，他有可能被乱军杀死，也可能被刘邦或项羽杀掉，因史料记载不详细，只能猜测。

在灵璧附近的睢水河畔，刘邦被项羽军包围，命悬一线。但此时，恰好一阵大风冲着楚军吹了过去。风很大，飞沙走石，遮天蔽日，楚军为此"大乱坏散"。《史记·高祖本纪》记载，大风起来后，"汉王乃得与数十骑遁去"。有些学者认为，这段记载太过传奇了。其实，无论大风吹向谁，只要能将场面搅乱，一定有利于急于逃命的刘邦，而不利于围堵、找人（刘邦）的楚军。而陷入混乱的数十万人中，刘邦只带着数十人逃跑，则完全有可能。上天在关键时刻眷顾刘邦，而刘邦也不负上天眷顾，逃出生天了。

七、回守荥阳

刘邦杀出重围后，直接奔向下邑。当时，吕泽率军驻扎在下邑。下邑在彭城的西北。其间，他派人把父亲刘太公和老婆吕雉及其儿女都接走。很可惜，审食其带着刘太公、吕雉从小道流亡时，被楚军遇到，因此被项羽抓走了。刘邦的儿子刘盈、女儿（鲁元公主）在逃亡路上碰到刘邦。刘邦把这双儿女带到车上，继续西逃。但在逃亡的路上，眼看被楚军的骑兵追上，他把两个儿女推下车。他的司机夏侯婴违反刘邦的命令，把两个孩子抱上车。如是数次，刘邦后来急了，甚至准备杀掉夏侯婴等十余人。最后，还比较幸运，大家都逃脱了。对此，大家普遍理解的是，刘邦为自己不顾儿女性命，反映出他自私的本性。可是，如果认真分析，这样理解是有问题的。

刘邦发动"还定三秦"后，攻入关中，但三秦之地并没有完全平定，他急忙派人去沛县接父亲、妻子和孩子。彭城之战失败后，他再一次派人去沛县，寻找家人。可见他很顾家，怎么会抛弃孩子呢？行为逻辑相差太大，完全有悖常理。

如果换一种思路考虑，也许就比较合情理了。刘邦遇到两个儿女的时候，刚冲出重围，周围都是项羽的追兵，刘邦时刻处于危险之中。刘邦作为项羽重点追杀的对象，带着一双儿女逃亡，会连累他们。如果把这两个小孩放到路边，即使遇到楚军的追兵，追兵不认识他们，也不会对这双儿女如何。这大概是刘邦推两个孩子下车的真实动机。

根据《史记·滕公列传》记载，刘邦、夏侯婴等人带着一双儿女，逃到荥阳，脱离危险后，刘邦派人把两个孩子私下里送回老家丰邑。这说明等脱离眼前危险后，他并没有把两个孩子带在身边，大概也觉得即便到荥阳，未来是否完全安全依然未可知。而丰邑是刘邦的根据地，那里有他的亲朋好友。刘邦并不知道刘太公、吕雉被楚军俘虏，将一双儿女送到那里，交给妻子和父亲，他认为更安全。虽然丰邑被项羽占领，但在短期内，项羽应该不会想到刘邦会把两个孩子送回老家。直到他在荥阳站住脚后，刘邦才派人把两个孩子又接回来。

大家都安全后，刘邦给予夏侯婴重赏。根据《史记》记载，"汉王既至荥阳，收散兵，复振，赐婴食祈阳"，表彰夏侯婴临危不惧，执意带着他的一双儿女上路的忠勇行为。后来，刘邦死后，吕雉当权，因为这件事，对夏侯婴依然倍加眷顾。这是后话了。

根据《史记·季布栾布列传》的记载，一个叫丁公的人，率兵在彭城以西追上了刘邦，两军短兵相接，刘邦急了，他对丁公说："两条好汉难道要互相迫害吗？"就这一句话，丁公竟然撤兵了。大概是刘邦以前在楚军中有人缘。而丁公这人立场也有问题，否则，刘邦要么被杀，要么被俘虏。

从彭城败退后，刘邦先跑到下邑，那里有吕泽的军队，在砀郡这一带，又收拢了一些残兵，继续往西跑，到达虞县。

在这期间，他大概受了极大刺激，问众人："谁和我一起打项羽，我把函谷关以东地区给他。谁能干这事呢？"张良说："英布、彭越和韩信可以继续和刘邦共同对付项羽。"大家注意，刘邦开出的价码是"函谷关以东地区"。这个价码是天价。刘邦摆出不计得失的姿态，准备和项羽死拼。

在虞县，一个叫随何的人主动请缨，帮助刘邦联络九江王英布，诱其加入刘邦阵营。刘邦告诉他："你如果让九江王投靠我，牵制项羽数月，我就一定能取天下。"

从以上言行可以看出，刘邦受到极大的精神刺激，不断说各种鼓舞士气的大话，重新归拢人心。他这么做大概也是无奈之举。面对兵败如山倒，前途一片黯淡，威望尽失，不由自主地说些大家喜欢听的大话，也是形势所迫，不得不为。不过，从后来情形看，刘邦打败项羽后，确实部分地兑现了承诺。刘邦封英布为淮南王，彭越为梁王，韩信为楚王。

汉二年（公元前 205 年）五月，刘邦退守荥阳，各路败军会聚于此。萧何从关中把一些能拿得动兵器的人鼓动起来，送到荥阳。汉军总算是在这里停住逃亡的脚步。

从刘邦逃亡过程看，他确实够狼狈。但其他将领却并不如此惨。比如，曹参在撤退时，围攻雍丘（今河南杞县），以前被曹参等人降服的王武、程处和柱天侯，看刘邦大败，借机反叛，但曹参在撤退路上打败了他们。曹参在昆阳、叶县击败一个叫羽婴的将领，之后挥师北上，攻下武彊（今河南原阳县境内）。灌婴和曹参一起围攻雍丘，之后跟从曹参等将领打败王武、魏公申徒的反叛。曹参、灌婴等人打下雍丘后，派靳歙守卫这里，随后，参与进攻王武等反叛者，派出将领在梁地征战，骚扰和堵截楚军的追击。周勃则占领荥阳以北的粮仓敖仓，确保败退后的汉军获得粮秣供给。

在项羽进攻彭城时，刘邦最得力的将领樊哙依然驻扎在薛县。项羽在彭城打败刘邦后，樊哙并没有参与彭城之战，楚军进攻他时，他看大势已去，带着本部人马撤退到荥阳。虽然他没有拦截项羽的南下军队，但因他的军队受到的损失最小，而且还是一支能独立作战的骑兵军队，等他来到荥阳时，使刘邦在困厄中及时地获得极大的兵源补充。为此，刘邦当场给他两千户的封邑，奖励他在撤军中取得的胜利，激励他率军继续顶住楚军进攻。

很多将领齐心协力攻打雍丘。这个地方对刘邦回军荥阳很重要。雍丘是刘邦从彭城退守荥阳的必经之地。包括曹参攻打的武彊、周勃攻打的曲逆，全都在刘邦回军的必经之路上。这些将领这样征战是为汉军打通回军的道路。

这时，陈馀发现张耳没有被刘邦杀死，以此为借口，和刘邦决裂。当然，这大概也是表面原因。真实原因应该是陈馀觉得刘邦大败，今后生死难料，继续和刘邦结盟，既然无利可图，甚至还会引火烧身，不如划清界限，与刘邦一刀两断。

刘邦东征之前，拉拢陈馀，陈馀答应刘邦参加反楚联盟，但开出的条件是刘邦杀掉张耳。可刘邦找一个酷似张耳的人杀了，把人头送给陈馀。根据《史记》记载，陈馀见到人头，接受刘邦的结盟邀请。但如果细究起来，这事其实很蹊跷。

之前，张耳和陈馀相识相知，交情深厚，达到"刎颈之交"的程度。难道说，陈馀真的看不出刘邦送来的人头是赝品吗？这一概率其实很小。陈馀见到人头，答应和刘邦一起干，没有当场揭穿刘邦玩的"猫腻"，主要是因为刘邦纠集五路诸侯，东征项羽，声势浩大，此时与刘邦结盟，所获政治利益巨大。之前，他和田荣、彭越结盟，公开反对项羽，比刘邦还早。田荣被项羽攻杀后，陈馀、彭越危机感陡增。如果与刘邦再次结成反楚联盟，可以避免被项羽攻杀，避免成为第二个田荣，还可以借助刘邦及其所帅诸侯联军攻灭项羽，从此不用担心项羽报复。虽然陈馀嫉恨刘邦收留政敌张耳，但与对抗项羽、确保赵地及代地安全的目标相比，他与张耳的私人恩怨，暂时不足挂齿了。即便他真的看出送来的张耳人头是赝品，也不会当场和刘邦翻脸。

彭城之战后，刘邦自身难保，项羽一旦腾出手攻打陈馀，他便难以招架，不如公开脱离刘邦阵营，也许暂时可以躲开项羽的讨伐。一旦刘邦和项羽陷入对峙的僵局，陈馀占据的赵国、代国，有可能成为刘邦和项羽争相拉拢的对象，到那时，他就更加安全了。这可能是在刘邦彭城之战后，陈馀和刘邦划清界限的真实原因。

经历彭城惨败后，汉军残部退到荥阳，楚军追击而来。韩信带着本部人马，收罗败逃而来的军队，在京、索阻截楚军追兵。根据《史记》记载，这是韩信正式领兵独立指挥的第一战。此战，韩信取胜，成功地遏制住楚军攻势，并把楚军牢牢地挡在荥阳地区，汉军岌岌可危的紧张局势暂时缓解。这次胜利对刘邦无疑是雪中送炭，韩信的军事才能初露锋芒。但除韩信能力卓著外，灌婴的辅助作用，也不可低估。

上文提到，刘邦退到荥阳后，汲取彭城之败的教训，迫不及待地把所有骑兵整合起来，独立建军，以对抗楚军骑兵。他从骑兵中找到两个原秦军将领，希望他们率领汉军骑兵，反击楚军。但这两员将领觉得自己以前是秦军，统领汉军骑兵，怕汉军不服，建议让刘邦选一个亲近的人作为骑兵主帅，他们甘愿辅佐此人。刘邦拔擢灌婴统领骑兵，任命这两位原秦军骑兵将领为副将。

灌婴率领刚组建的骑兵向东出击，在荥阳以东和楚国骑兵对攻，战而胜之，初战告捷。为进一步阻止项羽西进，灌婴率领骑兵长途奔袭，向楚军后方杀去。从阳武到襄邑（今河南睢县），展开大规模袭扰，断楚军粮道。之后，继续深入楚国腹地，在鲁县打败项冠和王武，在燕县（今河南长垣县、延津县）杀掉楚军中五员楼烦将领。楼烦位于今天山西省西北部。楼烦人向来以善骑射著称，灌婴的骑兵能斩杀楼烦将领，显然战绩非凡。最后，在白马（今河南滑县），灌婴打败王武的将领桓婴后凯旋。在楚军后方，灌婴的骑兵上下纵横，频繁袭扰，客观上阻滞了楚军进攻荥阳的势头，打乱了楚军的作战节奏，有效支援了韩信在荥阳的阻击战。

此外，还有另外三个原因，帮助汉军在荥阳停下败逃的脚步。一是荥阳以西是山地和丘陵地带，楚军无法对荥阳实施有效包抄和夹击；二是荥阳东北方向的敖山，有一个天下最大的粮仓敖仓，这里有很多粮食；三是楚军从彭城一路追杀到荥阳，连续作战后，战斗力下降，已是强弩之末。

当然，最主要的原因应是这里有全国最大的粮仓。之前，韩信很可能被派到这里驻守，保卫敖仓，为联军提供后勤保障。《史记·绛侯列传》记载，从彭城败退回来后，刘邦派周勃守卫敖仓。汉军始终重视敖仓。

经过一番努力，借助地形和敖仓，汉军在荥阳暂时站住脚跟。刘邦在这里将迎来更加艰苦、旷日持久的鏖战。

第七章

汉军的战略大包围

一、南征北战

从刘邦东征到退守荥阳，彭城之战历时两个月左右。在到达荥阳之前，项羽携战胜之师，在刘邦后面锲而不舍地追赶。在西逃路上，险象环生，既要防备追兵，又要打败撤退路上已复叛的军队和楚军截击。刘邦到达荥阳后，暂时脱离危险。从整个彭城之战看，刘邦和项羽都犯了错误，区别是项羽先犯错误，刘邦后犯错误。

项羽犯的错误是低估汉军实力，高估楚军在彭城的防御实力，且对在齐地的作战过于乐观。汉军东征路上，曾和龙且、项它、王武、程处等楚军将领作战，可在距离彭城更近的砀郡、萧县以及彭城附近，史书并没有记载和哪些将领作战。由此推测，项羽对彭城的防御显得很潦草。而他从齐地回军的速度慢于联军进军的速度，等项羽率精兵回军时，汉军已攻占彭城多日。西楚国在人财物上遭受重大损失。

但项羽回援彭城的战斗，打得相当出彩，以至有些学者认为，项羽把彭城作为诱饵，诱敌深入后，再伺机反扑，达成歼灭联军的有生力量的战略目的。如此猜测有一定道理。项羽早已知道刘邦东征，完全有充足时间从齐地回撤、拦截，确保彭城不失，可他却没有如此，很难让人不怀疑，项羽有意为之，在彭城为刘邦和诸侯联军设下巨大陷阱。

项羽在彭城之战之所以能取得大胜，一是把握战场形势精准到位。比如，他选取萧县进攻彭城，很有讲究。萧县距离彭城比较近，且是平原地带，便于骑兵展开和发挥优势。二是他迷惑敌人很成功。他带兵南下时，依然命令其他军队，继续攻打城阳，使他对联军的反击带有很强的隐秘性和突然性。三是项羽掌握先进的骑兵军队。四是项羽善于指挥长途奔袭和野战。

彭城之战后，陈馀、魏王豹、田横等第三方势力名义上"背汉附楚"，或者采取观望态度。虽然刘邦丢掉反楚盟主的身份，但他和项羽都拥有左右天下的能力，天下从"项羽独大"变成"双雄并立"的新格局。总体上看，刘邦进步了，而项羽退步了。

在彭城之战，刘邦也有可圈可点的地方。当然，失误地方也显而易见。

刘邦的成功之处有两个方面。一是联军分三路进军，打得很有章法，也很有效；二是在防守上，采取积极防守的策略，汉军撤退到荥阳，刘邦及时组建由灌婴率领的骑兵，主动进攻楚军后方，对稳定阵脚发挥出奇效。

刘邦的失误之处有两个方面，一个是主观上的，另一个是客观上的。首先在主观层面上，联军攻陷彭城后，刘邦主动采取消极的画地为牢式的防守策略，处处设防，摆出被动挨打态势，而没有继续率军攻击在齐地的楚军主力，将项羽消灭在齐地。反倒让项羽抓住反败为胜的机会。

有人认为，从刘邦围绕彭城周边的军事安排看，其意图可能是诱使项羽进入联军包围圈后，予以全歼。这种观点其实有问题。当时的通信不发达，在这么大范围的战场上，把兵力过于分散地安排在多个防守点上，一旦敌人突袭，信息沟通不畅将造成致命恶果。如果一个地方被敌人突破，联军很难形成有效协同，失败情绪和消息一旦扩散开，会瞬间被成倍放大，最终导致雪崩式败局。在刘邦身边的很多高级将领和谋臣，应该能看出采取这样的防守策略很危险。

为什么没有人向刘邦劝谏呢？其实，即使有人指出这个问题，刘邦也无法解决。在客观层面上，联军从始至终存在一个致命缺点，那就是"内部缺乏整合和信任"。五路诸侯被刘邦裹挟，看似声势浩大，实则外强中干，经不起任何一个小的挫折。可以说，这支联军是乌合之众。

鉴于此，刘邦其实很难有效号令各路诸侯联军，向齐地进攻项羽。即便下达这样的命令，诸侯联军慑于项羽的威名，也很难鼓起勇气挑战由项羽亲自统领的楚军主力。而刘邦自知也难以单独对抗项羽，也不敢仅率领汉军，到齐地与项羽对决。更何况，汉军单独离开彭城，留下其他诸侯军队在彭城，在齐地和项羽作战万一失利，或者战事陷入胶着状态，这些各怀异心的诸侯联军难保不与项羽联手夹击汉军。所以，与其冒险与项羽亲率的楚军对战，不如和诸侯联军在一起，抱团取暖，以逸待劳，可能还有机会把回援的楚军和项羽歼灭于彭城附近。很可惜，刘邦不能统帅如此鱼龙混杂的军队，他缺乏这样的能力。彭城惨败，让刘邦认清了自己，更认清了项羽。

彭城之战后，刘、项之间的战争进入新阶段。

彭城之战给刘邦留下深刻的教训，从此，他清楚地认识到，与项羽争夺天下，指望纠集毫无向心力的军队彻底打败项羽，完全不现实。项羽不是刘邦，他根本不怕被孤立，也不怕敌人人多势众，甚至不怕丢掉都城。

这个认识上的转变很重要，这决定刘邦将放弃一蹴而就的投机思想，转而开始长期战略。通过稳扎稳打，积小胜为大胜，通过蚕食鲸吞，扩大地盘，逐渐压缩项羽的生存空间，积累有利于汉军的战略优势，最终消灭项羽和他的西楚国。

汉二年（公元前 205 年）六月，刘邦回到都城栎阳，在短期内，完成七件事。一是立刘盈为太子。二是规章建制，设立国祚宗庙。三是大赦罪犯。四是任命萧何为丞相，辅佐太子治理内政，并负责向前线供应物资和军队的后勤工作。五是水淹废丘，将其攻陷，章邯被逼自杀。六是派出兵将，占领整个雍地，设置中地、北地和陇西三郡。七是救灾。因关中闹饥荒，刘邦下令开仓放粮，防止民变，迁徙部分百姓到蜀地和汉中，分散关中粮荒的压力。

刘邦完成这些事，后方暂时稳定下来。之前，这些根据地建设都没做，他就急忙带着军队杀向彭城，一心想着一鼓作气灭掉强敌，显然过于心浮气躁，投机心理过重。现在，他重视基础工作，把接班人选好，这显示出刘邦摆出和项羽打持久战的姿态。如今的刘邦不像在鸿门宴时，可以靠找借口认错，求原谅，谋取全身而退的出路。和项羽公开而彻底地决裂后，摆在刘邦面前的只有两条路，要么取胜，夺得天下；要么失败，身死国灭。

八月，刘邦返回荥阳前线，他做了三件事，第一件是指挥作战，顶住楚军进攻，第二件是启动攻魏战争，第三件是拉拢九江王英布。

魏王豹和司马卬很相似，都很想独立发展，实现个人抱负，不甘居人下。

当初，刘邦渡过黄河，魏王豹主动加入刘邦反楚大军，不过是他为恢复魏国的权宜之计，并不是倾心投靠刘邦。彭城之战后，魏王豹随溃兵退到荥阳。此时，他看出，刘邦"还定三秦"、为义帝发丧和东征彭城，一路顺风顺水，而一旦和项羽亲率的楚军打野战，汉军几乎毫无招架之功，借助刘邦消灭项羽，完全不可能。

败退到荥阳后，魏王豹假称家人生病，向刘邦请病假，回封地看望。当他渡过黄河后，突然派人封住临晋（今山西临猗县境内），以及茅津（今山西平陆县境内）、龙门（今山西河津市西）等渡口。这一举动传达的意思很明显——他和刘邦分道扬镳了。从此，魏王豹正式走上独立发展的道路。

对魏王豹此举，刘邦很生气，也很着急。魏王豹的背叛，对陷入极度困境中的刘邦，是雪上加霜。刘邦派郦食其劝魏王豹回来。不过，郦食其见到魏王豹后，魏王豹竟然说："人生一世间，如白驹过隙耳。"这意思再明显不过了："时不我待，趁着有机会和时间，抓紧时间，做喜欢的或者觉得有意义的事。"对魏豹而言，要做的事是独立自主，甚至是成就帝业。他还对郦食其说："刘邦'慢而侮人'，骂诸侯、群臣像骂奴才似的，我算是贵胄出身，身份高贵，哪能接受刘邦的领导呢？"他把与刘邦的决裂竟然归咎于刘邦的为人，使自己站在道德的制高点。他当然不会把真正的原因说出来。

此时在荥阳，战火炽热，汉军面临楚军的凶猛进攻，险象环生。在兵力上，刘邦已深感捉襟见肘。如果再分出兵力攻打西魏国，确实勉为其难，甚至会两面作战，有全线崩溃的风险。不过，如果从大局看，刘邦攻打西魏国，势在必行，且刻不容缓，原因是：

一个是西魏国在黄河以北和以东，与关中仅隔河相望。如果魏王豹被项羽收买或收编，当刘邦和项羽在荥阳对阵时，魏王豹乘人之危，西渡黄河，攻打关中，刘邦将顾此失彼，有亡国之险。如果魏王豹南下，翻越太行山，攻占河内郡，将与荥阳仅隔一条黄河，对身处荥阳前线的刘邦威胁也很大。

另一个原因是，魏豹实际上已经和项羽暗通款曲，对刘邦产生近在眼前的威胁。根据《汉书》记载，刘邦问从魏王豹那里游说回来的郦食其西魏国的步卒将领是谁，郦食其说是项它。从他的姓氏推测，应该是项氏家族的人，由此推断，魏王豹可能已和项羽结成军事和政治上的同盟。

从以上两点看，不进攻西魏国绝对不行，即使困难和风险都很大，刘邦也必须即刻发兵。

二、韩信伐魏

魏王豹是魏国国君后裔。根据《史记》记载，他是"魏诸公子也"。魏王豹曾依靠楚怀王资助他的数千兵马打下二十余座城池。与他的兄长魏咎和同时期其他六国诸侯王后裔相比，他的军事能力比较强，受到项羽欣赏和拉拢，为此项羽在安阳与章邯对峙时，遥封魏豹为魏王。

魏王豹和韩王信有相同之处。他们都是在同宗兄弟死后，借助其他诸侯力量，通过征战占据一块地盘，掌握一支军队。这两人同有贵胄之身，而与楚怀王、赵王歇、韩王成、魏王咎等旧六国的国君后裔不同，在布衣将相大时代来临之际，他们得来的功业主要依靠自身能力，而不是血缘。只是魏王豹和韩王信也有不同之处——魏王豹的王爵是项羽封的，韩王信是刘邦封的。

刘邦派出韩信和曹参进攻西魏国。韩信是主将，曹参是副将。《史记》明确记载，韩信独立领兵作战，是在京、索阻击楚军追击，之前并无其独立领兵作战的记载。在这个关键且艰难时刻，他为什么派韩信担任如此重要的作战任务？

第一个原因是在荥阳战场，韩信刚立下战功，使溃败中的汉军稳住阵脚。虽然楚军追击至荥阳时，已人困马乏，韩信率军与楚军对决，应该并不是恶战，但韩信在荥阳毕竟挡住了楚军追击，为失魂落魄的汉军争取到难得的喘气时间。这一闪亮表现来得及时且关键，肯定会让刘邦眼前一亮，而这次阻击战充分证明韩信拥有独立作战的能力。

第二个原因是张良推荐韩信担当大任。彭城败退，让刘邦受了很大刺激。在西逃路上，他曾经问大家："谁能和我一起打败项羽呢？我愿意把函谷关以东地区和他们分享。"张良说，英布、彭越和韩信三人可以担当大任，应该好好地利用此三人对抗项羽。

大家知道，刘邦和张良关系很密切，堪称知己。刘邦对他几乎言听计从，信任有加，张良对刘邦的决策影响很大。刘邦为什么对张良的建言总是如此信任且接纳呢？

一是张良掌握的知识和拥有的思维，对乱世中争天下很实用。刘邦当初带着数千人，准备去投靠秦嘉、景驹时，路上遇到张良。张良和刘邦谈论《太公兵法》，这本书对如何布谋天下很有指导价值。

二是张良和刘邦心意相通。据说，张良以前拿《太公兵法》和别人说，没人听得懂，可刘邦能听懂，且觉得很受用。在认知层面，他们心有灵犀。

三是张良讲义气，有侠士风度，与刘邦拥有一样的价值观和人生观。张良混迹于江湖，曾舍命营救过项伯，他是属于重情重义的侠士。刘邦也是侠士，他和张良应该拥有相似的气场。尽管张良曾经为辅佐韩王成，在关中时离开刘邦，可刘邦依然信任张良。

四是张良内心极强大，属于为理想愿意赴汤蹈火的大勇之人。为报韩国被灭之仇，在陈胜、吴广起义的九年前，张良在阳武县（今原阳县）东一个叫博浪沙的地方，雇凶刺杀秦始皇。表面上看，张良长得细皮嫩肉，白皙似妇人，文质彬彬，属文雅之士，但他做事却很果决。刘邦对张良此种品行深为欣赏。

五是张良在刘邦的阵营里没有自己的私人势力。他一直以来都是没有实权的谋臣，不会有犯上作乱的可能。哪怕张良有谋私利的动机，对刘邦也不会有实质性威胁。萧何与之形成鲜明对比。萧何深受刘邦信任，但随着他在汉集团掌握的军政、民政大权与日俱增，逐渐被刘邦猜忌。

六是张良以前提出的很多建议，事后证明大多是正确的，不断增强刘邦对张良的信任。

在历史上，有"萧何月下追韩信"以及"成也萧何，败也萧何"的成语，"萧何成就韩信"的印象深入人心，但大家普遍忽视了张良对韩信的举荐之力。"还定三秦"基本成功时，张良从彭城潜回刘邦身边。这时候，他深切地体会到汉军在"入汉中"和"出汉中"之后的差别。张良对韩信治军能力印象深刻，认识到韩信对汉军的价值。之前张良与韩信不可能有什么过深的交往，此时，张良推荐韩信，应完全是出于公心。

第三个原因是韩信在汉军推行秦朝军法，取得显著成效。虽然刘邦在彭城大败，但这并不能说明汉军之前建制整军是失败的。诸侯联军在彭城被打败，主要原因是刘邦在战略上出现重大失误，没有做到知己知彼，与汉军的作战能力关系应该不是很大。而汉军在撤退过程中，展露出良好的作战能力和业绩，恰恰充分证明此时的汉军绝不是乌合之众，而是能打得起胜仗，也能打得起败仗的强悍之师。这很大程度上要归功于韩信。

在汉二年（公元前205年）八月，韩信率军离开荥阳，开始讨伐魏王豹。他的进军方向不是直接北渡黄河，穿越南太行，进入西魏国，而是回到关中，从黄河以西东渡黄河，开启灭魏战争。

选择走这条行军路线很合理。如果直接通过河内郡（今焦作市），穿越太行山南麓，要通过太行八陉中的三陉（轵关陉、太行陉、白陉）。这三陉在高山峡谷之中，从这里进攻西魏国，既不便于行军，后方补给更困难。如果从关中直接东渡黄河，后方是关中，能够直接得到关中的物资和兵员支援。

史书没有记载，韩信是否直接从荥阳把一部分兵力带走，但可以推测，他很可能从荥阳只带走一部分军队，而主要兵马来自关中。毕竟荥阳战事吃紧，抽不出多余兵力。根据《高祖功臣侯者年表》记载，一个叫侯襄的人，担任上郡郡守。他从上郡率兵参加攻打西魏国的战役，因战功卓著，被封为棘丘侯。上郡和河东地区仅隔一条黄河，郡治在高奴（今延安一带）。这一历史细节表明，韩信伐西魏国，其军队中很大一部分力量来自关中。

根据《史记》记载，出征前，刘邦封韩信为左丞相，当时汉国丞相是萧何。之前他那个大将军职衔，也没人提了。和他一同出战的是曹参，他是汉军中最出色的将领，能征惯战，几无败绩。曹参是"代理"左丞相，级别略低于韩信。

韩信从关中出发，从黄河以西的临晋出发，东渡黄河。对岸是一个很著名的渡口，叫蒲坂（今在山西永济市境内）。魏王豹在这里驻扎大量的兵马，封堵汉军。

为突入西魏国，韩信再次使出类似"明修栈道，暗度陈仓"的战术。在临晋，汉军做出东渡黄河强攻西魏国的态势，吸引魏军主力。同时，他派出一支奇兵，在黄河上游的夏阳（一说在今陕西韩城境内，一说在陕西合阳县东王乡的夏阳川口，夏阳川口黄河流速相对较缓，可能是韩信用兵之处），用大量的木盆或者木罐之类的东西，把士兵渡过黄河，从安邑（今运城市）突袭入魏境。

韩信亲率汉军，攻击魏国北侧，副将曹参很可能对蒲坂渡口发起强攻。曹参的作战很凌厉，在韩信的协助下，打过黄河。渡过黄河后，汉军进攻安邑（今运城市），俘虏魏将王襄。在春秋战国时期，安邑曾是魏国的都城。之后，曹参一路追赶魏王豹，在武垣（今肃宁县城东南）俘虏魏王豹，并一鼓作气攻下魏国都城平阳（今临汾市）。《史记》记载，"得魏王母妻子"，曹参抓住薄姬。薄姬成为刘邦的"战利品"，被刘邦宠幸后，生下刘恒，后刘恒继承皇位，史称"汉孝文帝"。曹参因"尽定魏地，凡五十二城""赐食邑平阳"，从此，曹参被封"平阳侯"。平阳作为西魏国的国都，繁华和富裕程度应属上乘。曹参因战功得到丰厚赏赐。

按说韩信是伐魏的主将，平定魏国之后，却没有得到任何封赏。也许考虑到，韩信作为主帅，并没有亲自攻下某一座城或者杀了多少敌军，没办法按军功给他封赏。但另一个原因也许是，刘邦在故意贬低韩信，韩信不是丰沛地区走出来的将领，不属于刘邦的核心团队人员。

攻灭西魏国，是韩信独立作战后打的第一次胜仗，且取得灭国级别的胜利。为此，韩信得到刘邦进一步认可，并赋予其重任。

三、韩信伐赵

根据《汉书》记载，韩信希望攻灭代国、赵国、燕国和齐国，他主动向刘邦索要三万兵马。刘邦同意，他派张耳领军北上，和韩信合兵一处，进攻陈馀的代国。

这时，张耳和陈馀的关系早已经从以前的刎颈之交变成不共戴天的死敌。刘邦派张耳协助韩信攻打陈馀和赵王歇。第一个原因是，张耳有报仇雪恨的动机，会全力进攻陈馀。第二个重要原因是，如果张耳被陈馀打跑，由于张耳在赵国和代国都有旧势力和人脉，配合作战能力强的韩信，可以做好瓦解敌军的统战工作。第三个原因是，韩信一旦征服赵地和代地，张耳借助之前的影响力，更合适主持占领赵地的政务，经营赵地，为汉军提供兵源、粮草等资源。

从这一人事安排看，刘邦启动的征伐，不是仅仅考虑打败敌人，而是把新占领地盘纳入汉国的行政管理体系。这一做法和项羽的"称霸思维"截然不同。打下西魏国后，刘邦设立河东郡、上党郡和太原郡。从此，这里成为刘邦直接统治的地盘。其中，刘邦任命在沛县时认识的江湖朋友任敖担任上党郡郡守。任敖属于刘邦信任的核心人员，且对刘邦有恩。他曾担任沛县的狱吏，在刘邦流亡到芒砀山时，暗地里照顾过被抓入监狱的刘太公和吕雉。

韩信领到刘邦的命令后，直接进攻北边的代国。他派曹参带着本部人马出击，在今太原市附近打败代国的相国夏说，并杀了夏说，平定代国。在平定西魏国和代国过程中，立下卓越功勋的曹参没有继续和韩信征伐赵国，而是引精兵回到荥阳，抵抗项羽的楚军主力。曹参是能征惯战的将领，由于项羽对荥阳的攻势猛烈，刘邦迫切需要曹参这样的人。

从急调曹参回援荥阳看，攻打西魏国和代国，刘邦确实下了很大决心，冒了很大风险。从韩信主动要求增兵攻打代国和赵国看，刘邦派韩信攻打西魏国时，可能并没有启动对项羽实施战略包围，甚至没有认真规划过韩信这支军队究竟承担怎样的战略使命。之后，韩信率军扫清黄河以北诸国，可能并不是汉国既有的战略布局。

荥阳战事吃紧，即使刘邦希望韩信占领西魏国、赵国、代国，甚至齐国，在战略上包围项羽，他也不敢过早地展开这样宏大的战略。一旦把一支精兵放到代国、赵国征伐，在荥阳，由他独立抵抗项羽亲率的楚军主力，即便兵多将广，他也无取胜把握，更何况兵力不足呢？刘邦所承担的压力可想而知。

曹参带走精锐后，韩信和张耳着手就地征召新兵，但他们并没有对这些新兵进行系统而严格的军事训练。在这种情况下，韩信率军杀向太行山中部的一个关口——井陉关，主动进攻赵国。这时，在关口外，陈馀和赵王歇带来号称二十万的赵军，严阵以待。

面对汉军的进攻，一个叫李左车的人劝谏陈馀。他的意思是，趁着韩信和张耳远道而来，井陉道又很狭窄，不方便运粮，如果陈馀派出三万人，断掉汉军粮道，不用和韩信直接作战，韩信将不战自退。可陈馀觉得赵军人多势众，希望打一场硬碰硬的对决战。《史记》记载，陈馀是一个儒者，认为打仗就要打堂堂正正之仗，认为"义兵不用诈谋奇计""韩信和张耳所带的兵马说是数万，其实也就数千人，不足为虑"。

从史书的表述看，陈馀有点轻敌了，显得很迂腐。打仗最忌讳轻敌。一旦轻敌，或者一厢情愿地考虑问题，容易出现盲点。一旦被敌人抓住，会导致满盘皆输。陈馀犯了这个致命的错误。

在井陉关口，韩信与赵军的作战很有戏剧性。《史记》记载，韩信带来一万人的军队大张旗鼓地渡过一条河，主动进攻赵军。和赵军接战后，汉军很快被打败，败退到河边，无处可退，陷入背水一战的境地。将士们只能回身和追上来的赵军拼死厮杀。

这时，韩信之前派出的一支两千多人的轻骑，趁赵军倾巢而出，从隐秘小道，偷袭赵军营寨得手。这支奇兵拔掉赵军营寨上的旗帜，换上汉军旗帜。赵军发现后，以为营寨被占领，后路被断，瞬间大乱。在河边背水一战的汉军，趁机大举反攻。赵军在两面夹击下，被彻底打败。汉军追杀陈馀于泜水河畔，赵王歇则被活捉。

一些学者认为，史书中描述的这场战斗非常不靠谱。至少有两个疑点很难解释。

第一是如果那些被逼到绝境的汉军，全都投降，或者跳到河里向对岸游过去，又该如何？韩信取胜后，抓住李左车，把他当成老师，很尊敬。李左车问韩信，你为什么这么用兵呢，"置之死地而后生"，严重有悖于兵法。韩信说："我带的兵都是没有经过训练的，让他们打仗，就像驱赶街市上的人去打仗，不把他们放到死地，这些人很容易溃散和投降。"根据《史记》记载，听完韩信的解释，大家对韩信都很佩服。但韩信其实冒了很大风险，犯兵家之大忌，把作战当成赌博，不像军神所为。在彭城之战时，刘邦的数十万大军被项羽的骑兵赶入谷水、泗水和睢水，也没见到哪支军队因无路可逃，反身和项羽的楚军拼命。所以，这样的说法其实很难让人信服。之后，历代王朝，学习韩信"置之死地而后生"战法的人，很少再有取胜战例。在真实战场上，其实没有多少人敢如此而为。

第二是韩信派出两千多轻骑，偷袭赵国营寨，人数并不多，怎么能迅速攻下赵军营寨呢？按常理，即使赵军倾全力进攻韩信，至少也会在营寨里，放上几千上万人守护吧？当时，赵王歇应该坐镇营寨，守卫数量应该不会少于两千人。如果赵军营寨有守卫，韩信派出的两千人马，万一偷营受阻，且久攻不下，在河边和赵军对阵的汉军，等不到赵军溃败很可能就被彻底消灭。韩信派出的两支军队，必须紧密配合，对出击、撤退和反击的时间都要把握得相当精准，否则，必定功亏一篑。当时，没有现代化通信工具，信息沟通很难避免失误。韩信如此用兵，确实像赌博，显得很不真实。

基于以上两点，让大家不由得怀疑《史记》对这场战役记载的真实性。

《汉书》采纳《史记》对这一战役的记载。虽然有人怀疑，但没有其他证据，来表明这场战斗还有其他过程。目前，只能以此为蓝本，分析韩信为什么能赢下这场战役。

韩信打败赵军，又立下一项灭国级别的战功。不过，仔细分析后，可以发现，韩信的对手陈馀的作战能力并不算高，战胜他并非难事。陈馀是一个文士，不是将领，攻打同样是文士的张耳，可能绰绰有余，但与韩信对战，取胜毫无可能。一个人是不是有本事，除了经常取得成功，还要看他面对的挑战有多大。比如，如果韩信能打败项羽，才能真正证明韩信的武力高强。从陈馀之前所取得的战果看，他并不是那时候的一流战将。韩信把他打败，并不能完全证明韩信的武功。

此外，韩信能取得井陉口之战的胜利，张耳可能居功至伟。从《高祖功臣侯者年表》中，可以发现一个隐秘的线索，祝阿侯高邑和深泽侯赵将夜参与平定赵国的战役，并因功封侯。有关高邑军功的记载是"破井陉"。赵将夜的军功是，在韩信攻打赵国时，他投降汉军，并随韩信平定赵国、齐国和楚国。学者周骋认为，从赵将夜的立功事迹看，赵将夜以前可能是张耳的部属，和张耳私交不错，因而投降汉军，他的投降动机和原因类似于申阳。作为汉军内应，赵将夜或许帮助汉军偷袭赵军大营，并散播赵军已败的流言，使战斗力本不强的赵军瞬间崩溃。

张耳早年模仿信陵君，招徕门客，名气极大，以至刘邦也曾投入其门下。他讲义气，个人魅力十足，很善于拉拢人。在井陉口之战中，他再次发挥出卓越的统战能力。由此推测，在井陉口爆发的真实战事，可能并没有《史记》记载得那么传奇。

之后，韩信继续在赵地攻略，此时，张耳的作用得以充分显现。很多赵国将领纷纷投降汉军。根据《高祖功臣侯者年表》记载，除了深泽侯赵将夜，还有磨侯程黑，宋子侯许瘛，繁侯强瞻，以及刘邦的旧相识雍齿，很可能都是在赵地投靠韩信所率领的这支汉军，加入刘邦阵营的。

汉军平定赵地，韩信立下大功，但刘邦依然没对其做任何封赏，这一点很奇怪，确实有失公平。大概因为在平定赵国时，战事并不激烈，具体到军功，就没有那么多了。当然，因为史料的欠缺，对这一结论只能推测，而推测的前提是建立在刘邦能够公平对待每一位立下战功的将领。这个前提应该是存在的。毕竟韩信作为独立领军的将领，如果有功不赏，很危险。而韩信也曾指出，刘邦身上一个最大优点就是不小气，对立功的人出手大方，不像那个吝啬封赏的项羽。

赵地战事结束，韩信主动为张耳请封，请求刘邦封张耳为赵王，理由是利用其在赵地的影响力，"以镇抚其国"。刘邦同意这一请求。刘邦之所以同意，除韩信给出的理由外，更主要的原因是，汉军平定赵国，以攻心为主，攻城为辅助，张耳发挥出极重要的作用，立下不可磨灭的军功。而韩信为张耳请封，以及所给出的理由，看似高风亮节，有大局观，但实际上可能另有深意。韩信之后平定齐国，向刘邦索要"假齐王"的封号，也如法炮制地给出相同理由。此时为张耳请封应是日后为自己请封埋下伏笔。

根据《史记》记载，韩信打败赵国后，李左车向韩信献计，让他携平定魏国、代国和赵国的威名，派出使者，招降燕国的臧荼。臧荼是一个苟安于乱世的人，被韩信一吓唬，马上表示愿意加入刘邦阵营。燕国由此暂时被收编。但根据《高祖功臣侯者年表》记载，一个叫召欧的人，在他的战功里，有"以骑将定燕、赵"。这个人在沛县时加入刘邦的军队，但之前没有记录他任何功劳，之后也没有任何功劳，主要的甚至唯一能拿出手的功劳是，率领骑兵平定燕国和赵国。因此，平定燕国可能并不是史书记载的那样简单，应该还是发生了一些并不激烈的战事。

按说，韩信、张耳攻灭赵国时，刘邦在荥阳自顾不暇，不会给韩信、张耳援助。但通过一个将领的作战事迹，却发现这么理解有偏差。这个将领叫靳歙，在刘邦打南阳时，加入刘邦阵营。在《史记》有他的传记。汉朝初立时，他被封为信武侯，食邑五千三百户，而大家耳熟能详的将领樊哙，其食邑不过五千户，比靳歙少三百户，可见靳歙的战功不同凡响，是一个作战能力极强的将领。

根据《史记》记载，靳歙曾在邯郸、朝歌、安阳、邺城一带和赵国将领作战，亲自抓住过一个守城的官员、两个"司马"、四个列侯和两个骑兵将领，斩郡守一人和军营主帅一人，俘虏两千四百人。但记载他作战时，都指出他是跟"从"某人作战，比如，说他"从攻安阳以东""从攻下邯郸"。我们无法判定他究竟是跟随谁打赵国的这些地方。

有一种说法是他跟着吕泽打的，因为吕后后来把持朝纲多年，引起刘氏诸侯王和功臣们不满，吕氏被灭之后，汉朝史官有意抹杀吕氏家族的功劳，因此，没有记载靳歙和谁一同作战。当然，也有可能作为一支独立的作战军队，是和韩信的军队一起进攻赵军在这一带的残余军队，从场面上看，战斗还是比较激烈的。还有另一个说法，按照《史记》记载人物行为的习惯，如果记载某人"从"作战或者做其他什么事，一般暗指是跟随刘邦。因此，一个推断是，靳歙"从"刘邦，在赵地南部，攻打赵国。此时，韩信在北部攻打赵国。赵国在南北两个方向被汉军夹击，导致瞬间崩溃，赵国被汉军全力攻灭。这也许是赵国被攻灭的真实场景。

项羽当然不能眼睁睁地看着赵国被刘邦纳入汉国而不管不顾。毕竟，刘邦一旦占据赵地，战略优势瞬间大增，荥阳战场北部和楚军后方粮道，将直接面临汉军的攻击。根据《史记》记载，项羽看到赵国被韩信平定，派出一支奇兵渡过黄河，进入赵国，和韩信作战。因为是奇兵，作战可能以骚扰、偷袭为主，导致韩信和张耳领兵在赵国南部，和楚军作战数月。大概这支楚军主要配合赵军残余作战，当赵军残余被汉军逐一歼灭，赵地已失，这支楚军逐渐势单力孤，继续作战，不会取得任何战果，之后主动撤军。

在汉三年（公元前204年）十月，韩信、张耳开始进攻赵国，之后在赵地和楚军作战，巩固已占领地盘。九个月后，即汉三年（公元前204年）六月（汉时每年岁首是十月），刘邦在成皋被项羽围困，侥幸逃出来。他和夏侯婴北渡黄河，以汉使者的身份进入在修武（今修武县）的韩信、张耳大营，突然夺了两人兵权，带走韩信、张耳的军队，准备重返荥阳前线，继续与项羽拼杀。其间，他封韩信为相国，命令他在赵地，重新招募、训练军队，攻打齐国。

之前，韩信是左丞相，地位低于萧何，现在在官职上已与萧何相当。

在汉初，刘邦经常封领兵大将为相国或者丞相之类的官职，赋予这些将领在外征战时的军政大权，这是汉朝用人的一个惯例。从这点看，尽管韩信并没有在平定赵国过程中得到物质封赏，但在职位上却得到升迁，也算是对韩信战功的一种奖赏和认可。

四、平定齐国

——韩信突袭和郦食其冤死

韩信平定赵国，俘虏赵王歇，他和张耳在赵国前后征战九个月。之后，刘邦命令他去攻打齐国。齐国当时的情形是怎样的呢？

韩信去攻打齐国时，是汉三年（公元前 204 年）六月，可以回想一下，在汉二年（公元前 205 年）四月，也就是彭城之战时，田横立田荣的儿子田广为齐王，项羽带领主力围攻城阳的田横和田广。刘邦偷袭西楚国都城彭城，田横借机起死回生。他赶跑项羽立的齐王田假，自领齐国国相，主掌齐国国政。同时，他还和楚国讲和了。

从汉二年（公元前 205 年）四月到汉三年（公元前 204 年）六月，有一年多的时间，齐国很安静，独立于乱世之外。

秦末汉初时期，齐国内部一直很混乱。以前，田荣、田横兄弟与其他田氏宗族的关系很差，互相攻杀，搞得乌烟瘴气。但项羽攻打齐国时，田荣却被打得一败涂地，竟然在逃亡路上被齐国百姓杀了。看来齐国是典型的内战内行、外战外行。

汉三年（公元前204年）六月，刘邦派韩信攻打齐国，汉军启动灭齐战争，苟安的齐国再次面临强敌压境的局面。但从时间上看，韩信在刘邦下命令后，并没有急着出兵。

原因大概是，韩信手上的精锐又一次被刘邦征调走，如果攻打齐国，需要就地征召新兵。同时，要对军队进行训练和整训，把新征入伍的士兵，变成真正的汉军，这需要时间。因此，在汉三年（公元前204年）十月，在领到刘邦命令后四个月左右，韩信东征齐国。

在韩信筹备进攻齐国时，郦食其主动向刘邦请缨，去说降齐国，以图"不战而屈人之兵"。刘邦同意了。

郦食其到齐国后，像所有纵横之士一样，站在齐国角度，分析当前形势，重点突出"刘强项弱"和刘邦"大度乐赏"的宽厚品行，以及天下为什么终归刘氏的原因，以保存齐国社稷为条件，劝说齐国献土纳降。齐王和田横觉得郦食其说得很有道理，同意投降。此时，韩信大军已进入齐地，驻扎平原（今山东平原县）。他知道郦食其说降齐国成功，停止进军。而一贯苟且的齐国觉得已经投降刘邦，竟然放松警惕，甚至和郦食其纵酒高歌，庆祝投降成功。

可是，韩信身边有一个辩士，叫蒯彻，后来因为避讳汉武帝刘彻的名讳，在《史记》和《汉书》里，他也被叫作蒯通。作为那个时代有名气的纵横之士，他告诉韩信："刘邦派郦食其去游说齐国投降，但并没告诉你可以不打齐国。郦食其是什么东西，靠一张嘴，就搞定齐国七十余座城。你韩信带着数万将士，征战一年，才打下赵国五十多座城。这样一比较，不显得你还不如一个'竖儒'吗？"所以，蒯彻主张韩信别管齐国投降不投降，直接打过去。韩信听了蒯彻的话，在齐国已经解除戒备的情况下，突然进攻历下（今山东济南市）。齐王和田横大怒，要求郦食其阻止韩信进军，否则把他烹杀。但郦食其却很豪横地说："举大事不细谨，盛德不辞让。而公不为若更言！"为此，齐王烹杀了郦食其。

郦食其死得很冤枉，也很壮烈，很像是被刘邦和韩信出卖了。表面上看确实如此。刘邦让韩信攻打齐国，却又让郦食其去说降齐国。这两人都想立下大功，争功很难免。在争功中，郦食其成为牺牲品。郦食其的死好像是汉军的一次失误。

但这样的看法其实存在问题。根据《史记》记载，汉军进攻齐国，刘邦给予韩信巨大支持。从曹参、灌婴、傅宽等人的传记和陈武、冷耳的战功看，这些将领都参加攻打历下的战役。这说明什么呢？这说明在韩信进攻历下前，刘邦派出包括曹参等人的诸多将领，划归韩信，进攻齐国，这充分证明汉军对齐国的既定战略目标是武力占领。刘邦真正想要的是灭掉齐国社稷，占领齐国土地。但郦食其在出发前，对刘邦说："臣请得奉明诏说齐王，使为汉而称东藩。"以保全齐国社稷为条件劝降齐国，显然，这和刘邦集团既定战略相违背。学者周聘认为："灭齐是汉集团深谋远虑的结果，击齐非韩信个人之意，而是汉军事集团的重要决策。"即便没有蒯彻，汉军武装进攻齐国，也不会避免。对郦食其而言，通往齐国那条路是他的黄泉路。

郦食其被刘邦、韩信和齐国君臣害死，这是事实。汉朝建国后，把郦食其的弟弟郦商擢升为右丞相，职位甚至高于左丞相萧何。在封侯时，依然考虑到郦食其的冤死和功劳，《史记》记载，"高祖举列侯功臣，思郦食其。郦食其子疥数将兵，功未当侯，上以其父故，封疥为高粱侯"。把对郦食其的封赏，加到他的儿子身上。这些举动可能包含刘邦对郦食其些许愧疚。

韩信进攻历下后，齐军被彻底打败。齐王跑到高密，田横跑到博阳，相国田光跑到城阳，将军田既跑到胶东。从这些齐国君臣逃跑的地方看，齐军败退完全是一种毫无头绪的溃逃。对于在齐国的作战，史书记载比较混乱，根据历史学家辛德勇的观点，在齐国的战争过程应该如下所述：

在攻齐之战，曹参又立大功。他和灌婴的骑兵一同攻击历下，取胜后，在临淄（今淄博市临淄区）和灌婴一起抓住齐国代理相国田光。韩信的军队是突袭进来，直接打下了齐国的国都，但在来时的路上，很多地方没有打下来。曹参回军平定济北郡，把这些地方的残敌全部收拾干净。

灌婴和曹参在临淄分开后，向临淄西南追击田横。田横先跑到博阳，因为听到误传，说齐王已死，便在博阳（今山东泰安市）自立为王。之后，回师嬴县（今山东莱芜市），与灌婴作战，被灌婴打败。田横率领残部，投奔彭越。打败田横后，灌婴向东北方向进军，在临淄西北的千乘（今山东广饶县），杀死齐国将领田吸。

参加此次定齐之战的还有其他一些将领，如阳陵侯傅宽、祝阿侯高邑、棘蒲侯陈武、深泽侯赵将夜、河阳侯陈涓、下相侯冷耳、戚侯季必、高陵侯王周、蓼侯孔蒙、费侯陈贺、阳都侯丁复、肥如侯蔡寅、乐成侯丁礼、杜衍侯王翳、赤泉侯杨喜。其间，招降了一些齐国将领，如昌侯卢卿、共侯卢罢师。

在齐军被韩信大军打得溃不成军时，齐王田广派使臣，向项羽求援。这时，田广充分认识到刘邦灭齐的祸心，决定和项羽这个老冤家联合抗拒汉军。

项羽很重视刘邦这次对齐国的大举进攻，派出柱国项它为主将，龙且、周兰为副将，率领号称二十万的兵马，援齐抗汉。之前，韩信攻打赵国时，项羽曾派兵北上，但《史记》并没有详细记载，项羽究竟派哪支人马入赵地作战。与入齐的作战相比，显然，项羽非常重视齐地的得失。他很清楚，一旦齐国被刘邦占领，西楚国的北部门户大开，汉军可以从彭城以北直插西楚国都城彭城，进而南下攻略广陵郡、会稽郡等西楚国腹地。西楚国将无后方可言。

汉四年（公元前203年）十一月，在潍水河畔，齐楚联军和韩信统领的汉军开战，这就是历史上有名的潍水之战。战场大概在今山东高密市附近。此战的结局将决定天下的最终归属。

五、平定齐国

——潍水之战的谜团

韩信平定齐国，开局打得不错，项羽派出龙且等人和齐国联合，抗拒韩信，在潍水这个地方，双方展开决战。那么，龙且是一个什么样的人呢？

龙且在史书中第一次出场是在救援东阿的战场上。《史记·项羽本纪》记载，项梁立熊心为楚怀王后，没几个月，东阿被秦军围困，项梁"与齐田荣、司马龙且军救东阿"。但在《汉书·陈胜项籍传》中，此处没有提到龙且。之后，龙且和刘邦的将领作战，胜绩很少。在刘邦东征彭城时，曹参、灌婴都曾打败过龙且。根据《史记》记载，阳陵侯傅宽也曾和龙且、周兰在敖仓作战，傅宽部下在敖仓阵斩一员骑兵将领，立下大功，傅宽的食邑数量因此而被增加。看来，在和龙且、周兰作战中，傅宽也取胜了。

从《史记》和《汉书》记载看，龙且取得过一次大胜，但敌人是九江王英布。当时，九江王英布叛楚归汉后，项羽派项伯、龙且攻打英布，数月后取得胜利，英布因此只身离开封地归汉。可以说，在潍水之战前，龙且和周兰在和汉军的作战中，几无胜绩。

《史记》和《汉书》对当时的很多战斗和战役记述得并不详细，特别是对项羽阵营中诸多将领的作战，缺乏详细记述。从项羽派龙且、周兰赶赴齐地和韩信作战，以及龙且打败楚军第一悍将英布看，龙且的武力也不能小觑，应该具备很强的实力。

《汉书》中记载，项羽任命西楚国柱国项它为主将，龙且和周兰为副将，救援齐国。当时，作为柱国，项它主要负责楚国内政，相当于汉国的萧何。他应该是这次救援齐国名义上的主将，主管粮秣供应，协调荥阳战场和齐地战场。在齐地战场的敌前总指挥应是龙且。

潍水之战前，汉军已吃下西魏国、赵国、代国和半个齐国；在北部，除燕国外，其他地方均已被汉军占领，荥阳至彭城侧翼受到汉军直接威胁。刘邦平定天下之相已尽显。在荥阳前线，刘邦屡败屡战，韧性十足，项羽陷入旷日持久的拉锯战。他的后方时常遭到彭越和汉军刘贾、卢绾袭扰，粮草供给越来越困难。项羽深感进退失据，苦不堪言。在齐地这次战役，项羽完全输不起。

对于刘邦，这场战役也极为关键。他派出包括曹参、灌婴在内的数十员将领，动用汉军主力，协助韩信，倾全力攻占齐地。定齐之战的成败，决定刘邦是否能够平定天下。

从整个战场情形，以及刘、项对齐地得失的重视程度看，潍水之战很像解放战争时期的淮海之战。对解放军一方，淮海之战打赢，长江以北无大战。解放军从此掌握战略主动，随时可以饮马长江，直捣南京。统一全中国，只是时间问题。潍水之战也是如此，打完这一仗，赢了，刘邦平定天下则胜券在握；输了，天下归属尚未可知，势衰者可能反败为胜，势兴者可能跌落尘埃。刘项双方都看出这一形势关键所在，使出全力，打好这一仗。

史书对双方兵力记载并不详尽。在汉军这一边，在潍水战场，后来被封侯的汉军将领达到二十个左右。郦食其在说服刘邦派他去说降齐国时，曾说"足下虽遣数十万师，未可以岁月破也"，有人据此说韩信手上有数十万人。楚军虽号称二十万，按惯例应砍去一半，也就是十万左右。在韩信进攻历下之前，齐军有二十万人，之后被击溃，四散奔逃，但在齐王田广手上，应不会少于十万。

战役在汉三年（公元前204年）十一月打响。从《史记》记载看，战役过程很简单。韩信事先在潍水上游用麻袋堵住河流，形成"堰塞湖"，然后命令汉军主动渡河，进攻齐楚联军。齐楚联军反击，韩信军队撤退。齐楚联军正在渡河时，韩信突然命令上游的士兵扒开"堰塞湖"，把齐楚联军断为两部分，汉军趁机反击，齐楚联军大败。

《史记》对这段战役的描述过于简单和传奇。有些研究者认为，史书对此次战役的记述失真。比如，当汉军渡过潍水时，齐国军队没发觉水流突然变小和变缓，有问题吗？楚国军队对这带水文情况不熟悉，可齐国军队应该清楚，并因此警觉。曾国藩读史读到此处，也表示出质疑。诸如此类的问题还有很多，因缺少其他史料印证，对类似问题只能存疑了。

韩信彻底打败齐楚联军，齐地再无足以对抗汉军的军事力量。齐楚联军失败的原因很多，但除了汉军强悍和韩信用兵如神，主要原因是齐楚联军内部不和。

根据《史记》记载，有个谋士告诉龙且，不可和韩信直接作战，建议龙且坚壁不出，和汉军耗时间，同时，鼓动齐国的各方反汉势力袭扰汉军后方，等汉军断粮，准备撤军时，再掩杀过去，必取全胜。

可龙且竟然说："我知道韩信为人，他是很容易被打败的。我现在来齐国打仗，不战而屈人之兵，我还有什么功劳而言呢？""我必须和他打，这样就能得到齐国的另一半土地了。"一般人理解，龙且说出上述这番骄狂的话，过于轻敌，且自不量力，失败是必然的。不过，如果细究起来，这么理解也许片面。

龙且曾说："今战而胜之，齐之半可得，何为止。"这句话一般被理解为"龙且立功心切，骄傲轻敌"的表现。但如果分析当时形势，问题并没有这么简单。

田广是田荣之子，田横是田荣之弟。一年多前，汉二年（公元前 205年）三月，项羽率军进攻齐国，打败田荣，田荣兵败被杀。田横和项羽鏖战城阳，险些被杀。此时，齐国君臣与项羽结下的深仇大恨，很难在一朝一夕中化解。如今，突然因为汉军侵齐，齐楚为共同利益，被迫走到一起，成为盟友，互相之间很难有足够的信任和默契。

龙且所说的"齐之半可得"表明，项羽应齐国的要求来潍水和韩信对决，除了为保护西楚国大后方，他应该有占领齐国全境的意图。当时，原属齐国的地盘，如薛郡、琅琊郡早已被楚国控制。如果通过战胜韩信，则剩下的另一半齐国地盘也就顺理成章地归楚国了。龙且、周兰率军进入齐地时，应该秉持这一战略意图。

但如果"不战而屈人之兵"，楚军结营固守，派出奇兵，骚扰韩信后方，逼退韩信大军，而后竟然还要依靠齐国军力，攻占被汉军占领的齐地，那么，即使把韩信大军赶出齐地，楚军如何震慑齐军，占领齐国？如果再想拿下齐国，难免要和齐国再打一场仗。而一旦齐楚交恶，如果汉军趁机反攻，楚军和齐军肯定同时被打败。

与其如此，不如主动与韩信决战。齐军已被汉军打得溃败不堪，士气全无，一旦面对携战胜之威的楚军，锐气将更加低落，也只能纳地投降。楚军一旦占据齐地，将这里变成西楚国的战略基地，一方面杜绝齐国再次投靠汉军，另一方面顶住汉军在黄河以北攻略的势头，形成新的对峙局面。

显然，此时楚军同时执行两个方向上的战略目标，在与韩信大军作战时，还要防范齐军，在军事上只能执行孤注一掷的冒险行为，但这犯了兵家大忌。这时的楚军很像中途岛海战前的日本。当时，日军石油等战略资源匮乏，无法和美国打消耗战，希望一劳永逸地全歼美军海军，并独霸太平洋。日本海军全军出动，进攻中途岛。但因输不起，且只能毕其功于一役，日军同时设立两个战略性目标，一个是攻占中途岛，另一个是歼灭美军特混舰队。日军航空母舰及其他类型军舰、飞机的数量占据绝对优势，但为同时实现两个战略性目标，日军顾此失彼。关键时刻，美军抓住战机，变被动为主动。日军海军大败亏输，从此，再无起死回生的机会。

齐国君臣对此也应该有所洞察。对于齐国而言，他们邀请楚军共同对抗汉军，并不是要把齐地拱手让给西楚国，在潍水之战前后，他们把保存实力当成第一要务。在潍水之战后，如果楚军胜利，则齐军趁机收复失土，将汉军和楚军赶出齐地，这应是他们打的如意算盘。在战场上，齐楚联军各怀鬼胎，各有算计，很难打出高度默契的攻防战。在战力不占优的情况下，远道而来的龙且，盲目出战，被韩信抓住战机，最终，军破将死。

此战之后，齐楚联军溃散，向城阳（今山东临朐县西北部）退却。汉军追击，包围城阳。在这里，齐楚联军被彻底消灭，齐王田广被活捉。

楚国大将周兰被灌婴亲自抓获。《史记·灌婴列传》记载，灌婴"身生得亚将周兰"，可见灌婴相当彪悍。不过，根据《史记·灌婴列传》记载，灌婴攻略楚地时，又一次抓住周兰，也就是"复得亚将周兰"。对灌婴两次抓住周兰这件事，听起来很不可思议。周兰是潍水之战的副将，抓住他已相当不易。如果被抓两次，则说明在潍水之战中，被活捉的周兰竟然逃跑了，这很让人不可理解。《汉书》对灌婴在攻略楚地时，记载灌婴

"复得亚将"，但没有说明这个亚将是谁，班固大概也觉得有点不可思议，没有采纳《史记》的记载。按常理推测，《史记》可能有误，灌婴以后所抓的亚将，应是另有其人。当然，这也仅是推测。

《史记》和《汉书》的记载，龙且的最后下场模糊不清。为什么这么说呢？

根据《史记·灌婴列传》记载，在潍水之战，"卒斩龙且"，灌婴手下的将士斩杀龙且。根据《高祖功臣侯者年表》，灌婴属下乐成侯丁礼杀了龙且。这么看，龙且的下场很确定，他被灌婴部属丁礼杀了。

可是，据《高祖功臣侯者年表》关于阳都侯丁复的军功记载，有一句话"杀龙且彭城"，丁复在彭城杀龙且。到底是谁杀了龙且呢？难道说是两人各自把龙且杀了一次？换句话说，龙且在潍水之战"假死"了，后来又跑回彭城，在彭城又被丁复杀了一遍？这样理解显得很荒谬。

但《史记》就是这么记载的，《汉书》也是这么记载的，《资治通鉴》和两本书差不多，都记载龙且死于潍水之战。然而，《高祖功臣侯者年表》记录着一个人为什么被封侯的事迹，写得很简略，很多人就只写一两句话，但这是功臣被封侯的重要依据，要公示于天下，既展示出功臣们的荣誉，也是功臣及其后世子孙享受待遇的依据，其准确性高于一般史料。"杀龙且彭城"被明确记入阳都侯丁复的战功中，这说明龙且确实没有死于潍水之战，而是从齐国退回彭城，在后来发生的彭城之战中，为保卫彭城战死。《史记》和《汉书》记载龙且死于潍水之战，应不符合史实。

《史记》《汉书》为什么会如此记载呢？除了司马迁和班固的失误，也许还有其他的可能。比如，有关龙且如何死和在哪里死的史实，是司马迁从当时官方史料中摘录的。而官方史料有意将杀死龙且这样大的战功，放到灌婴、曹参头上。这是为什么呢？要解释这一问题，则要牵涉到汉初一场波及整个朝堂的政治斗争，其中内情将在后文详细分析。

　　曹参率军向胶东地区进军，消灭掉盘踞在即墨（今山东青岛市即墨区）的齐国将军田既。以后，韩信平定齐地，率领主力，去垓下合围项羽，把曹参留在齐国，让他"平齐未服者"。曹参没有参加围攻项羽的垓下之战，之后一直待在齐国，后来成为刘邦庶出的长子齐王刘肥的相国。萧何去世后，他应召去长安，当上汉朝第二任相国。

第八章
楚河汉界

——在相持中等待

一、刘邦的艰苦岁月
——范增为什么被弃用

韩信平定了齐国，俘虏了齐王田广，赶跑了田横，消灭了齐楚联军，杀了楚军大将龙且。韩信在北方的作战以一连串的胜利告一段落。

从大的战略看，刘邦所在的荥阳战场，和韩信指挥的北方战场互相联系，互相支持，无法完全割裂开。如果没有韩信征服黄河以北地区，刘邦在荥阳一带的作战，可以说毫无希望。而没有刘邦在荥阳这一带拖住项羽的主力，韩信也不会这么顺利地打下这么大一片地盘。

从韩信在汉二年（公元前 205 年）八月率军北征魏王豹，到汉四年（公元前 203 年）十一月，韩信平定齐国，刘邦在荥阳的日子相当难过，完全可以用险象环生、九死一生来形容。

韩信是在汉二年（公元前 205 年）九月左右，平定魏国和代国，刘邦本来答应给韩信三万精兵，打下代国和赵国。汉二年（公元前 205 年）九月后，他却等不及了，放弃以前承诺，派人来找韩信，要把韩信手上一部分精兵调到荥阳战场。曹参把这部分精兵带到荥阳战场。从这个举动看，当时，荥阳的战斗应相当激烈。曹参因此没有追随韩信攻略赵国。

到了汉三年（公元前204年）十二月，刘邦的荥阳和敖仓之间运粮食的通道，经常被楚军侵夺，导致汉军得不到粮食补给，人心不稳。当时，刘邦也有点心魂不定，为此，郦食其给刘邦出了一个主意。

郦食其说的话很多，但集中起来，就是一个意思："复立六国诸侯王的后裔。"郦食其认为，这些六国的后裔一旦受刘邦的支持，再次当上国君，必然感念刘邦的好，那么，刘邦就能称霸天下了。他的这些言辞还是以前老一套的说法，没什么新意。刘邦大概实在是顶不住项羽的进攻，竟然同意了，马上命人去刻印章，分发给六国后裔。

郦食其刚走，张良来找刘邦，刘邦顺便把郦食其的观点说给张良。张良一听，当场就急了，竟然说："如果按照这个人的主意行事，汉国彻底没前途。平定天下，毫无希望。"张良为此一口气说出"八个不可"。当然，中心思想很简单，就是把六国后裔封为诸侯王，短期内可以调动他们的积极性，西楚国的敌人瞬间增加，汉军压力会减弱。但这些人为保住自己的一亩三分地，很快会和汉国离心离德。谁会为大汉天下继续效命呢？项羽一旦使出瓦解、拉拢等手段，这些诸侯国甚至会与汉为敌，至少对楚汉战争，再次作壁上观。这对刘邦无异于自毁长城，饮鸩止渴，割肉饲虎。

刘邦认可张良的看法，马上改弦易辙。但项羽进攻势头如此之猛，总要找到一个可行办法，缓解荥阳战场上的压力。刘邦向陈平问计。陈平说："项羽所依靠的人不过是范增、钟离眜、龙且和周殷这些人。可项羽喜欢猜忌人。如果使用反间计，离间项羽和这些心腹的关系，楚军战力必将受损，项羽必败。"刘邦觉得有道理，拨给陈平重金，让他去办这个事。

根据《史记》的记载，陈平首先离间钟离眜等人和项羽的关系，项羽从此开始怀疑钟离眛。

到了汉三年（公元前 204 年）四月，项羽攻打荥阳的势头没有减弱，刘邦深感压力实在太大。为此，他派人向项羽请和，开出的条件是，"以荥阳为界，以西归汉，以东归楚"。但范增不同意，主张加大对刘邦进攻的力度。范增成为刘邦缓解荥阳战场压力的最大绊脚石。刘邦从此惦记上了范增。

项羽曾派使者去刘邦大营，陈平负责接待，他摆出很高的规格接待来使。可当陈平发现来使是项羽派来的，竟然当着来使的面，把高规格的礼遇撤下，换上一般的接待规格，他还说："我还以为你是亚父派来的使者，原来是项王派来的，你早说啊。"来使回到楚军大营，把这个事给项羽汇报了。项羽因此怀疑范增和汉军暗通款曲。

刘邦在建立汉朝后，和群臣探讨他为什么能取得天下，曾说过一句很著名的话："项羽有一范增而不能用，此其所以为我所擒也。"这句话无形中抬高了范增的地位。在我们的传统印象里，范增和项羽的关系不是父子胜似父子。七十多岁的范增时刻维护项羽利益，把项羽当成自己的小孩一样爱护和关心。

范增参加秦末起义时，已经七十多岁，在那个年代绝对属于高龄。《史记》记载他"好奇计"，是拥有丰富的江湖经验、对人情世故和奇谋韬略很精通的人物。在各类文学作品和影视剧中，人们习惯性地把他打扮成诸葛亮和张良这类仿佛神仙附体的大谋士。在《鸿门宴传奇》这部电影中，他的沉稳、谋略和奇人气质明显压过张良一头。按照正常的理解，年轻且出道不久的项羽自然愿意把他当成可以依赖的父亲一样的人。

虽然史书没有明确记载，项羽主持的戏水分封，范增是如何在旁边帮着谋划的，但在分封诸侯时，根据史书记载，"项王、范增疑沛公之有天下"，这说明范增对项羽主持的分封具有巨大影响，至少把刘邦贬封到巴蜀，肯定和范增有关。据此推断，项羽做出的其他很多决策，应和范增有直接关系，甚至可以说，很多决策和计谋出自范增。

然而，根据《史记》记载，陈平仅仅使用一个并不高明的反间计，竟然会把范增拉下水，让人不禁怀疑，范增和项羽的关系真的如一贯理解和想象的那样亲密吗？

如果把一些史料拼接在一起分析，可以基本肯定，项羽和范增的关系并非"铁板一块"，我们过于拔高范增和项羽之间的亲密度了。在楚军，范增可能被项氏家族排斥，他所作所为遭到项羽的厌弃，最终，范增被排挤出楚军，在落寞中走完他的一生。

在鸿门宴上，范增和项氏家族的微妙关系暴露得很充分。尽管鸿门宴的很多细节很难经得起推敲，其真实性受到古今研究者的怀疑。但有一点还是比较能肯定的，在鸿门宴上，范增主张杀刘邦，而以项伯为首的一些项氏宗亲不主张杀刘邦。比如，范增在鸿门宴前后要求项羽攻杀刘邦，或者防备刘邦，这是有史可查的。而汉朝建立后，刘邦赐项伯刘姓，封为射阳侯，原因是项伯在鸿门宴上帮助刘邦解围。这说明范增和项伯等项氏家族的人关系不融洽。

根据《史记》记载，范增让一个叫项庄的人刺杀刘邦，在宴会上，上演了一出"项庄舞剑，意在沛公"的好戏，但这也并不能说明范增就和项氏家族关系好。项庄这个人从鸿门宴之后，就消失在历史的尘烟之中了。如果历史上真有他，他应该不属于项氏家族中有影响力的核心人物。范增能在项羽阵营有所作为，大概只能依靠项羽。

可是，从之后的楚汉争霸看，项氏家族是项羽最依赖的军事政治集团，除了项伯，这个家族在史书中曝光率比较高的还有项它、项悍、项冠、项声、项襄等人。项伯在项氏家族中的地位很高，拥有很强的号召力和影响力，一旦项伯和范增关系不睦，可以推测，其他很多项氏家族的人和范增的关系，也很难和睦。如果这些项氏家族的人和范增作对，项羽将很难妥善处理，即便为平息一下项氏家族对范增的怨气，他也会让范增离开。因此，项氏家族可能会趁着陈平使出离间计向范增发难，给项羽施加压力，这可能是项羽贬斥范增的一个重要原因。

在楚军中，项氏家族以外的人，并非都被孤立。楚军除了依赖项氏家族的势力，还有很多外姓人被信赖，并被委以重任，如龙且、周殷、郑昌、曹咎、季布、周兰和钟离眛等人。其中，项它和龙且曾多次并肩作战。还有一些地方势力，如薛公、终公等，为西楚国与汉军作战，甚至被杀。根据《史记》记载，陈平使出离间计，项羽怀疑钟离眛。但根据以后钟离眛的作战经历，钟离眛并没有真的失去项羽信任。史书记载可能有误。

《史记》明确记载，在天下大乱之前，项家暗自从事反秦活动时，郑昌和曹咎已经有恩于项家或者和项家过从甚密。除了这两人，虽然在史书中没有明确记载，其他人和项家在早期是否有很深的交往，但陈平等人说过，项羽喜欢任用本族人、与项家关系紧密的人，这些和项家关系紧密的人，很可能在早期加入项梁组织的反秦组织。在这些人中，龙且、周殷、周兰和钟离眛均被委以重任。项羽将楚军主力、西楚国的命运，交给龙且、周兰带到齐地，主持对韩信攻伐。他们是和项氏家族关系紧密且深受器重的外姓人。

可是，范增和这些人不同。他是项梁从江东起兵，到达齐地的薛郡后，通过怂恿项梁立熊心为楚怀王，才进入楚国和项家军的核心圈。之后，他被楚怀王任命为末将，和宋义、项羽一起救援赵国。他受项羽信任，大概有两个原因。一个是宋义被项羽杀了，作为楚怀王任命的将领范增力挺项羽；二是他在巨鹿之战、戏水分封中表现出比较高的才能，为巨鹿之战做出重大贡献。而在反秦大起义之前的漫长岁月里，范增和项氏家族，特别是项梁并没有什么关系。一旦他被人离间，那些非项氏家族的人也很难有人站出来，为范增担保和说好话。

当然，范增的离去和他自身也有关系。他处理被汉军离间的事，非常不冷静。范增被陈平离间后，项羽"稍夺之权"。范增看出来项羽不信任他，顿时大怒，说了一句话："天下事定矣，君王自为之，恳请骸骨。""稍夺之权"，是指不露声色地夺了范增手上一部分权力。通过这句话，可以知道，一是范增在楚军中掌握实权，且权力不小，之前深得项羽信任。二是项羽并没有明目张胆地把他晾一边，更没有对他隔离审查。在处理他的问题上，很有分寸感。不管怎么说，即便项羽受人迷惑，但在战争期间，什么事都可能发生，项羽出于"不怕一万就怕万一"的心理怀疑他，其实情有可原。可范增却因为这件事，主动提出离开楚军，显得很不冷静。

范增的脾气确实很大，说话还很伤人。除了在鸿门宴上，项羽放走刘邦后，范增气急败坏骂项羽是"竖子"外，现在他又说"天下事定矣，君王自为之，恳请骸骨"，再次挖苦项羽。这句话的意思一目了然，无非是说，"你项羽完蛋了，肯定打不过刘邦，你等死吧"。他的潜台词是："你很蠢，上了刘邦的当。离开我，你彻底完蛋了。"范增显得非常自负，毫不顾忌年轻人项羽的地位、身份和脸面。别说项羽是一个自负才高的年轻人，而且还是那时候能左右天下形势的风云人物，即使普通人听了这句话，肯定也很生气。

也许范增仗着曾力挺过项羽、在戏水分封中帮助过项羽，还被项羽封为历阳侯，一个行将入土的人，想在有生之年，实现一生抱负，却遭到项氏家族的倾轧，同僚们的袖手旁观，他深感失望，压抑已久的他看出在楚军无用武之地，项羽无力整合楚军各个利益集团，看到楚军内部人心离散，已无法收拾，他已被置于既尴尬又无奈的境地，由此，他真的看出项羽必败、西楚国必亡的未来，却无力回天，在愤然中，只能离去。

此时，项羽可能真的嫌恶他了。项羽在杀宋义时，确实需要末将范增在政治、军事上给予鼎力支持。到戏水分封时，范增除了为项羽提供智慧上的支持，其楚怀王任命的将领身份也给项羽提供很重要的政治支持。可是，现在今非昔比，已过去两年了，楚怀王已死，楚国大局尽在项羽掌握，范增的政治价值已经很小。这时候，范增如果还出言不逊，项羽还能继续包容范增吗？

从范增的说话方式看，他很可能得罪了楚军中的很多人，如项氏家族、项氏家族亲近的外姓人，谁会愿意和这样一种倚老卖老、极端自负的人交朋友、奔事业呢？

根据《史记》记载，项羽的脾气也很大。可是范增即便如此说话，他并没有表现出大怒的情绪，不但没有大怒，更没有治范增的罪。比如，褫夺他的历阳侯的爵位，或者把他抓起来。更关键的是，范增离开项羽后，根据《史记》记载，他并不是回老家居巢，而是回彭城。一个被项羽怀疑通敌的人，竟然还能回项羽的都城彭城，我们怎么理解呢？

一是项羽其实并不是真的怀疑范增。否则，这样一个人回到彭城，万一利用自身威望和能力，和项羽唱对台戏，会让项羽很麻烦。二是项羽可能迫于压力，暂时让他离开前线回彭城。他希望过一段时间，等风平浪静了，项氏家族和其他一些对范增有意见的人平息了怨气，再把他叫回来。三是可能让范增回彭城做其他一些事情。四是有可能让他回去从此养老，防止他和项氏家族、其他将领的矛盾激化，影响整个楚军的内部团结。当然，这都是因为"范增回彭城"这一细节而得出的推测。

不过，在回彭城的路上，《史记》记载，他疽发背而死，得这种病的人一般都是急火攻心所致，他死的时候已经七十多岁。《史记》对楚汉这段历史的记载，明确说明有多大年龄的，大概也只有范增一人，甚至对刘邦的年龄，记载得也不明确。这是题外话。

二、刘邦的艰苦岁月

——在逃亡中的坚守

范增离开项羽，可以说，刘邦取得了一次兵不血刃的胜利。不管怎么说，范增是一个很有头脑的人，他的离去对楚军是一个重大损失。

现在很多影视剧在刻画范增和项羽的关系时，总是把他们刻画成亲密无间的义父义子关系。在《史记·高祖本纪》和《项羽本纪》里，在很多场合，都用"亚父"来指称范增。项羽和范增应该有很长一段时间的"蜜月期"，这么说，应该不为过。但从范增离开项羽这件事看，他们之间的关系真的是亲密无间吗？大概值得怀疑。和项羽有类父子关系的，应该是项伯，他是项羽的季父，也就是小叔，应该从小看着项羽长大，甚至和项梁一起抚养过项羽。

说到范增的能力问题，自古以来，大家高看范增，主要是因为刘邦说的那句话，"项羽有一范增而不能用，此其所以为我所擒也"。对范增而言，虽然刘邦这么看重他，可从有限的历史记录中看，并没有发现他有多么出色的表现。

比如，他建议立楚国国君后裔熊心为楚王，稳定楚国形势，但他的建议在当时根本不新奇。其他诸侯国也都如此。他的建议可以说是一种大家的共识，谈不上有多少真知灼见。他因为这个建议，为自己谋得楚国高级将领的身份，进入楚国政坛核心。他主张在鸿门宴杀掉刘邦，但项羽在当时是不能杀刘邦的，在鸿门宴上杀刘邦，会使项羽陷入极为被动的境地。他这个主张过于权谋，显得缺乏政治智慧。

项羽和范增一起商量戏水分封方案，虽然不能说有太大问题，但对刘邦的压制上，还是出现失误。他和项羽盘算，把刘邦关进巴蜀之地，但又默许项羽听项伯的话，把已经被刘邦将领郦商占领的汉中加封给刘邦，终究酿成大错。

刘邦东征彭城时，也没看见范增有任何让人佩服的谋略，彭城轻易地被诸侯联军攻占。项羽对齐国田荣的讨伐成功后，在齐国继续施暴，使项羽陷入齐地不能自拔，这时候，却没看到范增如何制止。

他极力主张项羽在荥阳猛攻刘邦。而他死后，项羽也一直是这么做的，但效果如何呢？虽然刘邦经常被打得突围而出，但并没有被抓或者被杀。项羽因为过于关注荥阳的刘邦，而使魏国、赵国相继落入汉军囊中，使自己陷入极大的战略被动之中。盯着刘邦打，虽然不错，但仅仅这么干，显然大错特错。

这就引起我们一个思考，刘邦这么高看范增，陆贾的《楚汉春秋》和《史记》把范增刻画成先知先觉的人物，以及一脸忠诚的模样，是不是有意在宣扬一种理念——项羽特别愚蠢，不会用人，进而反衬刘邦在用人上很厉害的形象呢？

这是有可能的。原因是，只有在范增身上，陈平的离间计才真正发挥出作用。钟离眛虽然被项王怀疑了，但从之后的作战看，钟离眛还是被赋予了很重要的作战任务，比如，项羽去保护后方的粮道，曾让钟离眜独守很关键的城池荥阳。更不能拿龙且、周殷说事，即使陈平离间两人与项羽的关系，但实践表明，根本就没有任何效果。后来，龙且被委派到齐国和韩信对决，打了一场决定楚汉命运的潍水之战。项声、龙且把反叛项羽的英布从封地打跑后，周殷被委派到以前英布的封地上，成为镇守那里的主将，并被封为楚军大司马。

刘邦拿范增来贬低项羽的用人能力，是可以的，所以，刘邦只能通过抬高范增的价值，来贬损项羽，最终目的是抬高自己。

范增离开项羽后，项羽并没有停止对刘邦的"狂轰滥炸"，荥阳的战况依然很激烈，以至刘邦在荥阳待不下去。为什么这么说呢？

在汉三年（公元前204年）四月，范增离开项羽后，项羽继续猛攻荥阳。五月，刘邦手下一个将军叫纪信，来和刘邦说："汉军被包围在荥阳，存亡在瞬间，请派我去诓骗楚军，你趁机赶快逃吧。"从纪信的话，可以感到形势依然很危急，没有任何好转。这说明陈平把范增离间走后，对荥阳战局并没有产生实质性影响。

刘邦逃出荥阳的过程很传奇。陈平让两千多没有战斗力的女人从东门出来，纪信穿着刘邦的衣服，打着刘邦的仪仗，高喊："粮食吃完了，我刘邦投降了。"楚军以为是刘邦投降或突围，全都涌向东门。刘邦趁机带着数十个骑兵，从西门逃跑。他让韩王信、周苛、魏王豹、枞公共同守卫荥阳。事情败露后，纪信被烧死了。

很多人对陈平这么做很愤慨，陈平应该也知道，让女人作为诱饵很不符合人性。陈平曾经对家人说："我多阴谋，是道家之所禁。吾世即废，亦已矣，终不能复起，以吾多阴祸也。"陈平在年轻时喜好黄老之术。黄老之术主张"道生法""公正无私""恭俭朴素""贵柔守雌"，对那种为达目的不择手段的行为很厌弃。因此，陈平认为，"自己经常使用阴谋诡计，是被道家所不允许的，死后，这一辈子就算完了，因为我太阴损，损了阴德，后世子孙不会有什么出息的"。

纪信是一个忠勇之人。身边有这样的人，是刘邦的福气，这说明刘邦深得人心。在《史记》记载的鸿门宴中，刘邦逃离楚军大营的时候，有四个有名有姓的随从，跟着刘邦跑，其中就有纪信。之后，纪信受到历代王朝的纪念。而纪信是蜀地人，并不是丰沛集团的核心人物。汉朝建立第二年，刘邦把纪信的家乡从阆中县分出，赐名"安汉"，以表彰纪信的忠勇和对他的救命之恩。

刘邦从荥阳逃跑后，回到关中，又带着萧何征召的军队，准备杀回荥阳。此时，一个叫辕生的人建议刘邦，不要再回荥阳，而去宛（今河南南阳市），和在那里的英布合兵一处，吸引项羽到宛，再伺机反攻荥阳。项羽听说刘邦动向后，果真带兵杀向宛。不过这时候，彭越在项羽的后方骚扰得厉害，不得已，项羽让终公守成皋，其亲率楚军主力，回军攻打彭越。刘邦趁机反攻成皋，击败终公，攻占此城。此时，成皋以东的荥阳还在汉军手中，成皋、荥阳尽归汉军。

项羽击退彭越后，听说成皋丢失，率军杀回荥阳，把荥阳打下来。这时是汉三年（公元前204年）六月，距刘邦逃离荥阳已过一个月有余。

刘邦逃出荥阳后，让韩王信、周苛、魏王豹和枞公守荥阳。从排名看，韩王信应是守城主将。实际上真正负责守城的是周苛。原因是：

一是周苛是汉国的御史大夫。周苛和堂弟周昌是沛县人，在泗水郡当小吏，刘邦打到泗水郡时，加入刘邦大军，成为刘邦的近臣。在秦朝时，御史大夫这个官相当于现在的最高检察院检察长。西汉时，和丞相、太尉并列三公，御史大夫相当于副丞相，地位很高。

二是周苛和枞公商量杀掉魏王豹。周苛和枞公认为，魏王豹以前和刘邦决裂过，他参与守城，指不定还会有什么幺蛾子，不如杀了以绝后患。

这两人因此把魏王豹给杀了。尽管韩王信是诸侯王，地位高于周苛、枞公，但他不是刘邦最信任的人，从周苛、枞公不和他商量，杀掉另一个守城大将看，周苛应是实际负责守卫荥阳的主将。

荥阳被打下来后，韩王信投降，周苛、枞公被抓后，项羽告诉周苛，只要投降，封他为上将军，封三万户侯。周苛大骂不止，不稀罕项羽开出的投降价码，还要项羽赶快投降。项羽就把他烹杀了。枞公随之被杀。

只要周苛投降，项羽就会封他上将军，还封三万户侯，价码确实高得离谱。可以回想一下，项羽在安阳杀了宋义，大家公推他为"假上将军"，也就是代理上将军。他把消息告诉楚怀王后，楚怀王把他正式任命为上将军。在楚国，上将军是一个很高的军衔。而食邑达到三万户，这样的侯爵，在当时也是高得令人难以置信。汉朝建立后，侯爵的食邑量最大的是曹参，也只有一万零六百三十户。周苛凭什么会被项羽如此看重呢？

在汉军，周苛之前的作为不显山不露水，可能仅是因为为人刚直不阿，脾气耿直，和刘邦年轻时认识且熟识，刘邦才让他掌管司法工作。对于作战和谋略，可能并没有多高的才能。所以，有些人觉得这段记载，完全是为了突出周苛的忠勇，以及刘邦得人心。如此溢美汉军的正义形象，反而让人难以相信。

周苛死后，他的堂弟周昌接任这一职位。汉朝建立后，周苛的儿子周成被封为高京侯。这是后话了。

与此同时，韩信、张耳平定赵国，和项羽派到赵国的兵马在赵地南部周旋。

项羽打下荥阳后，继续向西进发，攻打成皋。刘邦在成皋立足未稳，被突然而至的楚军打得大败。他和夏侯婴狼狈逃跑，北渡黄河，到达修武。在那里，他以汉王使者的名义，突然闯入韩信和张耳的大营，夺了两人兵权。而后，让张耳镇守赵国，封韩信为相国，派其收赵国境内其他的兵将，攻打齐国。

刘邦得到韩信、张耳的军队，准备南渡黄河，返回荥阳战场，反击项羽。此时，一个叫郑忠的军中参谋对刘邦说："不能再回去了，而应在黄河以北筑起壁垒，和项羽隔河对峙。"刘邦觉得有理，听从了这一建议。

在与项羽隔河对峙中，刘邦派刘贾、卢绾带两万人和数百骑兵，沿着黄河北岸，到达白马津渡口（今河南滑县境内）。他们渡过黄河后，和彭越合兵一处。彭越得到刘贾、卢绾的支援，实力大增，率军再次南下，攻打梁地，先后打下睢阳（今河南商丘市）、外黄（今河南民权县）等十七座城池。彭越出击隔断项羽和彭城的联系，在荥阳和成皋的楚军，面临后勤供给不足的问题。

为确保后勤通畅，项羽不得不亲率楚军回军攻打彭越、刘贾和卢绾。刘、卢和彭相互支援，躲到营垒里避战不出。从战略上看，刘、卢和彭在后方骚扰楚军粮道，主要完成牵制楚军的战略任务，支援荥阳和成皋的汉军。

根据《史记·高祖本纪》，项羽临行前，命令海春侯大司马曹咎守住成皋，不管汉军如何挑战，要闭门不出，坚守十五天，等他胜利回师。这是项羽很少发出的命令。项羽率领的楚军善于进攻，而这次他严令部将避战不出。从此看出，项羽的军力已捉襟见肘，实力大不如前。此时是汉三年（公元前204年）九月，离刘邦从彭城败退到荥阳已过去一年零四个月。

等到项羽杀到睢阳时，从荥阳战场传来消息，成皋丢了。项羽最不想听到这个消息，顿时大惧。

汉四年（公元前203年）十月，在项羽走后，刘邦南渡黄河进攻成皋，对曹咎百般羞辱，诱其出城作战。曹咎率军出城，渡过汜水河，汉军半渡而击，曹咎被打败，他和司马欣、董翳在汜水河畔分别自杀。其中，刘邦把司马欣的尸身拉到关中，枭首示众，以儆效尤。

曹咎和项家人是旧相识，以前项梁在秦朝的栎阳（今陕西省西安市阎良区）遇到官司，被抓入监狱。曹咎给栎阳的监狱长司马欣写信，向司马欣求助，救出项梁。《史记·项羽本纪》记载："大司马咎者，故蕲狱掾，长史欣亦故栎阳狱吏，两人尝有德于项梁，是以项王信任之。"司马欣和董翳是秦朝降将，刘邦在"还定三秦"之战中俘获过他们。在彭城之战时，刘邦战败，他们又回到项羽阵营。在此次战败后，他们并未再次投降刘邦，而是选择自杀。

曹咎丢了成皋，对项羽的打击是致命的。几乎在同时，龙且、周兰援助齐国的军队全军覆没。曹咎和龙且都是楚军的大司马，是级别很高的将领。史书中明确记载，由项羽封的侯有两个，一个是历阳侯范增，另一个就是海春侯曹咎。可见龙且和曹咎对项羽的重要性。

此时，两个主要战场同时大败，曹咎被杀，龙且溃败。在战略上，项羽顿时陷入进退维谷的境地。

项羽听说成皋陷落，马上从睢阳回军。这时刘邦亲领汉军，把钟离眜包围在荥阳以东地区。正好项羽及时救援而来，打跑汉军，救下钟离眜。

从此刻起，楚汉相争正式进入收尾阶段。

三、楚河汉界

项羽为钟离眜解围后，刘邦的军队并没有走远，而是退到广武（今荥阳市东北）。广武、荥阳之间有一条很深的沟涧，这就是鸿沟。双方在鸿沟的东西两边扎营对峙。

之前，汉军一旦被打败，刘邦向西边逃跑，要么回关中，要么渡黄河。而这次，逃跑的步伐止步在广武，说明刘邦实力明显增强，对楚军不再畏惧如虎。

这道鸿沟就是大家熟知的楚河汉界。从汉四年（公元前203年）十月到汉五年（公元前202年）十月，整整一年的时间，双方在楚河汉界对峙。其间，发生了四件大事。

第一件事是项羽把刘邦的父亲刘太公拉到阵前，要求刘邦要么投降，要么看着父亲在阵前被烹杀。这是对刘邦的一次巨大考验。但刘邦深懂政治和利害，作为汉军的首领，他也没权力为一己之私，率军投降项羽。无奈之下，他只能对项羽说，以前和项羽约为兄弟，他的父亲就是项羽的父亲，把刘太公烹煮了，让项羽也给他分一杯羹。项羽看刘邦如此态度也只能作罢。作为政治人物，项羽不可能真的当众烹杀刘太公。对此，刘邦其实心知肚明。不过，刘邦如此表态，确实对他的形象非常不利。千年以降，这件事成为大家贬损刘邦，将刘邦看成流氓痞子的重要佐证。实际上，将心比心，如果换作其他人，面对如此场景，也不会有比刘邦更好的选择。

第二件事是刘邦大张旗鼓地罗列项羽"十大罪过"，向天下宣示讨伐项羽的正义性。大家可以看出来，他现在毫不畏惧项羽，摆出一副和项羽决战到底的样子。

第三件事是他被项羽安排的伏兵射中了胸口。当时，为不扰乱汉军军心，他强打精神对楚军和汉军说，"那帮人击中我的脚趾，箭法实在太烂"。但因伤势很重，刘邦不得不从战场上下来，赶到后方的成皋养伤。

第四件事就是韩信向刘邦要齐王的称号。在齐地的韩信派来使者，向刘邦要假齐王，即代理齐王。理由是，齐国人狡诈，人心不稳，喜欢反复，而南边又紧邻着楚国，希望刘邦给他一个代理齐王的称号，以方便镇服这里。当时，虽然从局势上看，刘邦已经占据优势，但毕竟在楚河汉界的战斗依然是苦战，稍有不慎，刘邦会有生命危险。

韩信此时要"假齐王"，刘邦非常恼怒，对来使大骂道，"我在广武受困，急盼你韩信来救我。你可倒好，不率军来支援，还想自立为王。置我于险境，不管不顾"。张良、陈平暗地里急忙阻止刘邦继续发飙。张良和陈平认为："现在困在这里，你能阻止韩信自立为王吗？既然不能，还不如因势利导，对他韩信好点，最起码也能让他先守住齐国那片地盘，不生事端。"刘邦反应很快，马上换成另一副表情，对来使说："大丈夫能平定诸侯，要当就当真王，当什么代理诸侯王？"尽管心有不甘，刘邦最终答应韩信当齐王。

汉四年（公元前 203 年）二月，刘邦派张良亲自跑到齐国，封韩信为齐王。据说，张良的身体一向不太好，而且还是刘邦身边很重要的谋士。在这个关键时刻，刘邦为什么派张良到数百里之外的齐地，代表自己封韩信为齐王呢？

原因大概第一是张良与刘邦的关系亲密，张良代表汉国册封韩信，显示刘邦对封韩信为齐王，很郑重。第二是让张良摸摸韩信的底牌，如果出现什么意外情况，张良能把真实情况摸清楚。第三是如果韩信被项羽或者其他人怂恿，脱离汉国独立，张良思维敏捷、忠心耿耿、机谋善断且能言善辩。张良对韩信有举荐的私恩。在齐地，张良的能力以及他与韩信的关系，非常适合说服韩信继续为汉国征战，打消背叛之心。第四是作为刘邦信任的人，张良非常适合与韩信手下一些将领联络感情，交流思想，避免被韩信拉拢和裹挟，走上造反之路。第五是如果事情紧急，做事稳妥、深谋远虑的张良有能力见机行事，联合在齐地的曹参、灌婴等刘邦心腹，打压韩信，牢牢把齐地掌握在汉国手上。第六是如果一切皆顺利，张良说服韩信，"征其兵击楚"，缓解荥阳战场上的压力。出于以上原因，张良此行充分显示刘邦对韩信已起猜疑之心。

等韩信拿到齐王的印信后，和彭越一道袭击项羽的粮道，项羽的日子更加难过。当龙且兵败被杀，曹咎、司马欣和董翳战死，项羽孤军奋战在荥阳。环顾天下，刘邦的势力急剧膨胀，项羽深陷荥阳战场，已深感力不从心。

项羽一向以力战征服天下，此时不得不派一个叫武涉的人到齐地说服韩信自立，扶弱（项羽）抗强（刘邦），支持西楚国，可实现"三分天下，有其一"，成为与刘邦、项羽齐肩的大人物。

武涉的游说一旦成功，项羽能否还有机会彻底翻盘，虽然是未知数，但至少暂时确保西楚国和国都彭城的安全，缓解项羽在荥阳战场上的压力。项羽一向不惧两面作战，甚至在弱势兵力下，依然敢于挑战数倍强于己的敌人。此时项羽第一次，也是最后一次，承认武力已无法扭转所处的颓势。

当时，辩士蒯通劝韩信听从武涉的建议。可是，根据史书记载，韩信觉得项羽不重视自己，对他提出的建议经常置若罔闻，无法实现他的人生价值。在他进入人生低谷时，刘邦对他眷顾有加，施以恩情，在汉中，登台拜将，高调重用他，给他施展平生所学的平台，一步步把他推上人生顶峰。此时，刚立下巨大功业，他如何忍心割据自立，不顾陷入困境亟待救援的刘邦呢？如此而为，在道义和情感上，他又如何面对天下人？韩信最终没有听从这俩人的建议。《史记》用大段文字描述韩信拒绝自立的原因，把他塑造成讲仁义、守信用的人。

但韩信拒绝背叛刘邦和割据自立的原因，可能并不是如此简单。真实的原因是，即便韩信真的打算割据自立，在齐地几乎不可能。如果任性而为，韩信还可能因此丢掉性命。

第一个原因是从地图上看，韩信所占据的地盘，仅是秦统一前齐国土地的一半，虽然是齐地最富庶的地区，但地理面积毕竟并不大。与刘邦和项羽相比，相差实在太大，根本达不到和刘、项三分天下的程度。

第二个原因是齐国存在很多不稳定因素。韩信向刘邦索要"假齐王"封号，给出的理由是，镇抚齐地，弹压乱局。他这么说，并不完全是在找借口。一个有力证据是，韩信后来率军支援刘邦，参加垓下之战，曹参并没有随之前往，而是留守齐地。之后，曹参成为齐王刘肥的国相，直至萧何去世，才到长安，任汉朝丞相。曹参是汉军中屈指可数能战且胜的战将，把他留在齐国镇守，说明齐地确实不太平。

第三个原因最关键，这就是韩信缺乏忠心追随的人。当时，在齐地，有曹参、灌婴等刘邦的心腹将领以及其他二十多员将领。韩信在进攻齐国之前，这些人由刘邦派来支援韩信。如果韩信在齐地独立，这些人不会跟他走，且很可能会攻打他。韩信平定魏国后，精兵被曹参带到荥阳。平定赵国后，大部分精兵又被刘邦亲自带走。手上没有掌握相对稳定的团队，将与帅、将与士之间缺少相互了解、相互信任和共生赴死的情谊，韩信想在乱世割据一方，根本不可能。韩信不听两位辩士的话，其实也是不得已。

汉四年（公元前203年）十一月，韩信与齐楚联军展开潍水之战之际，刘邦正式封张耳为赵王。当初，韩信主动为张耳申请诸侯王头衔，目的是镇抚赵地。以同样的理由，韩信为自己讨来一个齐王的头衔。在齐地，韩信能做到的，无非是主动向刘邦索要"代理齐王"，甚至都不敢直接要"真齐王"。即便如此，刘邦还派张良亲赴齐地，以探虚实，刘邦对韩信的控制从未放松。

韩信当上齐王后，主动出击项羽后方。项羽的日子变得更加难过。

大家可以设想一下，以前只有一个彭越，后来又外加刘贾、卢绾袭扰楚军后方，项羽已顾此失彼。如今，韩信占领齐地，面对韩信所率领的汉军主力军团的进攻，项羽承受的压力陡增。他已无救援后方的实力。根据《史记·项羽本纪》记载，"当此时，彭越将兵居梁地，往来苦楚兵，绝其粮食。田横往从之。项羽数击彭越等，齐王信又进击楚。项羽恐"。在荥阳战场上，楚军因断粮而败退之局，已无法挽回。西楚国国都彭城和全境被攻占近在眼前。项羽的败亡之象已显露无遗。

当时，彭越名义上是刘邦封的魏国国相，魏王豹死了，他这个职务还在。但实际上，他与项羽的作战三心二意。当项羽强大时，他甚至会和项羽暗通款曲。汉军强大时，他也会打着汉军旗号，攻击项羽的后勤补给线和西楚国控制的城市。正如《史记》所载，他"且为汉且为楚"。

按照正常状态，这时西楚国应在短期内瞬间崩盘。但实际情况却并非如此，这里就要分析一下韩信当时的心态和一桩历史疑案了。

汉四年（公元前203年）十一月，韩信攻灭齐楚联军。汉四年（公元前203年）二月，韩信被封为齐王。直到汉五年（公元前202年）十月，韩信率领主力南下，加入围攻项羽主力的战争，在这之前，齐地的汉军并没有倾全力向楚国攻略，更没有启动灭国战争，只是做些给楚军后方施加压力的军事行动。

除齐地不稳定这个原因外，韩信心态很重要。韩信大概并不想快速灭掉项羽。他知道，给他封齐王只是刘邦的权宜之计。原因是，韩信虽然被封为齐王，但刘邦可没有说明封地有多大，这就相当于给一个人一个官职，可没说明让他具体管什么事，职责范围有多大。为此，他心里很不踏实，想要一个名副其实的王爵，就必须等待，等到刘邦急需要他救援时，逼迫刘邦把这个空有名号的王变成真正的王。

因此，韩信攻占齐国后，到项羽从荥阳向江东撤退，中间有近一年的时间，韩信没有亲自指挥一场轰轰烈烈的大战事。

第九章

垓下

——一代英雄的落寞之地

一、一次蹊跷的千里跃进

如果问韩信为什么不去支援荥阳战场，他肯定会说，齐地人心不服，需要治理和弹压，抽不出足够兵力南下，南边的西楚国对自己虎视眈眈，他不敢轻举妄动，诸如此类的原因，他能列举很多。同时，他也可以说，已经派出一部分兵力，和彭越、田横袭扰项羽后方，由此减轻荥阳战场的汉军压力，并非无所作为。

然而，根据《史记·灌婴列传》记载，韩信派灌婴率领一支骑兵军队，离开齐地，向南打到广陵郡（今扬州市），纵横千里，攻城略地，洞穿整个楚地，取得巨大战果，直至攻陷西楚国都城彭城。《高祖功臣侯者年表》也记载了灌婴的战功，灌婴"以车骑将军属淮阴，定齐、淮南及下邑，杀项籍"。然而，如此重大且战功赫赫的军事行动，在刘邦和项羽的传记中，竟然一笔也没有记载。为什么会出现这种情况？其中是否有其他内情？

根据《樊郦滕灌列传》记载，灌婴此次千里大跃进，出发地是鲁县（今山东曲阜市）。在这里，他首先打败楚军将领公杲，向南击败楚国的砀郡长，而后继续南下，一直打到广陵郡。

项羽听说灌婴抄略楚国腹地，急忙派项声、薛公、郯公出击，收复淮北失地。此时，灌婴回军，遇到这三员将领，经过激战，斩杀薛公，打下下邳县。在东郡的平阳（今河南滑县南），击破楚军另一支骑兵。最后，转军杀向彭城，攻占彭城，俘获楚国柱国项它（柱国职责等同汉国丞相）。占领彭城后，灌婴率军向彭城以北进军，打下留县、薛县（今山东枣庄市）、沛县（今江苏沛县），而后南下打下酂县（今河南永城市以西）、萧县（今萧县）、相县（今永城市东北、淮北市西北）、苦县（今河南鹿邑县）和谯县（今安徽亳州），在攻打苦县和谯县时，灌婴俘获一名楚军亚将（一说是周兰）。

等这些仗打完，灌婴率军进驻颐乡（今河南鹿邑县南），加入刘邦主力军队。在陈县（今河南周口市淮阳区）附近的垓下，围攻项羽。在垓下，项羽突围，灌婴亲率五千骑兵，一路追击项羽于乌江亭，逼迫项羽自杀。

《史记》记载将领和文臣的事迹时，有的写得很详细，如张良、陈平、韩信、周勃等；有的写得相对详细一些，如萧何、曹参。对这些人，司马迁都单独开出一个章节，为他们写传记。而对其他一些相对不重要的人物，如樊哙、夏侯婴、郦商、灌婴，司马迁归类后把他们的事迹放在一个章节里记述，即《樊郦滕灌列传》。既然这四个人放在一起写，记述每个人的事迹就相对简略。对灌婴的记述也很简略，可以肯定的是，他的事迹大部分是从战功簿上照抄下来的。既然这样，对灌婴的记述可谓没有任何修饰的实录。但研究者郭秀琦提出一个疑问：为什么灌婴打下了西楚国的彭城，而在刘邦和项羽的传记以及其他人的传记里都没有记载呢？

灌婴所率军队是一支骑兵。这支军队是在彭城之战后，刘邦仿照项羽的骑兵部队组建成军的。韩信让这支军队深入楚国，一方面能给刘邦一个交代，支援荥阳战场，另一方面减轻楚军对齐地的军事压力。但是灌婴这次出击，战果是惊人的，破敌陷城，把西楚国腹地折腾得乱七八糟。但有一个问题是，灌婴这支军队能打下这么多城市吗？

灌婴所率的骑兵机动性强，转战千里，自然是没问题，但攻城就很成问题。骑兵善于野战，不善攻城。《史记》记载灌婴这段作战时，对有些地方，是用"降"字来说明他的战果，比如"度淮，尽降其城邑""遂降彭城"，等等。从字面理解，"降"是降服的意思，可能没有攻城作战。可以理解为，当时西楚国后方没有主力军队，汉军突然来袭，因惊恐，先后投降。灌婴执行袭扰西楚国后方的任务，并不执行攻占任务，降服这些城市后，不可能派足够兵力驻守。所以，项羽派项声、薛公、郯公等人迎击灌婴，很快收复淮北诸城。灌婴的骑兵部队仅攻陷过一座城市，这就是下邳，《史记》记载，"下下邳"。也许下邳的防守过于空虚、薄弱，灌婴突然来袭，将其攻陷。

但最让人不可理解的是，灌婴的骑兵部队竟然攻占西楚国的都城彭城，且俘虏西楚国的柱国项它。彭城是西楚国都城，防御力肯定不是下邳这样的小城可比。而城中又有西楚国的核心行政班底和大量的物资，仅靠灌婴一支骑兵军队，能打下吗？

更令人不解的是，项羽很重视对灌婴的阻击，派项声、薛公、郯公等人与其作战，收复被灌婴降服的失地。他也很重视对楚军后方的保护，比如，在《史记·项羽本纪》中，记载项羽回军攻打彭越、刘贾和卢绾，保护楚军粮道和后方安全。《史记》记载人物事迹有一个特点，一个人的事迹除了在本人的传记里记载，如果他的所作所为和其他人有关，也会进入其他人的传记中。攻占彭城这件大事，对刘邦和项羽的最终命运影响巨大。这样的大事竟然只在灌婴传记里记载，而不见于《史记·项羽本纪》

和《史记·高祖本纪》。这显得很不正常。

司马光崇尚"尽信书不如无书"。在《资治通鉴》里，也没有提到灌婴向南千里跃进和攻占彭城的作战，很可能觉得这是孤证，不足采信。因此，研究者郭秀琦认为，《史记》中对灌婴的这段记载，属于后人补记的，不是司马迁所写。当然，这是一家之言。可是，如果确实是司马迁所写，且这段记载来自汉朝官方文献，是不是也能说得通呢？可以尝试地分析一下，以期提供另一个思考此问题的角度。

虽然在《高祖本纪》和《项羽本纪》都没有记载灌婴在西楚国腹地的作战，但有一个细节值得重视，根据《史记》记载，这灌婴在楚国征战后，带着军队，在陈下击破项羽后，被赐益食邑二千五百户。任何将领被封赏，都要有掷地有声的战功，而在陈下击破项羽，是汉军众多将领共同努力的结果，不可能因此而独赏灌婴两千五百户食邑。值得注意的是，灌婴是最后追杀项羽的将领，但增加他的食邑数量，却并不是在追杀项羽成功以后，而是在之前，这说明增加灌婴两千五百户食邑，是对他之前战功的表彰。因此，可以推测，灌婴之前在楚国内部千里大跃进的作战应该不是捕风捉影。

灌婴的真实任务应是袭扰楚国后方。从结果看，这一战略目的应该达成或者部分达成了。不过，仅靠灌婴的骑兵攻陷彭城，很不可思议。那么，按照常理，应有另一支步兵军队配合他作战。这支军队是韩信派来的吗？从道理上说，最有可能的是韩信，原因是灌婴归韩信指挥，灌婴从淮南淮北征伐回彭城时，韩信应该派出一支接应军队，共同进攻彭城。

可是，根据我们分析，应该不是韩信来接应他的。为什么呢？如果韩信指挥军队，趁着灌婴的骑兵北上到彭城，挥师南下，与灌婴一起，打下彭城，可在韩信的传记里为什么没有记载呢？要知道，司马迁对韩信的传记是下了很大功夫的，对韩信如何作战的细节，记载得十分详细。如果韩信能打下彭城，相信司马迁应不会漏掉这关键一仗。

因此，可以推测，和灌婴一起攻下彭城的军队另有其人。

二、灌婴攻陷了彭城吗

如果《史记》记载是准确的，那么，灌婴最可能和谁一起攻陷彭城呢？既然排除韩信，则要从史书的蛛丝马迹中，找到除灌婴以外，是否有其他人参与攻陷彭城之战。

这次彭城之战，是汉军第二次对彭城的进攻。上一次，刘邦亲自指挥，裹挟五路诸侯，攻陷彭城，声势极其浩大。按常理推测，在潍水之战中，楚军大败，都城彭城面临的危险近在眼前，西楚国理应加强对彭城的防御。即使此时楚军实力大不如前，但彭城的军事价值和政治意义都很显著，都城陷落，必然打击楚军军心，民心也会受到毁灭性冲击。

前文在分析潍水之战时，龙且死在哪里，是一笔糊涂账。根据《高祖功臣侯者年表》记载，阳都侯丁复杀龙且于彭城，为大司马。这一记载关系到将领们升官封爵和后世子孙的政治、经济待遇问题，因此，与其他史料相比，更加真实可信。丁复杀龙且于彭城，应该不是捕风捉影。既然如此，这说明在彭城确实爆发过战争。除灌婴外，至少丁复也参与攻陷彭城的战斗。此外，《高祖功臣侯者年表》记述蔡寅的功劳时，说"以车骑都尉破龙且及彭城"；记述冷耳时，说他攻打齐国田解，之后"以楚丞相坚守彭城"。

不过，在《高祖功臣侯者年表》中，明确记载"丁复属悼王"。悼王是吕泽，他是吕雉的大哥。丁复是吕泽的部属。因此，一种可能更符合史实的推测是，汉军派吕泽，亲率步骑军团，携带攻城器械，进攻彭城。此时，恰逢灌婴从南方回军，刚攻下彭城附近的下邳，顺势加入吕泽军团，一同进攻彭城。

丁复作为吕泽的部属，在功劳簿上对他的战功有明确记载。而吕泽立下如此功劳，在他的功劳簿上，为什么没有记载呢？分析这个问题，就要牵扯到汉初的政治斗争形势了。

刘邦死后，吕雉称制，实际掌控汉朝的政治权力。吕雉破坏刘邦死前订立的规矩，封了很多吕氏宗族的人为王或为侯，让吕家人占据汉朝的行政和军事的要职，由此得罪了刘氏宗族和功臣集团。吕雉死后，吕家人被功臣集团和刘氏皇族联手剿灭。刘氏家族和功臣集团重新把控汉朝的政治权力。为贬低吕后和吕家人在汉朝建立过程中的功绩，必须刻意删除、篡改吕泽及其部属的有关战事和战功。

打压吕氏集团的功劳，意图非常明显，可以凸显刘氏家族和军功集团剿灭吕氏家族的合法性和正当性。

然而，完全抹杀吕氏家族对刘邦建汉的功劳，并不容易。在官方史料中，还是留下了一些蛛丝马迹。例如，在《高祖功臣侯者年表》中对吕雉、吕泽功劳评价极高。比如，对吕泽的战功是这样记载的，刘邦去下邑投靠吕泽，吕泽"复发兵佐高祖定天下"。《惠景间侯者年表》中，记载了"吕后兄悼武王身佐高祖定天下"。在吕后的传记中，也有与之类似的话，

"佐高祖定天下"。在《惠景间侯者年表》中有对吕雉功劳的记载,"吕氏佐高祖治天下"。记载吕雉辅佐刘邦"定天下"和"治天下",原因一是刘邦刚起事时,吕太公出资,帮助刘邦。原因二是吕雉帮着刘邦杀掉韩信、彭越等人。

可吕泽如何"佐高祖定天下"呢?除了吕太公资助刘邦这一条,史书对吕泽的战功记载得很不详细。"复发兵佐高祖定天下",是刘邦在位时,写入吕泽功劳簿的。从字面上看这句话是很重的,不是随便一个人能担得起的。比如,从《史记》中看,在任何场合,刘邦如何夸赞韩信、张良和萧何等功臣,但从未用"佐高祖定天下"这样的话,这些著名功臣的功劳簿里,也没有写入类似的话。只有一种情况下,吕泽能担得起这样的评价,那就是吕泽所统领的军队是一支拥有独立作战能力的军队,且手下战将如云,势力不可小觑。

刘邦建立汉朝过程中,吕泽领导的军事政治集团居功至伟。根据学者周骋的分析,从吕泽部属被封侯的数量及其食邑规模,可以作为重要证据,推测吕泽立下的功劳。

从史料价值极高的《高祖功臣侯者年表》中看,明确记载吕泽部属有多人被封侯,分别是阳都侯丁复(食邑七千八百户),东武侯郭蒙(食邑两千户),曲城侯蛊逢(食邑四千户)。其他还有一些将领也可能是吕泽的部属。比如,还有些将领功劳是跟着"二队"作战立下的。周骋认为,所谓的"二队"是指吕泽这支独立作战的军队。这些将领有,河阳侯陈涓(食邑规模不详,不过记载了他"以丞相定齐地",他参加了定齐之战)、柳丘侯戎赐(食邑一千户)、东茅侯刘钊(他因为抓住韩信,被增加一千户食邑,但总食邑数不详)。

还有一些后来被封侯的将领,在各类传记中几乎不见踪迹,比如王陵、雍齿等人。这些人封侯的食邑数量很可观。比如,王陵的食邑数达到五千户，雍齿的是两千五百户。根据《史记》记载，王陵和雍齿不愿意辅佐刘邦。特别是雍齿，曾趁刘邦离开根据地丰邑外出征战，他占领丰邑，打算投靠魏国。对这种背叛，刘邦深为嫉恨，汉朝建立后，依然念念不忘。但根据《高祖功臣侯者年表》记载，刘邦打败雍齿，雍齿逃离。之后，他又以赵国将领的身份，加入刘邦阵营。既然他和刘邦私怨如此之深，刘邦如何能收留他？因此可以推测，王陵和雍齿加入刘邦阵营，是通过加入吕泽军团完成的。

一种相对合理的解释是，上述这些立下赫赫军功的人，在楚汉相争期间，都属于吕泽的部属。以上所列举的这些人，在汉初都被封侯。而其他没有被封侯的，还不知道有多少将领。这些人从属于吕泽领导的集团，由此可想，围绕吕泽及吕氏集团形成的军事、政治势力该有多么强大。在这些人中，丁复比较突出，如果拿丁复和其他大家比较熟悉的将领比较，更能证实吕泽的战功和作战事迹被刻意抹杀的推测。

刘邦为支援韩信平齐之战，先期派出了曹参、灌婴等人，后期又派出了一些人，这些人主要是参加潍水之战，其中应该有阳都侯丁复。根据《高祖功臣侯者年表》记载，刘邦亲自封丁复为阳都侯，食邑是七千八百户。颍阴侯灌婴既是刘邦的亲信，又战功赫赫。在汉初，他的食邑不过五千户。舞阳侯樊哙，和刘邦是姻亲的关系，他娶了吕雉的妹妹吕嬃，而食邑仅为五千户。汉初任左丞相的陈平，他的食邑五千户。夏侯婴是刘邦的贴身司机，从年轻时和刘邦就是好朋友，而他的食邑是六千九百户。作为汉朝第一任丞相，萧何的功劳是大家公认的，对此刘邦也高度认可。可在汉初功臣中，萧何的食邑是八千户，比丁复仅多二百户。从《高祖功臣侯者年表》看，比丁复食邑数多的人，只有曹参（一万六千三百户）、张良（一万户）、周勃（八千一百户）和萧何（八千户）。

丁复立下了哪些战功呢？从《高祖功臣侯者年表》记录的事迹看，丁复"以赵将从起邺，至霸上，为楼烦将，入汉，定三秦，别降翟王，属悼武王，杀龙且彭城，为大司马。破羽军叶，拜为将军，忠臣，侯，七千八百户"。丁复有两个其他人不具备的特点，一是他不属于中原人，是楼烦人。楼烦大概在今天山西省西北部地区，赵武灵王推行"胡服骑射"，学习的对象，就是楼烦人。他们属于北狄的一支，善于骑射，深受草原文化影响。当时，汉军和楚军中，都有来自楼烦的兵将。丁复大概是楼烦人中最终取得巨大成功的一个人。二是在功劳簿中，特别指出丁复是忠臣，但丁复有哪些忠勇的表现，史书中并没有明确记载。可能是因为他来自于草原，在汉军中有忠勇表现，显得特殊，在功劳簿中才特别说明一下。

这么看，在汉初刘邦主持的功臣分封中，把吕泽封为王，也并不过分。如果仅从战功看，把吕泽封为王，理由有：一是吕泽及吕氏家族，在刘邦在丰沛地区起事时，已经加入刘邦集团，属于早期的"革命元勋"。二是刘邦刚起事时，吕家拿出钱财资助刘邦，对刘邦能够迈出事业的第一步至关重要。吕家购买刘邦集团的"原始股"，对刘邦风险投资，理应在"公司上市"（汉朝建立）后，获得与之匹配的丰厚回报。三是吕泽是吕雉的大哥，是刘邦的大舅哥，吕和刘是姻亲关系。卢绾和刘邦是"发小"，关系亲近，而吕泽与刘邦的关系可以和卢绾类比。而汉朝建立后，卢绾并没有立下令人瞩目的战功，却被封为燕王。由此类推，吕泽被封王，也未尝不可。四是吕泽掌握一支相对独立的作战军队，所属战将立下赫赫战功。在这方面，吕泽又和韩信极其相似，从属韩信的人也有立功封侯。如果吕泽被封王，更加理所应当了。

在汉初，刘邦没有封吕泽为王，应是有意为之。原因大概是，一是汉朝建立，刘邦和吕氏家族的关系变得很微妙。吕泽属于外戚，且拥有和韩信类似的军团，政治地位过高，肯定会影响刘氏皇权的稳固。刘邦在分封时，有意识地打压吕泽，也在情理之中。到刘邦晚年，刘氏和吕氏的关系恶化已经公开化。为打压吕泽及吕氏家族，维护刘氏皇权，刘邦更不会封吕泽为王。显然，对卢绾封王，刘邦无须有类似的顾虑。二是吕泽军团尽管独立性很强，且军功卓著，但他毕竟属于刘邦的丰沛集团。韩信被封王，是韩信要挟刘邦的结果；张耳、英布、彭越、臧荼、韩王信等人被封王，都有一个共同特征，这就是他们都在戏水分封时被项羽封过王，或者本身是六国国君后裔。像彭越、臧荼等人和刘邦，更像同盟关系，需要汉集团拉拢。显然，吕泽不拥有这些特征，不属于必须拉拢的对象。

后来，他妹妹吕雉当权后，吕泽已死，吕雉追封他为悼武王。吕雉之所以从吕泽开始分封吕氏为王，大概觉得吕泽被封王，不会引起大家的异议，在大家心目中，吕泽实至名归。

现在再回到灌婴攻陷彭城这个问题上。

既然有第二次彭城之战，且不认为关于灌婴作战事迹是后人补记的，那么可能的历史真相是，灌婴北上到彭城时，吕泽或者吕泽的部属丁复等人正在进攻彭城，灌婴加入战阵。灌婴作战勇猛，俘获西楚国柱国项它。汉军最终占领彭城。因为要抹杀吕泽和吕氏集团的功劳，在灌婴的传记里没有提他和谁协同作战，攻陷彭城。

既然丁复杀龙且于彭城是可信的，那么如何解释龙且在潍水之战被灌婴、曹参所杀呢？

丁复杀龙且于彭城，记载在《高祖功臣侯者年表》上，同时也记载了冷成侯丁礼的事迹，说他"属灌婴，杀龙且，更为乐成侯，千户"，值得采信。但龙且总不能被两个姓丁的将领分别杀一次吧？从战功表上看，丁复杀龙且，擢升为大司马。丁礼杀龙且后，被封食邑一千户的乐成侯。如此看，丁复是杀龙且的主要将领，丁礼可能配合丁复作战了。如果推测不错的话，吕泽的属将丁复和灌婴的属将丁礼，攻打彭城时，通力合作，杀掉龙且，两人同时被加官晋爵。

根据《史记·曹相国世家》记载，在潍水之战中曹参杀龙且，可能属于误记。对灌婴的记载，"卒斩龙且"，应是指灌婴的部下丁礼斩杀龙且，因丁礼属于灌婴部下，在灌婴的列传中，把这一功劳记给了他。至于说灌婴的部下在潍水之战杀了龙且，大概是在故意抹杀吕泽和他这个集团的功劳。龙且可能在潍水之战没有战死，而是死于之后的彭城之战。

攻陷彭城的功劳太大了，如果不全面封杀，不足以贬低吕氏家族对汉朝建立的贡献。因此，《高祖本纪》《项羽本纪》都没有记载攻陷彭城这件事。

以上分析属于一种推测，希望使前后矛盾的史料，能够得到一个相对圆满的解释。这也只是一家之言。历史的真相究竟是什么，还需要更多、更深的探究。

三、垓下在哪里

汉四年（公元前 203 年）八月，项羽已经发现孤立无援，军粮匮乏，军心开始浮动，继续在荥阳战场坚持已毫无希望。这时候，刘邦竟然主动派人去找项羽议和。根据《项羽本纪》记载，刘邦先派陆贾去求和，项羽不接受。他又派一个叫侯公的人去说服，项羽才答应议和。双方约定以鸿沟为界，以西归刘邦，以东归项羽。

为什么刘邦占据绝对优势后，主动找项羽谈议和呢？根据《史记》记载，这是因为项羽手上有刘邦的人质，这就是吕太公和吕雉。之前，刘邦曾两次去沛县接家里人，但只找到儿女，父亲刘太公和妻子吕雉都被项羽抓走，且一直软禁着。现在，在取得巨大战略优势情况下，刘邦愿意以鸿沟为分界线，和项羽平分天下，把家人换回来。这也许可以再一次说明，刘邦很重亲情和家人。项羽在签订和议约定后，把刘太公和吕雉放回。大家心里都清楚，项羽签下了"城下之盟"，他已经无力和刘邦继续作战了。

侯公可能是隐藏于民间的纵横之士。因他促成刘、项和议，刘邦说："此人太厉害了，乃天下第一辩士，有倾国之智。他在哪个国家，哪个国家会因国君轻易听信他而灭亡。以后，绝不肯再见他。"刘邦让他从此隐姓埋名，不许再出来做事。特意封他为"平国君"。"平国"二字是刘邦有意给他的。

从《史记》的记载看，和议达成，刘邦准备撤兵，但张良、陈平出面阻止。他们说："汉国已经占据天下三分之二，诸侯们依然依附。楚军缺衣少食，将疲兵弱。这时候是灭掉西楚国和项羽的绝佳机会，汉军应趁机出击，击败项羽。如不然，将养虎遗患。"刘邦听了他们的话，等项羽沿着鸿沟向东南撤退时，汉军全军出击，追歼楚军。

在是否毁约这件事上，刘邦显得品性淳厚，而之所以擅自毁约，完全因为张良、陈平这些臣子狡诈，怂恿他这么做的，显然把刘邦的形象艺术化了。刘邦不会认真对待这个约定，即便项羽也不会真的相信这个约定会带来和平。在争夺天下的竞技场上，竞争双方"不是你死，就是我亡"。大家都懂这基本道理，刘邦还需要张良、陈平教吗？

史书这么记载，大概是有点往刘邦脸上贴金的意思。毕竟，说了不算，撕毁和议约定是件很丢人的事。以前，刘邦曾经列出项羽十条罪状，其中很多条都和项羽不遵从"楚怀王之约"有关。在"面子"上，刘邦即便要撕毁和约，必要的道义也是要讲的，汉集团至少要维护他重诺的良好形象，和他公开批驳的项羽所做的毁约行为划清界限。这对收揽民心极为有利。在"里子"里，刘邦需要高调宣扬为人实在、讲诚信、讲道义的做人法则，塑造其讲道义、守天道的形象，对他建立新王朝赋以"承天受命"的光辉形象也是必不可少的。

汉五年（公元前 202 年）十月，项羽率领十万楚军，撤离荥阳战场。

此时，彭城已陷落。在通往彭城的路上，韩信、彭越等人正在虎视眈眈地等着他。彭城回不去了，他只能沿着鸿沟向东南方向撤退。江东成为他唯一的去处。

楚军到达阳夏（今河南太康县），被汉军追上。《史记·樊哙列传》记载，在阳夏，樊哙出击，虏楚周将军卒四千人。在楚军撤退途中，楚汉第一次交锋，汉军取得一个小胜利。楚军继续南撤，到达固陵（今河南太康县境内）时，楚军突然反击，汉军大败。

楚军在固陵的反击，让刘邦深感，有项羽在，楚军在败退中，其战力依然不可小觑。仅靠自己，难以将其歼灭。无奈之下，刘邦下令筑起高垒，和楚军对峙。这时候，张良说："就这么对峙也不是办法，应该赶快给韩信和彭越分封土地，让他们死心塌地快速进军，和你会合，围攻项羽。"当时，彭越是刘邦任命的魏国国相。韩信是齐王，但封地并没有划清。为让这两支生力军出兵，加入围歼项羽的战役，刘邦封彭越为梁王，并明确齐国和梁国的地理范围。

有一个问题摆在面前，封韩、彭为诸侯王，他们会不会为了封国利益，在为刘邦作战上不尽心、敷衍了事，甚至找时机反叛呢？在当时，刘邦已不用担心这种情况发生了。

一是韩信和彭越缺乏稳定且强大的核心团队。韩信始终缺乏对他不离不弃的核心团队。从平定魏国到平定赵国，韩信率领的军队，被刘邦先后拉走。在齐地，他所率领的汉军，很大一部分是刘邦派来的。他始终没有机会打造忠于自己的团队。彭越有一支隶属于自己的队伍，但这支队伍的规模始终很小，且缺乏稳定的根据地，难以支持其独立或反叛。

二是项羽颓势尽显，牵制刘邦的可能已不存在。以前，韩信也好，彭越也好，都对刘邦提供过支持。韩信占据齐地后，给刘邦的支持显得很消极。彭越见情形不利于己，还会在名义上投降项羽。当时，刘邦没有计较，是希望借助他们的势力，对项羽形成战略性压力。进入汉五年（公元前202年）十月，项羽败象已显，楚军已向东南撤出中原角逐的战场。韩信和彭越得到刘邦封赏后，如果依然"作壁上观"，就显得不识时务了。他们的选择只有两个，一个是和刘邦攻打败局已定的项羽，赢得建立汉帝国的战功，巩固王爵地位；另一个是坐视不管，等刘邦消灭项羽，将项羽逼出中原，或者消灭项羽，腾出手后，再打他们。显然，这时候加入围攻项羽更划算。

三是韩信和彭越两人都无取天下的雄心。他们的人生追求，大概仅限于当上世袭罔替的诸侯王。至少当时他们没有更高追求。

韩信和彭越得到封地后，迅速举兵，与刘邦会合。

在固陵反击战中，项羽楚军大胜，暂时赢得喘息机会。但楚军已丢掉国都，粮仓匮乏，士气低落，一次胜利无法挽回整体败局。项羽只想尽快脱离汉军，他继续向南撤军，汉军继续尾随。当到达陈县附近，几路汉军分别到达，将楚军包围。汉五年（公元前202年）十二月，在垓下，楚汉最后的大决战开始，史称"垓下之战"。

垓下之战发生在哪里呢？按说如此重大的战役，其发生地应一目了然。但实际上，直到今天，垓下之战究竟发生在哪里，却存在争论。

根据《高祖本纪》《项羽本纪》《淮阴侯列传》《黥布列传》《彭越列传》的记载，汉军在垓下围攻项羽。可是，《靳歙列传》记载靳歙"还击项籍陈下，破之"。《樊哙列传》记载樊哙"围籍于陈，大破之。屠胡陵"。《滕公列传》记载夏侯婴"复常奉车从击项籍，追至陈，卒定楚"。《灌婴列传》记载灌婴"从击项籍军于陈下"。在《史记》记载中，看不到战斗在一线的将领是在垓下与楚军作战的。按照传统看法是，垓下在安徽省灵璧县境内。有一种说法是，当各路汉军会攻项羽时，先后有过两次大战，第一次是陈下之战，最后决战是垓下之战。这么说，表面上讲得通，但如果仔细分析，却好像也说不过去。

第一个原因是，刘邦等统帅级人物不可能和一线作战将领分别打两次战役。既然说打了两次大战，为什么在刘邦、项羽、韩信、黥布、彭越的列传中都未提及陈下？难道说，在陈下和项羽作战的是樊哙、靳歙、夏侯婴和灌婴这些将领吗？夏侯婴是刘邦的司机，平时和刘邦寸步不离，即使逃跑，刘邦也带着夏侯婴。一般情况下，夏侯婴在哪里，刘邦也就在哪里。显然，说在陈下之战中，没有统帅，只有中级将领，完全讲不通。更何况，《史记》记载中级将领的作战，很多都是从战功簿上摘抄的，可信度更高一些。

第二个原因是，项羽很难突破在陈下的汉军包围圈。学者辛德勇认为，当时项羽实际上已被汉军包围在陈县以东地区，并被彻底打败。项羽很难率领主力楚军逃离这个地区。

在彭城之战后，刘邦派一个叫随何的人去九江国，说降九江王英布归汉。项羽派项声、龙且攻打英布。几个月后，英布被打败，只身和随何逃离封地，跑到刘邦那里。之后，项伯杀掉英布的一家老小。英布从此与项羽彻底绝交，投身到汉军阵营。

汉四年（公元前 203 年）七月，刘邦立英布为淮南王，派英布利用在原九江国的旧势力开展策反和瓦解工作，对项羽实施战略性牵制。汉五年（公元前 202 年）十一月，刘贾、英布率军渡过淮河，进攻淮南。先后攻占寿春（今安徽淮南市）和城父（今安徽亳州市谯城区）。此时，楚国大司马周殷占据原九江国，英布利用之前在这里的影响力，策反周殷及其部属反楚。周殷带着英布原来的部属，和英布、刘贾到达垓下，围攻项羽。

从地图上看，灵璧县在陈县正东偏南方向。如果项羽从陈下之战结束后，向灵璧县的"垓下"撤退，需要经过城父县。而此时，刘贾、周殷和英布已占领此地。如果从这里经过，他们应予以阻击。但《史记》对刘贾、周殷和英布在淮南地区作战事迹的记载是，"大司马周殷叛楚，以舒屠六，举九江兵，随刘贾、彭越皆会垓下，诣项王"。"刘贾从寿春并行，屠城父，至垓下"。"六年，布与刘贾入九江，诱大司马周殷，周殷反楚，遂举九江兵与汉击楚，破之垓下"。周殷、刘贾和英布攻占九江国的主要城市后，没有停留，率军主动赶赴垓下，和刘邦会合，围攻项羽。《史记》里没有记载过这里发生过任何战事。

如果项羽率领小部分军队从陈下杀出去，还是有可能的。毕竟人少，即使汉军想阻击，也不容易找到他们的行军路线。可是，项羽一旦率领十万之众行军，不被发现，且不发生激战，很难说得通。也许所谓的陈下之战就是垓下之战，或许可以这样理解，垓下是陈县附近一个不知名的小地方。

垓下在今天安徽省灵璧县境内这一说法的主要根据源于《汉书·地理志》的记载。而历史学者辛德勇认为，垓下在灵璧县境内，依据的是《汉书·地理志》这一静态资料。如果把"陈下之战"和"垓下之战"合二为一，主要根据当时战役实况推测而来，属于动态分析。如果仅依靠静态资料判断垓下所在位置，与其他史料结合后，会出现很多无法自圆其说的地方。因此，把"陈下之战"与"垓下之战"看成是同一个地方的战役，可能更可信一些。

如果垓下在陈县境内或附近，在有些人的传记里，描述此次战役时，把该战役发生地写成陈、陈下或者垓下，并无不妥。在《史记》里，类似这样的记载很多。比如，在《项羽本纪》里，太史公评论项羽时写道，项羽"身死东城"。在《项羽本纪》的正文中称，项羽死于乌江。在秦汉时期，乌江或者说乌江亭在东城境内。项羽死于乌江或东城，都是相同意思，并无不妥。

当然，这也是一家之言。时至今日，围绕垓下究竟在哪里的争论，依然持续不断。目前主流观点依然是：垓下在今天的灵璧县境内。

四、项羽真的不肯过江东吗

当刘邦大军把项羽围困在垓下或者说陈下时，在这里上演了"霸王别姬"，至今让人喟叹。

"霸王别姬"的故事来自于《史记·项羽本纪》。项羽被围困在垓下后，一天，他听到四面八方响起楚歌，大吃一惊，不禁发问："汉军已经把楚地都攻占了吗？为什么汉军中有这么多楚人呢？"这是"四面楚歌"成语的由来。当时，项羽身心疲惫，前途一片暗淡，四面楚歌让他惊魂失魄。

其实，楚汉双方的核心将士本同出一源，都来自楚国，刘邦和项羽一样都是楚人。楚汉相争期间，汉军中从项羽那里投降过去的人也不会少，项羽应该知道这些。在汉军中，唱楚歌很正常，项羽听到楚歌惊慌失措，显得有点小题大做了。也可能是唱歌的人太多，他担心楚地尽失，彻底断了归路，过分紧张下问出这一句话。当然，更可能的是，这段记载并不是真实的。

大概受到楚歌影响，项羽极为苦闷。他让身边一个叫虞姬的美女跳舞，以解忧愁。随着虞姬的翩翩起舞，他在一旁附和一首楚短歌："力拔山兮气盖世！时不利兮骓不逝！骓不逝兮可奈何！虞兮虞兮奈若何！"史称《垓下歌》。这首歌尽显英雄项羽走向末路时的无奈和无助。根据《史记·项羽本纪》记载，"有美人名虞，常幸从"。从字面上理解，这个女人叫虞，姓什么不知道。南北朝时期，宋朝裴骃所著的《史记集解》认为，她姓"虞"，但名字无考。当时，在皇帝内宫，皇帝妻妾等级分为"皇后、夫人、美人、良人、八子、七子、长使、少使八等"。项羽自封为西楚霸王，名位上低于皇帝，这样看，以"美人"封虞姬，她的名号已非常高了，由此可见，虞姬深得项羽宠爱。在正式场合，称这个女人为"虞美人"，可能更合适。后世有一个词牌名叫《虞美人》，即源于此。

除《史记》记载的虞姬事迹外，陆贾所著的《楚汉春秋》，是比《史记》更早记载虞姬事迹的文献。唐朝张守节的《史记正义》引《楚汉春秋》的记载，虞姬为项羽和歌："汉兵已略地，四方楚歌声；大王意气尽，贱妾何聊生。"根据"贱妾何聊生"这句话，后世推测，虞姬唱罢，自尽了。

不过，有人说，这首短歌和项羽的《垓下歌》的内涵很契合，但细究起来，虞姬附和的这首楚短歌，也有问题。即便虞姬深受项羽宠幸，但在项羽陷入穷途末路时，她不可能唱这首暮气沉沉、败君王兴致的歌吧？这首歌明显在泄项羽的气，扰乱项羽心智和斗志。作为项羽身边的姬妾，唱这样的歌，恰恰不符合她的身份。如果真有虞姬与项羽的和歌，司马迁在从《楚汉春秋》抄录项羽的《垓下歌》时，为什么不把虞姬的和歌也一并抄录进《史记》呢？因此，有人推测，这首歌很可能是后人的附会之作。

其实，在垓下之围的那个夜晚，项羽和虞姬究竟唱了什么，当时不可能如实记录。

《楚汉春秋》记录到"垓下之围"的"美人和之"之后，其余文字遗失了。虞姬最后的下场，不得而知。虞姬究竟如何死的，以及埋到哪里，成为千古之谜。在安徽省灵璧县、定远县、和县和南京浦口区都有虞姬墓，但究竟哪个墓是她真正的墓，众说纷纭。不过，项羽作为失败的英雄的典型，通过霸王别姬的故事深入人心。千年以降，这一幕始终让人喟叹、唏嘘。

项羽确实在垓下"气短"了，他第一次像刘邦一样，在无力支撑时，选择弃军逃亡。大概在十月中旬的一天晚上，项羽趁夜色，率领八百骑兵，向南渡过淮河，向江东逃跑。项羽晚上突围的时候，汉军不知道。天明后，才发觉有一支骑兵向南跑了。刘邦怀疑项羽逃窜，派灌婴率五千骑兵追击。而在垓下的楚军并不知道统帅项羽已抛弃了他们，独自逃命。天明后，汉军全线出击，剩下的数万楚军惨遭杀戮。

项羽渡过淮河后，所率人马减少到百余人。走到阴陵（今安徽定远县，另一说是南京市浦口区与马鞍山市和县交界处的阴陵山）境内时，他迷路了。他问一个老汉去江东的路，老汉给他指的路让他往西走，使他陷入沼泽之中。等他折回来向东时，在东城（今南京市浦口区境内，另一说是根据郦道元的《水经注》，在今定远县境内），他被汉军数千人包围在一个小山包上。

《汉书》记载，这个小山包叫"四隤山"。项羽被包围时，身边只剩下二十八个骑兵。项羽将这些人分成四队，从四个方向冲击，扰乱汉军防守，伺机突围。按照《史记》记载，项羽向将士们说，他要斩将夺旗，必杀一员汉将，以证明他的失败不是无能所致，而是上天亡他。项羽的最后一战非常成功，最终冲出汉军骑兵的包围，而后，他和部属重新聚在一起。此时，二十八名将士仅仅损失两名，项羽本人果真在阵中亲斩一名汉军都尉。

项羽来到江边。一般理解是，来到乌江边。这里有一条流入长江的支流乌江，南北走向，项羽准备东渡乌江。也有另一种说法是，项羽来到长江边和乌江交汇处，在今和县境内（另一说在今南京市浦口区），当时，在这里设有乌江亭，长江在这里向北流，这里有个渡口，项羽要从这里东渡长江，进入江东。当然，计正山和冯其庸等人认为，项羽没有在东城之战中突围，死于东城外的四隤山。但这一观点存在极大争议。

目前，主流观点认为，在东城外的四隤山，项羽率部突出重围，向南跑到长江边，进入乌江亭辖区。这时，灌婴所率骑兵追上，将项羽及其部属堵在江边，项羽失去东渡长江的机会。无奈之下，陷入绝望的项羽下马，徒步与汉军力战，身受重伤，自知无法逃脱，自刎而死。汉军见项羽身死，一拥而上，汉将王翳得了项羽头颅，杨喜、吕马童、吕胜、杨武各得到项羽身体的一部分，他们因此分别被封侯。虽然项羽自刎而死，但他的尸体却被肢解了。

《史记》记载，在自刎前，项羽和将士们说的话极为真切。他说的主要意思有两个，一个是，他很强大，但今天进入死地，非战之罪，天要亡他，他的败亡不是因为他能力差。另一个是，他无颜回江东。不过，一个疑问是，对他说的话，谁在当场做记录呢？按照正常理解，汉军围上来后，项羽自刎，其他部属也都被杀。既然被杀，项羽临死前说了什么，谁知道呢？《史记》记载的这些内容，是不是项羽死后，有人按照项羽的性格和当时处境杜撰的？这也是有可能的。

两千多年以来，项羽因无颜回江东，拔剑自刎，这个伟岸形象被定格到超拔、崇高的维度上，李清照在《夏日绝句》抒发对项羽的崇敬之情："生当作人杰，死亦为鬼雄。至今思项羽，不肯过江东。"引得无数人对项羽命运叹息和惋惜。

项羽之死固然令人喟叹，但如果复盘项羽自刎乌江的全过程，会发现，他的死让他的形象不是"向上"抬升，而是"向下"溃滑，甚至变得灰暗而猥琐。真实的情形是，项羽抛下数万追随他的楚军，以独自逃命的姿态离开垓下。他一路狂奔，一路厮杀，到达乌江边，被汉军包围。此时已无法东渡逃命，他自知难逃一死，无可奈何下，不得不自刎而死。所以，"不肯过江东"这句话并不完全符合项羽所思所想。项羽没有那么坚贞不屈、勇于担当和豪气充盈，让李清照和广大同情末路英雄的人失望了。

垓下之战结束后，刘邦派出各路人马平定楚国各地。楚国各地望风而降，但鲁县却坚持不降。楚怀王封项羽为鲁公，鲁县是他的封邑。这里的百姓循旧礼，为项羽守节。刘邦拿着项羽的头颅到鲁县，鲁县百姓看到项羽确实已死，才开城门投降。之后，刘邦以鲁公之礼，把项羽葬在榖县（今东平县）。刘邦亲自为项羽发丧后，泣之而去。刘邦对项羽应该有点英雄惜英雄的感情。

没有项羽的天下，就是刘邦的天下了。汉朝就此喷薄而出。

项羽死后，刘邦突然进入定陶韩信的大营，第三次夺走韩信带出的军队，改封韩信为楚王。韩信成为汉朝第一代楚王。在汉五年（公元前202年）正月，因刘邦诛暴平乱，诸侯和诸将共推刘邦即皇帝位，刘邦辞让三次，其间，完成各种登基准备，定国号"汉"。二月，在汜水河畔（今山东曹县境内），刘邦即皇帝位，史称高皇帝，或汉高祖。汉朝正式登上历史舞台。这个朝代催生出的汉族和汉文化，对中国历史和中国文化的影响深远绵长。

第十章
刘项成败之谜
——被误解千年的评判

一、项羽不会任用贤将吗

　　楚汉相争这段历史很短，前后仅四年左右。但楚汉相争的结果，对中国的历史走向影响深远。原因大概有两点：

　　一是这个时期非常特殊，对后世影响很大。在中国历史上，楚汉相争处于"周秦之变"关口，是中国历史第一个重大的转型期。楚汉相争尘埃落定后，中国社会进入一个"布衣将相"的时代。清代史学家赵翼认为，汉初是古代一大社会变革期。在秦朝以及之前的春秋战国时期，大部分将相和国家领袖来自贵族阶层。汉朝显然不是这样的，"汉初诸臣，惟张良出身最贵，韩相之子也。其次张苍，秦御使。叔孙通，秦待诏博士。"进入汉初政权核心的人，包括刘邦，大部分人出身地位相当低下。比如，萧何是沛县的吏掾，曹参是狱掾，任敖是狱吏，周苛是泗水卒史，傅宽是魏国的骑将，申屠嘉是材官，其余的如陈平、娄敬、王陵、陆贾、郦商、郦食其、夏侯婴都是社会底层人物。这些人在汉初纷纷进入朝堂之上，成为左右国家大政方针、影响皇帝决策的顶级人物。

当然，在过去的社会中倒不是不能见到这类情况。比如，大家都知道秦朝的丞相李斯，是楚国上蔡人，出身小吏，后来经过奋斗，成为秦朝的最高行政长官。不过，他虽然出身不高，但学历可不低，在战国末期儒学大家荀子那里上过学，在他的同学里有像韩非这样的中国著名的思想家、韩国宗室公子。还有苏秦、张仪等人，虽然出身不高，但也都受过正规教育。据说，他们是当时的著名思想家、纵横家且行踪诡秘的鬼谷子收的高徒。显然，在汉初的朝堂之上，出身低、没有接受过任何教育的人能登天子堂，进入权力中心，确有开创意义。

这个时期的布衣将相大变局对中国以后的历史影响非常深远。这一变局告诉后世一个道理，天下属于能力强和运气好的人，和出身、学历无关，即使出身低微，通过后天努力，获得极高富贵，既可行，也顺应天道。

相比而言，这种思潮在日本、英国等国家始终很难被社会接受。直到今天，像在日本、英国这些老牌贵族社会里，即使某人觉得自己多么出类拔萃，是不世出的大英雄，也不可能萌生出当天皇或者英国国王的念想。即使有这样想法，老百姓也绝不会答应，更不会拥戴他。

通俗地讲，因为有了以刘邦为首的一群来自社会底层的人夺得了天下，那种"皇帝轮流做，明年到我家""王侯将相宁有种""我命由己不由人"这类说法在中国历史上始终很有市场，甚至成为一种主流观念。所谓"前有车后有辙"，刘邦及其追随他的兄弟起到很强的示范效应。

二是这段历史充满传奇性，在知名度上和三国可并驾齐驱。这段历史与三国历史很相似。三国历史如果从黄巾起义算起，前后不过百年，为什么会引起大家注意呢？原因很简单，主要是三国时期的社会处于大变革时代，各种传奇不断上演，出现过很多正常社会几乎不可能发生的事件和人物。传奇多，故事多，当然更容易吸引人，"说三国"自然成为传统评书、戏剧和小说的经典剧目。

楚汉相争也是如此。当时社会秩序大乱，传统制度崩塌，新制度尚未构建，在后世人看来，当时人物的行事充满传奇。在乱世，人物命运无常，反转起合尽在瞬间，在波澜起伏的历史大潮中，生死离别，更显悲壮。人与人之间无论是斗力，还是斗智，都体现出相当高的水准，后世人从中可以汲取丰富的智力营养，领悟很多做人做事的智慧，欣赏耐人寻味、过目不忘的精彩故事。

很多人认为，在如何使用人才上，刘邦和项羽存在明显的高下之别，这是导致两人最终命运的重要原因。

这么说，不能说有太大问题，不过显得过于粗略。作为两个集团、两个组织的首领，刘邦和项羽在如何吸引、选拔和调配人力资源上确实存在差异。韩信在《汉中对》中指出："项王喑恶叱咤，千人皆废，然不能任属贤将，此特匹夫之勇耳。"然而，这样的说法靠谱吗？

韩信对刘邦说这些话时，刘邦刚把他提拔成大将军。此时他和刘邦展开对话，目的有两个，一个是鼓励刘邦杀出汉中，给他和其他人建功立业的机会，夺得天下后，他有机会封王封侯，成就一番事业；另一个是向刘邦展示才华和能力，取得刘邦信任。但是韩信有资格去这样评说项羽吗？实际上，既可以说他有，也可以说没有。

说他有这个资格，原因有两个。第一个是他曾经在项羽身边工作过，对项羽做事、做人风格熟悉。刘邦进入汉中之前，韩信从项羽那里转投到刘邦这里。韩信在何时投靠刘邦，学术界有不同观点。有人说，他在项羽率领诸侯联军打破函谷关后，和刘邦在关中平原对峙时投靠刘邦。另一种说法是，韩信在刘邦被项羽分封到巴蜀和关中后才投靠。历史上，对韩信何时投靠刘邦，并没有定论。但不管如何，韩信来刘邦这里之前，在项羽身边待过很长时间，并积极参与项羽主持的各类战役和战斗，这是无可争议的。

韩信说，他曾经在项羽那里担任过"郎中"这个官职，爵位是"执戟"。郎中这个官职最早出现在春秋时期，主要做以下三种工作：一是国君、将军的近侍，可以参与一些政事和军事的谋划工作；二是为国君、将军站岗放哨；三是当外交使臣等临时性工作。

总之，官职大小姑且不论，可以确定的是，韩信是项羽身边的人，受到项羽的信任和亲近。这个职位对一个人的升迁和成长很有利。历史上，像李斯、嫪毐以及刘邦身边的樊哙、灌婴等人都曾做过郎中，并在这个岗位上通过个人努力和良好机会坐上高位。毕竟，干这份工作，平时上班地方距离决策中枢和领导非常近，如果有才能，积极表现，容易得到领导器重和提拔。"执戟"这个爵位是楚国爵位。曹参、灌婴曾获得过"执帛"这样的爵位，夏侯婴获得过"执珪"的爵位，这两个爵位和"执戟"的品位差不多。在楚国，无论是"执戟"，还是"执珪"，都不算是低爵，拿到这样的爵位，可以有封地，拥有国家给予的长期"饭票"，相当于拿到在现代公司里的股份，非常实惠。

第二个是韩信和项羽曾经近距离交流过，对项羽的言行做派和性格比较熟悉。比如，他曾说，臣事项王，官不过郎中，位不过执戟，言不听，画不用，故倍楚而归汉。这说明韩信有机会向项羽谈一些个人看法，项羽也允许他这么做，甚至还会和他讨论问题。只不过韩信向项羽进言，韩信认为，项羽没有采纳，让他感觉价值无法实现，没有机会立功升迁，因而倍受憋屈。

说韩信有资格评价项羽，是从客观条件上看的，但因为项羽对韩信的任用，正好反证韩信对项羽的评价是错的，可以说，韩信没资格如此评价项羽。

根据《史记·淮阴侯列传》的记载，韩信早年在淮阴县时，是一个普通百姓。虽然他可能是没落贵族的后裔，但秦朝建立后，像韩信这样的前朝贵族，秦朝不找他们的后账，已经算不计前嫌了。前朝贵族韩信早年在淮阴，生活要靠双手，那种不劳而获、衣食无忧的贵族生活，与他毫无关系。而他好像也比较懒，不愿意"为稻粱谋"，日子过得很困窘，甚至要寄食于人。

项梁率江东子弟兵北渡淮河后，路过淮阴，韩信携一把剑，独自一人，参加项梁军队。《史记》记载，"及项梁渡淮，信仗剑从之，居戏下，无所知名"。加入项氏集团时，除了身怀才学，韩信一无所凭。当时，如果一个人能带上一些人马，加入起义大军，在起义队伍中的地位自然要比单枪匹马的高很多。带队伍加入起义大军，相当于带着资本加入创业公司，无论能力有多大，也算是股东之一，有资格拿到公司分红。如果还有能力，获得建功立业的机会，还会被封侯拜将。这些人中，有刘邦、陈婴、陈豨、陈武，甚至还有张良。即使像樊哙、曹参、萧何这样的人刚造反时，虽然没有独立带人马，但他们这些人其实也都是一支小规模军队的核心人物，加入起义军队后，一般也能跟着首领，得到一个相应爵位或官职。

因为自身没任何资本，导致韩信在项梁军队工作时默默无闻、不被人所知。客观上讲，当时项梁刚到达中原地带，战事极为紧张，他确实没有精力关注和选拔帐下像韩信这样的精英人才。

不久之后，项梁在定陶被章邯袭杀，韩信归属项羽。这么看，和项梁相比，项羽眼光独到且精准，在千军万马中发现韩信的才华，赏识和重用他，把他带在身边。尽管郎中这个官职与后来刘邦给韩信的"大将军"相比确实低得离谱，也不能真正发挥出韩信的平生所能，但考虑到韩信的职业起点很低这个前提，在短短几个月里，他成为项羽身边人，并有机会参知军政大事，不能说项羽不重用韩信。站到项羽角度，韩信没有带着一支队伍加入项家军，之前也没有任何实战经验，更没有有威望的人推荐，他这样对待韩信，应该说已经做到选贤任能、慧眼识英才了。

不能因为韩信被刘邦破格提拔为大将军，而项羽没有这么做，就可以证明项羽不能"任属贤将"。在刘邦那里，韩信在被任命为"大将军"之前，刘邦的心腹近臣夏侯婴亲自举荐他，刘邦和韩信交流后，也仅给他一个管后勤的官职（治粟都尉），显然，刘邦没有发现韩信真正的才学。萧何第一次推荐韩信后，刘邦对他的任用依然不置可否，直到萧何把失落的韩信追回来，强推刘邦登台拜将时，韩信才被拜为大将军。与项羽相比，刘邦本人对韩信可谓冷落至极，谈不上独具慧眼。从《史记》记载上看，在"还定三秦""彭城之战"这两次大战役中，刘邦可能没有赋予他独当一面的职责。在汉中，任命他为大将军，主要让他"申军法"，在汉军中从事制定和推行秦朝军制这样的工作。客观地说，这样的工作比在项羽那里确实更重要、更具体、更务实，但也不能说韩信在刘邦那里真的就一步登天了。直到第一次彭城之战，刘邦大败，在失魂落魄、六神无主时，在张良推荐下，刘邦才正式赋予韩信独立领兵的权力和责任。

韩信之所以最终在汉军能独当一面，原因一是韩信自从加入项梁军队，追随项羽征战，参加过很多惊心动魄的战斗，其中包括举世瞩目的巨鹿鏖战，这种实战经历对韩信日后发展极为重要。毕竟一个人只有理论，没有实践积累，最终成为独当一面的大人物几乎不可能。等到韩信投靠刘邦时，韩信已经初步经受战争历练，其经验和见识，与当初只身仗剑投军入伍时不可同日而语。二是刘邦在第一次彭城之败战失后，在汉军全军溃败时，韩信率军在京、索顶住项羽进攻，稳住汉军阵脚，立下大功，在刘邦面前证明了其独立领军、临危不乱和卓越的军事指挥才能。三是刘邦刚刚经历大败仗，进入人生低谷，正在手足无措，急需军中有类似韩信这样的人。四是张良高调推荐韩信。基于以上四个原因，刘邦才真正敢于起用韩信，派他独立领军征伐魏国。显然，在项羽那里，韩信没有这样的机会。

虽然不能说项羽完全不存在"不能任属贤将"的现象，但项羽作为一方霸主，手下兵多将广，在用人上，出现不能人尽其才、人才受压抑的现象，也不足为奇。在刘邦那里也同样存在这类问题。如果把这一条作为项羽最终走向败亡的因素，显得有点小题大做了。

二、项羽不愿意赏赐功臣良将吗

除了"不能任属贤将"这一条，在《汉中对》中，韩信还说项羽，"见人恭敬慈爱，言语呕呕，人有疾病，涕泣分食饮，至使人有功当封爵者，印刓敝，忍不能予"。这句话的意思是，项羽对人恭敬有加，有人生病了，他能哭哭啼啼地把东西分享给他，很有人情味，但人家立了功，应当封爵受赏，他却磨磨唧唧地不愿意把封赏的印鉴给人家。韩信认为，项羽是个很抠的人，没有大气魄，很小家子气。当一个朋友可以，但和他共同做大事，则没什么意思了。

类似这样的评说，其他人也说过。天下初定，在洛阳南宫，刘邦和群臣讨论楚败汉兴的原因，高起、王陵说："陛下慢而侮人，项羽仁而爱人。然陛下使人攻城略地，所降下者因以予之，与天下同利也。项羽妒贤嫉能，有功者害之，贤者疑之，战胜而不予人功，得地而不予人利，此所以失天下也。"在这里，他们的意思是，项羽不能尽赏功臣，丢掉人才的人心，陷入寡助境地，从而失去天下。

然而，根据《史记》《汉书》这些有限的史料，其实很难看到项羽是一个不愿封赏的人。可以举三个例子来说明。

一是项羽封赏英布。早年，英布作为刑徒，去骊山修秦始皇陵。其间，他带着一帮不安分的人，逃出工地，落草为寇。陈胜、吴广起义后，他去找当时被称为"番君"的越人首领吴芮，两人一拍即合，聚到一起，拉出一支数千人的反秦武装。吴芮为拉拢英布，把女儿嫁给他，进一步加强联盟关系。

之后，英布率众北上，加入项家军，在淮河一带打了一些仗，勇冠三军。项梁死后，他追随项羽北救赵国，常以少胜多，属于那种在孤立无援中依然能抓住战机、取得胜利的勇将，极类项羽。他随项羽和诸侯联军杀入关中时，率军打破函谷关。当时，他已被项羽封为"当阳君"。后来，在戏水分封时，项羽封英布为九江王。

二是项羽封赏周苛。汉三年（公元前204年）六月，在荥阳，刘邦被项羽围攻。城破前，刘邦逃走，留下周苛、枞公和韩王信等人守城。《史记·项羽本纪》记载，项羽抓住守城的将领、汉国的御史大夫周苛，"楚下荥阳城，生得周苛。项王谓周苛曰：'为我将，我以公为上将军，封三万户。'"周苛拒绝了，他对项羽说："你项羽要认清形势，赶快投降汉王。"汉朝建国后，封邑最多的人是刘泽，他是刘邦的亲戚，封邑也不过是一万两千户，这还是在高祖十一年封的。刘邦刚建汉时，封的功臣中，食邑最高的是曹参，也不过一万零六百三十户。和项羽封周苛相比，都是"小巫见大巫"，不值一提。项羽给周苛的职务是上将军。当初，项羽在安阳斩杀宋义之后，楚军推举项羽为"假上将军"，也就是代理上将军，他派人去报楚怀王时，楚怀王才正式任命他为上将军。"上将军"这个军衔在楚国是很高的。这个实例说明项羽对他看重的人才，还是很舍得下血本的。

三是"龙且援齐"。项羽派龙且和周兰领兵与齐军会合，在潍水河畔，与韩信打了一场大决战。在开打之前，有一位不知名的谋士劝龙且："汉兵远斗穷战，其锋不可当。齐、楚自居其地战，兵易败散。不如深壁，令齐王使其信臣招所亡城，亡城闻其王在，楚来救，必反汉。汉兵二千里客居，齐城皆反之，其势无所得食，可无战而降也。"就是说，韩信大老远地跑来作战，陷于不胜则亡的境地，攻击势头肯定很大。齐国和楚国的军队是在家门口作战，一旦战事不利，士卒容易一哄而散。现在不如筑起高垒，不和韩信正面冲突，然后让齐王派出值得信任的人去被汉军攻陷的地方招降，这些地方的人听说齐王号召大家反汉，而声势浩大的楚军也来帮忙，必然会信心大增，响应号召，反戈而击。千里之外的汉军这时候受到内外夹击，断食少粮，必然撤退。齐楚联军将不战而胜。

根据当时情形，龙且如果听了此人建议，韩信还真很难办。但龙且是如何回答此人的呢？他说："吾平生知韩信为人，易与耳。且夫救齐不战而降之，吾何功？今战而胜之，齐之半可得，何为止！"他的意思是，我平时就知道韩信是什么人，我掂量得出他的真实水平，打他很容易嘛。再说了，今天我来救齐国，竟然不打上一仗，那么，我有什么功劳呢？如果今天打胜这一仗，齐国的大半个领土就拿下了，为什么不打？龙且的这句话表达出很明显的意思，在项羽那里，立军功受赏，也是通行法则。龙且很在乎这份军功。

因此，说项羽自私自利，不舍得和大家分享胜利果实，显得有失偏颇。项羽未必对每个立功的人都能做到恰如其分地奖赏，但很难想象，一个对手下将士缺乏激励的统帅能够多次逼迫刘邦从荥阳战场狼狈逃窜，也很难想象有十余万的将士愿意和项羽走向垓下战场。

韩信说服刘邦时，是他刚被封为大将军。他是一个有野心、雄心和抱负的人，非常渴求功名利禄，他这么说项羽，是在树立一个反面典型，变相地提醒刘邦，千万不要舍不得给那些将来立功的人封赏，别仅把封赏挂在口头上。

至于高起和王陵，他们在和刘邦说这些话时，是大概在汉五年（公元前202年）五月，汉朝刚建立三四个月左右。那时候，第一阶段论功封赏工作刚结束，还有很多人没有被封赏，下一步，哪些人被封赏，封多少，还正在酝酿讨论中。很多人早已经急不可耐地期盼着刘邦快点给好处。这时，刘邦因为已打败项羽，天下一统，功臣们的价值已经没有之前那么大了，广大功臣担心刘邦会翻脸不认账，或者吝啬惜封。高起和王陵，当然还有更多的功臣们，都非常愿意不遗余力地刻画项羽为人小气的形象，甚至把刘邦的成功归于他为人大方、不吝赏赐。这等于在变相地督促刘邦，赶快对功臣良将们奖掖封赏。

三、项羽用君子不用小人吗（一）

作为一个组织的领导者，如何选拔人才、用什么样的人和怎样使用人才，是一个非常复杂的问题。每个领导者的方法和策略不同，结果也就相差很大。

在选拔人才上，至少项羽还算是有慧眼，比如，从众多人中把韩信选出来，成为自己身边的参谋。在如何使用人才上，因为史料残缺，很难系统地分析项羽在使用人才上的策略。一些研究者认为，项羽是贵族出身，傲骨凌云，一派君子作风，不愿意和那些道德缺损严重、做事没底线的市井小人为伍，在用人上出现道德至上、能力其次的倾向，不能做到唯才是举。

这里说的小人，是指那些有能力而唯利是图、道德情操低下的人。这些人在处理一些棘手问题时，因没有道德羁绊，可以放开手脚，不择手段，从而能够处理很多棘手问题。

在乱世，刘邦和项羽形成的组织和团队在刚起步时，其行为处事的方式和打家劫舍的土匪组织类似。而这样的团队一旦有明确的政治主张和目标，就成为政治集团。在组织中，充斥着太多道德低下的人，一定有损于团队的政治形象，甚至影响团队性质和最终命运。无论是刘邦还是项羽，他们带领的团队都有明确的政治主张和目标。特别是刘邦的团队，从刘邦当上砀郡长开始，逐渐脱离匪气，"高大上"的政治形象越来越清晰。

领导在用人上对品行考察过于放纵，确实很危险。刘邦也好，项羽也好，身边离不开有情怀、有道德、有品行的人才。这些人是他们，也是所有组织里，最值得珍惜、最值得依赖的人。

任何集团都要讲道德、讲节操，但有时候过于拘泥于道德，在乱世中处理一些复杂棘手的问题时，就放不开手脚，即使脑子聪明，很多事情也很难处理好。

在楚汉相争时代，项羽出身贵族，他是否真的对那些道德水平低下的人，因看不惯而拒而远之，且固执死板地坚持用道德情操高尚的人呢？

这个说法最早是来自《史记》的记载。根据《史记·陈丞相列传》记载，刘邦在荥阳被项羽围困，粮道被断，感觉很难支撑下去，他甚至向项羽提出，把荥阳以西的部分土地给项羽，以换和平，但项羽不答应。

在这种情况下，刘邦问陈平："天下纷纷，何时定乎？"意思是，你看现在汉军处于如此弱势的地位，随时可能军败国亡，主动和项羽谈和，项羽还不理，这该如何是好呢？刘邦问计于陈平时，是他极度缺乏自信、丧失斗志的时候，态度上自然很诚恳。如果陈平说点过头的实话，刘邦也可以接受。

陈平对刘邦说："项王为人，恭敬爱人，士之廉节好礼者多归之。至于行功爵邑，重之，士亦以此不附。今大王慢而少礼，士廉节者不来。"陈平指出，项羽是一个恭敬谦让、讲礼貌、懂礼数的君子。既然一个人是谦谦君子，他不看重钱财货物之类的身外之物，更重视精神层面上的追求，他喜欢"廉节好礼"的人，"廉节好礼"的人也喜欢他。"至于汉王您呢，是个素来轻慢、不懂礼数的人，品行廉洁、人格高尚的人自然不愿意和你为伍，也不愿意和你共事了，更不会愿意受你驱使。"陈平就差直接说，刘邦是个小人，是一个粗鄙的人了。刘邦和陈平说这话时，他的处境很艰难，他所关心的是陈平如何帮助他解燃眉之急。陈平接着说道："然大王能饶人以爵邑，士之顽钝，嗜利无耻者亦多归汉。诚各去其两短，袭其两长，天下指麾则定矣。"他说刘邦虽然重物质利益，在品性上，也不算是个谦谦君子，但愿意把物质利益拿出来和大家分享，不吝给立功的人赐爵位、给封邑。那些有本事但品性不端的人，都喜欢投靠刘邦。如果汉王扬长避短，依然能平定天下。陈平是在鼓励刘邦按照底层社会混江湖的套路打天下，无须背上道德上的心理负担。陈平这么说，刘邦当然很受用。基于以上的观点，陈平认为，应该给他"数万斤金"，让他用于离间项羽身边的骨鲠之臣，比如钟离眜、范增、龙且和周殷等人。后来陈平果然不负重托，成功地离间了项羽和范增的关系。

四、项羽用君子不用小人吗（二）

韩信在给刘邦出谋划策时说过："任天下武勇，何所不诛"。韩信把自己定位为武将，希望成为领兵打仗的统帅，他自然会这么说，希望刘邦任用他这类有领兵能力作战的人才。但陈平是什么人呢？在做人上，陈平为人不太正派，甚至可以说是标准的小人。根据《史记》记载，早年间，他和嫂子的关系不清不楚，很暧昧，天下人都知道这事。在工作中，他履职行为不检点，有贪污行为。

他是极聪明且善于见风使舵、察言观色、搞阴谋诡计的人，这类人很适合做收集情报、分化瓦解敌军和挑拨离间政敌等工作，但让他指挥打仗，就不行了。陈平曾评价自己："我多阴谋，是道家之所禁。"既然以搞阴谋诡计为安身立命的依托，难免要做一些为君子所不齿的勾当。所以，他才会引导刘邦彻底地发挥市井小人的本色，重用那些诡计多端的阴谋家，毫无顾忌地去玩阴使诈。不过，和韩信一样，陈平既没有资格如此评价项羽，他对刘邦的评价也不准确——刘邦身边并非都是势利小人。

陈平在投靠刘邦之前，曾经换过两个阵营。第一个阵营是魏国。陈胜吴广起义后，在旧魏国故地，一个叫周市的人，趁各地起义风起云涌，立魏国贵族后裔魏咎为魏王。陈平和一些同乡的年轻人投靠魏王咎。魏王咎任命他为太仆，但并不太听他的进言，而且还有人私下里说他的坏话，引起魏王咎对他的猜忌。陈平在魏国待不下去了，转投第二个阵营，也就是项羽那里。

陈平加入项羽阵营后，随着项羽征战，之后进入关中，项羽赐给他"卿"一级的爵位。按照楚国的爵位制度，这一级爵位有封邑。显然，项羽表示认可他的能力和之前所做贡献。

在鸿门宴上，刘邦借上厕所之名，离开宴会。刘邦正在犹豫是否不辞而别时，项羽派人出去叫刘邦，派的这个人就是陈平。此时，陈平担任"都尉"一职，说明陈平受到项羽任用，且是项羽身边的人。

刘邦"还定三秦"后，出函谷关，到达陕县，在河内郡的殷王司马卬见到反楚势力壮大，趁势反楚。项羽封陈平为信武君，派陈平率领他的旧主魏王咎留在楚国的残余军队，平定司马卬反叛。一开始，陈平取得预期战果，殷王投降。项羽委托项悍拜陈平为具有军职性质的都尉，并赏赐他很多钱财。

秦汉时期，都尉是重要的中高级武官，属于那种能够独立领兵或者有明确军事职责的重要职务，职位仅次于将军。如果一场战斗或战役下来，在统计战果时，俘获或斩杀敌对方都尉一级的军官，是重要战果，都会被明确记载。比如，秦国第一次灭楚国时，楚国将军项燕反败为胜，追杀由李信、蒙恬统领的秦军，导致秦军大败。《史记》记载，"大破李信军，入两壁，杀七都尉，秦军走"。在鸿门宴时，陈平已经担任都尉一职，为什么在讨伐完司马卬后，项羽又给陈平一个都尉的职衔呢？陈平在鸿门宴上担任的都尉一职，实际上应该是一个参谋类的职务，虽然级别很高，但并不拥有掌握一支军队的权力，更无法独立领兵作战。可是，陈平平定司马卬后，向大家展示出独立领兵作战的能力，这时候，项羽再授予他都尉一职，肯定不是让他在军中仅做一些出谋划策的工作，而是授予他独立带兵的职权。从实权上看，显然陈平后来得到的都尉一职要高于在鸿门宴时的。后来，在魏无知的引荐下，陈平投靠刘邦。刘邦参照陈平在项羽那里的职务，授予都尉一职。对陈平算是平级调动，不升不降。即便如此，周勃、灌婴等诸多将领觉得陈平道德低下，对刘邦的安排非常不满。

陈平为什么要脱离项羽阵营，转投刘邦呢？其实，这完全是因为他做事出现问题，为逃避惩罚，不得不离开项羽。陈平领兵攻打司马卬，司马卬投降了，陈平以为就万事大吉，回去复命。但等到刘邦真正开始东征，却很快击败司马卬，司马卬投降刘邦，阻挡刘邦东征彭城的一道屏障被轻松打开，项羽为此大怒，要追究平定殷国当事人的责任。陈平非常害怕，脚底抹油，挂印封金，逃跑了。他直接跑到刘邦那里，寻求保护，再谋发展。可以说，陈平是畏罪潜逃到刘邦那里的。

表面上看，既然是刘邦击败司马卬，司马卬投降，陈平应该没什么过错的，项羽这么做好像也有点诿过于人的意思。但陈平带过去打司马卬的人，不是楚军，而是在楚军的魏国人，为什么这么做呢？为什么让一个善于动脑子和动嘴的陈平干这件事呢？难道说项羽不知道陈平不是武将吗？还有，陈平平定司马卬后，是项羽委托项悍赏赐陈平官职和金钱，为什么让一个武将项悍做这件事呢？

综合分析，项羽让陈平平定司马卬的目的是"武装"说服司马卬投靠楚国，并且使司马卬所占据的河内郡，成为刘邦东进之路上一块难以撼动的挡板。让陈平带着原来魏国的旧部去，因为陈平之前在魏王咎那里工作，很多魏国军人和他熟悉，这样做，也能节省一部分楚国的军力。让陈平去，是因为他能说会道，善于摆事实、讲道理，有利于开展统战工作，实现"不战而屈人之兵"的目的，进而拉拢司马卬的军队，和楚军联合，对抗刘邦。让战将项悍也去，项悍肯定带着一部分楚军，作为威慑力量，协助陈平逼迫司马卬就范。

只要能挡住刘邦东进，就可以为项羽灭掉齐国争取时间，这一步棋是战略性的。显然，陈平只做到了让司马卬投降，但并没有把河内郡变成顶住刘邦东进之路的一块堡垒。没了这个堡垒，项羽陷入极大的战略被动。这样看，项羽丢掉都城彭城，和陈平有一定关系。

从宏观战略看，因为彭城被刘邦突袭占据，逼着项羽不得不放下攻克不下的城阳和在城阳里的田横，回师救彭城，以致齐国死灰复燃，使项羽丧失了一次扩充地盘和实力的大好机会。这个罪过非常大，项羽为此处理陈平，合情合理，也合法。

项羽确实很重用陈平，而对陈平的处理也还算有理有依据，不是任性而为。所以我们还真不能说项羽只喜欢任用君子，而刻意远离像陈平这样的小人。

刘邦身边是不是都是些贪利小人呢？

其实，刘邦身边的君子还是很多的。比如，忠于灭秦理想且功成隐退的张良，以及为掩护刘邦脱离险境而被项羽杀害的纪信，宁死不屈被项羽烹杀的周苛，也有像萧何这样的忠于职守的官僚。当然，像陈平这样的人，在刘邦身边也很多，刘邦驾驭这些人很有一套。这些人对刘邦阵营的整体利益没有什么实质性危害，或者说危害虽然有，但都被刘邦逐一化解了。

五、刘邦、项羽用人策略辨析（一）

现在，可以总结一下大家对刘邦和项羽在用人策略上的误解。比如，说项羽刚愎自用，而刘邦虚心纳谏；项羽容易轻信谗言，而刘邦用人不疑，疑人不用；项羽任人唯亲，而刘邦则任人唯贤、唯能。传统视角认为，刘邦身上大概除流氓气重外，几乎具有优秀领导人的所有品质和能力。实际情况却并非如此。我们可以逐一分析一下。

首先，项羽是否刚愎自用，听不进不同意见，而刘邦就虚怀纳谏，从善如流呢？

这个说法也有出处，并非空穴来风。在鸿门宴上，项羽一意孤行，不听范增劝告，任由刘邦离开鸿门宴。从此，项羽之后一系列失败好像都与此有关，从逻辑上看，好像没问题。

然而，上文已经分析过，如果项羽在鸿门宴上杀了刘邦，他在之后主持的天下分封，将失去合法性和权威性，无法获得进入关中的诸侯及诸将们的拥护，称王及称霸也就无从谈起。在鸿门宴上，项羽不杀刘邦，是当时明智的政治选择。后来，在戏水分封上，项羽和范增合谋把刘邦封到巴蜀、汉中这种相对贫瘠的地区，这样做，既照顾面子上的政治正确，又不露声色打压刘邦，是一个妥协后的次优策略。

对项羽所谓的"刚愎自用"，也要客观辩证地看。如果领导者排斥不同意见，坚持自己的看法和做法，取得成功了，这种性格叫作很有主见，独立自主精神强。可是，如果失败了，同样一种行为则会被贴上"刚愎自用"的标签。说项羽是否刚愎自用，关键看他坚持的做法是否成功。在征战岁月里，军事政治集团的领导者不具备独立判断的能力，问题可能更大，特别是，真理往往掌握在少数或者说一个人手上。在纷繁的乱局中，能够立足且赢得一席之地，坚毅、果敢的性格往往是必备条件，优柔寡断、随波逐流的领导者几乎不可能有好下场。

从史书看，确实有对项羽"刚愎自用"的记载，甚至明确提出项羽这种性格对他的事业产生不利影响。但也记载过项羽虚怀纳谏的性格，如听从范增的分封建议，特别是如何分封刘邦的问题上，项羽尊重范增的建议。

其实，刘邦"刚愎自用"的性格可能比项羽更突出。比如，刘邦杀入关中后，因贪恋秦皇宫的美女、财货，进入咸阳宫后，赖着不走了。樊哙劝他，他不听，还是后来樊哙拉着张良一起劝，才把他劝出秦王宫。刘邦占据咸阳后，听了某个无名的谋士的话，独自决定派人把守函谷关，把项羽率领的诸侯联军挡在关外，以致给了项羽攻杀他的借口。如果不是项伯、张良的穿针引线，刘邦很可能被项羽抓住把柄，在鸿门宴之前死于项羽手上。

最能体现刘邦"刚愎自用"的事，发生在汉朝建国之后"白登山之围"。汉朝初立，韩王信投降匈奴，刘邦率军亲征，在平城（今山西大同市），匈奴使用诱敌深入的计策，被刘敬看出。刘敬劝刘邦不要上当，但被刘邦骂了一顿。刘邦上当后，被匈奴围在平城附近的白登山，差点被擒。

可以说，刘邦和项羽一样，都有刚愎自用的方面，当然，也可以理解为独立自主的性格。只是与项羽相比，刘邦的刚愎自用性格造成的恶果要么被化解，要么就被身边的人及时制止，对他的事业没有造成致命伤害。项羽就不同了，刚愎自用的性格再加上其他一些原因，导致他最后的败亡，在总结项羽败亡原因时，他的这种性格被无限放大了。

有人说，项羽对有功的人不能充分赏赐，追随他的人感觉受伤，这个能成为他最终败亡的主要原因吗？

这个说法在历史上屡次被人提及。主要出处之一是韩信在《汉中对》中说，项羽手下人立功后，应被封爵位，他却表现出舍不得给的表情。

这个说法是否靠谱呢？韩信说这番话实际上是在提醒刘邦对有功之臣要舍得封爵。韩信说这番话是有特殊意图在里面的。

六、刘邦、项羽用人策略辨析（二）

　　实事求是地讲，集团的首领任用亲信以及亲戚，也无可厚非。在外部压力极大的情况下，和自己有渊源关系的亲信，执行各种任务和命令的效率高，忠诚度也高，有利于维护组织利益。项羽也任用或者重用很多和自己以及项氏宗族没有渊源的人才，比如，范增、英布，以及史书中没有明确记载来历的龙且、蒲将军、钟离眜、周殷、季布等人。这些人在楚军中担任非常高的官职，比如龙且和周殷都做过大司马，担当很关键的职责，被项羽赋予极重要的使命。过分强调项羽任人唯亲，甚至认为这是项羽败亡的重要原因，与实际情况并不完全符合。

　　如果项羽存在任人唯亲的问题，刘邦是不是也存在这个问题呢？根据史书记载，答案是肯定的。

　　所谓任人唯亲，对这个"亲"字的理解，有两个方面：一个方面是，和刘邦或他妻子有血缘关系的人，比如那些姓刘的人和姓吕的人。另一个方面是，刘邦在早年和他关系密切，称兄道弟，不是兄弟、胜似兄弟的人。比如，和刘邦同年同月同日生、一起长大的卢绾。

在汉集团里，刘邦对一些亲戚也很重用。比如，刘邦同父异母兄弟刘交，独立领兵且和刘邦是同宗的刘贾，这些人的能力都不错，对建立汉江山发挥了很大作用。

但是，汉朝建立后，刘邦封二哥刘仲为代王，这是典型的任人唯亲导致巨大祸患的例子。汉八年（公元前199年），匈奴入侵代国，身为代王的刘仲毫无军事才能，根本无力守卫国土。他竟然弃国舍疆，独自逃回洛阳。刘邦看着这个相当不争气的二哥也无可奈何，只能把他降为合阳侯，以示惩戒。虽然刘仲是个废物，但他的儿子刘濞才华卓绝。在汉景帝时，吴王刘濞挑起"七国之乱"，这是后话了。

与刘邦同年同月同日生的卢绾，和刘邦从小一起长大。刘邦把他视为绝对心腹。他得到的赏赐和待遇，其他人比不了。《史记》记载，"虽萧曹等，特以事见礼，至其亲幸，莫及卢绾"。刘邦"还定三秦"后，卢绾被封为长安侯。《史记》记载"长安，故咸阳也"，此长安不是汉朝时的都城长安，是秦国都城，封地在这里，姑且不说经济基础如何，政治地位非常显著是一定的。但在"还定三秦"或之前的征战中，没见到卢绾立下过哪些显赫功劳。刘邦公开把这块风水宝地封给卢绾，明显是任人唯亲、眷顾亲信。

汉朝初立后，在公开场合，刘邦主动暗示群臣，希望群臣主动劝谏他，立卢绾为王。汉军平定项羽立的燕王臧荼后，在识时务、深谙皇帝心思的群臣吹捧和劝谏下，卢绾被立为燕王。

刘邦不但任用亲信，而且在赏赐上偏心。据学者夏增民统计，初置十八侯中，刘邦起事的基地——丰沛砀地区的人员占了十一个，而余下被封侯的几乎全部是这个三角地带或者邻近地区的人。《汉书·高惠高后文功臣年表》中载一百四十七侯，籍贯在丰沛砀三地的五十一人，占了三分之一强。学者刘敏经过深入研究，得出刘邦不仅"封功"，并且"封亲"的结论。"代秦而兴的汉，虽承秦制，但有变通，不仅功封，而且亲封"。从汉初"尊王子弟、大启九国"，此后历代皇帝封皇子为王，封王子为侯，体现的均是亲亲而分封的原则。

有人说，项羽疑心重，轻信谗言，使大家在他身边工作缺乏安全感。这种评价很多。汉朝初立，刘邦当着群臣的面，说过一句话，"项羽有一范增而不能用，此其所以为我擒也"。他认为，项羽因怀疑范增通敌，而弃用范增，才丢了天下。

然而，从有限的史料看，反倒是刘邦怀疑部下的劲头要大于项羽。

举个例子。汉三年（公元前204年），刘邦和项羽在荥阳附近作战，项羽的攻势非常凶猛。刘邦刚经历彭城惨败，士气低落，正在苦撑。这一年四月，刘邦主动向项羽请和，项羽不答应。五月，纪信为救刘邦，被项羽捕杀。也是在这一年，刘邦非常需要在后方的萧何向荥阳前线运送兵力、粮秣和装备，这时候，有个叫鲍生的人对萧何说："现在刘邦作为一国之君，都已亲自冲到前方，和项羽没日没夜地搏杀。看情形是在苦撑，局势不妙。现在，他不停地催促你向前方运输物资，给人的感觉好像汉国离不开你，大汉国的前途尽在你手上。将心比心地想，汉王刘邦心里肯定不踏实，会猜忌你。我为你考虑啊，为了让汉王心里踏实，你选萧氏族人中那些年轻后生，全都送到前线，表达出和刘邦死到一起、活到一处的决心。到那时，刘邦必定更加相信你。"萧何听从鲍生的话。《史记》记载，"汉王大悦"。看来刘邦对萧何真的不放心。

汉朝建国后，汉十二年（公元前196年），英布造反，刘邦亲征。在作战期间，刘邦经常派人到长安，问相国萧何："你每天都在干什么啊？"当时，萧何主要做支援前方的后勤保障工作，以及辅佐太子刘盈治理国家。这时候，萧何身边又有一个聪明人，告诫萧何："皇帝在前方打仗，那么忙，竟然还有闲心管你在后方干什么，这肯定对你不放心了。你萧何当相国，功劳第一，一人之下万人之上，没有被提拔的空间了。你从当年入关中之际，就从事汉国内政治理工作，如此已十几年，汉国被治理得井井有条，百姓肯定很喜欢你。皇帝在前方打仗，如果怀疑你在后方有'不臣之心'，也很正常。""萧相国，你呀，不如干些贪图富贵、不求进取和残害百姓利益的事，比如强买百姓土地、宅院，戕害百姓，自污名声，诸如此类。用实际行动向皇帝表达自己只想求富贵，无非分之想。广大百姓一旦对你愤恨。皇帝觉得你不得人心，即使想造反，也肯定没戏，自然对你就放心了。"萧何听从了这个建议。《史记》记载，刘邦又大悦。

萧何是和刘邦很亲近的人。刘邦混江湖，在秦朝当低级官吏时，萧何和他关系很亲密。刘邦在当秦朝基层官吏时，干了些违法乱纪的事，《史记》记载："何数以吏事护高祖。"刘邦带着劳工去咸阳服徭役时，其他同事送刘邦三百钱，作为礼金和盘缠，萧何却送五百钱。为此，汉朝建国后，刘邦为此多给萧何两千户食邑。刘邦对萧何不忘旧恩，投桃报李。对这样的人，刘邦都屡次怀疑，评价刘邦在用人上疑心不重，肯定不符合史实。

除了对萧何外，刘邦其实还怀疑过陈平、樊哙等人。但客观地说，作为一个集团的领袖，怀疑下属能力也好，忠诚度也好，其实无可厚非。毕竟在用人上，存在"信息不对称"问题，"人心隔肚皮，做事两不知"。历史上，因轻信人而被部下害死的君主非常多。苛求君主、领导无限信任属下，特别是在乱世，也有点不近情理。

七、"放杀义帝"是项羽败亡的
原因吗

司马迁在《史记》中说，"及羽背关怀楚，放逐义帝而自立，怨王侯叛己，难矣。自矜功伐，奋其私智而不师古，谓霸王之业，欲以力征经营天下"。他总结项羽败亡的原因如下：一是放弃关中；二是放逐义帝，自立为王；三是没有统御住各路诸侯；四是一味地依靠武力征伐和管控天下，而没有效法古人的治理模式。

从表面看，司马迁总结的这些原因，都有据可查，且涵盖项羽做出的各种决策中非常关键的几个方面，对项羽最后命运有很大影响。但是不是导致其最后败亡的主因呢？还需具体分析。

首先看第一条，说项羽放弃关中，到楚地称王称霸，导致在军事和政治上陷入极大被动。

上文已提到，项羽在鸿门宴和戏水分封之后，决定离开关中，即秦国故地，并把这里分为三块，分别封给章邯、董翳和司马欣，秦国其他故地封给刘邦。当时，有一个辩士劝项羽不要这么干，应该留在关中称王称霸。但项羽看到秦王宫已经被楚军和其他诸侯联军残害得破败不堪，而大部分楚军将士思乡心切，很想东归，回到楚国故地。所以项羽说，"富贵不归故乡，如衣绣夜行，谁知之者！"符合广大将士的心思。这个辩士却讽刺项羽说："人言楚人沐猴而冠耳，果然。"项羽恼怒，把这人给烹杀了，以防止其扰乱人心。

实事求是地说，把都城建立在关中地带，确实对战略防御有好处。从汉朝之后，长安是很多王朝的都城。特别在唐朝，长安成为全国甚至是世界的经济文化中心。不过，正如之前所述，项羽放弃这里，有一些客观原因。一是他需要回到楚国，罢黜楚怀王，收编围绕楚怀王的政治势力；二是立足彭城，更方便控制关东六国；三是关中已残破，不适合建都；四是项羽的部署不愿意留在关中，而刘邦率军进入汉中后，很多士卒逃亡，汉军也遇到相同问题。

刘邦曾高调提出，项羽放杀义帝，诸侯们由此怨恨他，不信任他，在道德上唾弃他，失掉民心，这是他失去天下的原因。司马迁也引用了这个说法。不过，这个说法也有问题。

汉二年（公元前 205 年）三月，刘邦东出函谷关，裹挟五路诸侯，征伐项羽，到洛阳新城。当地一个叫董公的人私下里告诉刘邦："你攻打项羽，要出师有名；不能因为你想和项羽争天下，就出兵。"所谓"顺德者昌，逆德者亡""出兵无名，事故不成"。"既然这样，你不如向天下说明项羽其实就是个贼，做事不地道，不讲究道德。抓住'项羽把义帝放逐到郴，还派人把他杀了'这件事，把项羽这种人打扮成不道德的人，形成天下人人皆可诛之的社会舆论，才能彰显出你这次东征的正义性。"为此，董公建议刘邦，联军上下为义帝发丧。刘邦听罢，感叹说，"要不是您告诉我，我还真没想到啊"。

董公对刘邦说这番话，在《史记》的记载很简略，只记载"董公私下里告诉刘邦'以义帝死故'"。《汉书》记载得很详细，正是上文这段话。司马光的《资治通鉴》采纳《汉书》的记载。而在《史记》和《汉书》中都记载了刘邦为义帝"袒而大哭"。在哭的时候，刘邦脱掉上衣，露出身体的一部分，表示极大的痛苦和悲愤。他组织全军为义帝发丧三日，通过这种庄重的仪式，将这种悲愤转化成集体的力量。刘邦的"政治秀"做得非常足。

项羽杀义帝这件事，确实有违社会道德底线。高调宣扬其不义，能起到鼓舞士气、树立光辉形象的作用。后来，刘邦始终抓住这一点，大做"文章"。比如，汉四年（公元前203年）十月，刘邦的势力蓬勃发展，准备和项羽决战。他列举出项羽十大罪状，正式放出战略反攻的信号，其中五条和义帝之死有关。

刘邦东征，以为义帝报仇为名，但他只是在东征到洛阳时，别人告诉他后才想到的，这说明什么呢？

这说明义帝之死对他的触动并不大。他在东出函谷关之前，在情感上没有想到为义帝报仇。刘邦出关东征时，目的很单纯，以"力"争夺天下，毫无社会舆论和政治层面上的考虑，更没有为义帝报仇的情绪，无非是他看到田荣、陈馀等人，造项羽的反，想趁机捞一把，特别是他看到项羽陷入齐地战争的漩涡，更加鼓起他联合大家痛打项羽的决心。在为义帝发丧之前，刘邦把自己看成普通诸侯，在政治上没有更高远的觉悟和追求。董公提醒他后，他从此牢牢抓住这根政治稻草，大做文章，使他的集团占据道德和政治层面上的制高点。这么看，刘邦为义帝发丧，以及拿义帝之死来说事，是在"拉大旗作虎皮"。

既然刘邦都没有真的把义帝被放杀当回事，那么和这件事八竿子打不着的诸侯们会为这件事很上心吗？真的会产生义愤填膺、为民除害和兔死狐悲的感觉吗？当初项羽在戏水分封时，曾明确告诉大家，项氏家族利用楚怀王的号召力，临时立熊心为王。他还说，天下要按照军功标准分封，当时在场的广大诸侯及其诸将们没有提出异议，而且很拥护。至于陈馀、田荣造项羽的反，仅仅是因为利益受损而为之，绝无为楚怀王鸣冤的意思。楚国之外的诸侯，愿意和刘邦组成联军攻伐项羽，也绝不是因为义帝之死。大家都为各自利益奔走努力，即使义帝被项羽冤杀，在他们看来，不过是楚国内讧所致。为楚怀王哭也好，报仇也罢，那是刘邦的事，关其他诸侯王什么事？齐国、赵国、燕国等地的诸侯王，会因为楚国君王被臣下杀死，而跟着以前的楚国将领刘邦，和项羽拼命吗？大概不会。

但是，也不能说"义帝之死"对项羽没有负面影响。刘邦阵营里核心将领和主力军士，大多来自楚国，楚怀王对他们有一定的影响力。用义帝之死抹黑项羽，在汉军中，对鼓动征伐项羽方面很有用。但即使如此，客观地讲，项羽"放杀义帝"，不会使他在政治上"丢分"太多，不能过于拔高"义帝之死"所产生的政治影响力。

司马迁还说，项羽怨王侯叛己。他的意思是，项羽攻打他主持分封的诸侯国，是因为其他诸侯国不听他的，心有怨气，是意气用事。这是指责项羽在政治上不成熟，丢掉天下实属必然。

在司马迁看来，项羽主持完分封，田荣、陈馀、彭越马上造他的反，特别是刘邦，在关中分封时，忍辱屈己，俯首帖耳，但内含怨气，隐忍不发，刚到封地几个月，就主动挑起战争，"还定三秦"，很不给项羽面子。一怒之下，项羽起兵，讨伐诸侯。比如，英布曾是项羽身边的心腹将领，戏水分封时，项羽分封英布为九江王。他起兵，攻打齐国的田荣，要求英布派兵随行。而英布不再唯项羽马首是瞻，仅派出数千人马，交给项羽，明显已不念项羽旧情，和项羽离心离德。《史记》记载，"项羽由此怨布也"。在司马迁看来，他打齐国、打刘邦，源于私怨，不是出于政治利益考量。但真实情况并非如此。

　　在戏水分封中，项羽表现出很强的政治操作能力。比如，他把齐国分为三份，独独不给真正的实力派田荣分一寸土地，很可能是故意为之，为齐国乱局埋下伏笔。如果齐国一旦出现乱局，项羽师出有名，可以以平叛为名，霸占齐国，或者在齐国扶持傀儡，将齐地纳入西楚国势力范围。后来，如果不是项羽征伐齐地，刘邦趁机攻陷彭城，项羽可以把这步棋完美走完。

八、崇尚武力是项羽败亡的原因吗

司马迁还批评项羽"自矜功伐，奋其私智而不师古，谓霸王之业，欲以力征经营天下"。

这句话被后世很多人引用。这是在说项羽这个人仗着他的聪明才智，标新立异，自负自信，不借鉴以前的好做法。他建立的政权只有霸王之名，无霸王之实。他过于迷信暴力，失去人心，才"五年卒亡其国，身死东城"。

这样评价项羽确实靠谱。在此基础上，后世很多研究者认为，项羽迷信个人能力，追求称霸，没有在制度层面顺应历史潮流，革故鼎新，建立帝制，最终成为众矢之的，在无朋无友、无支援下，力战多年，最终丢掉天下。

在武功上，根据《史记》《汉书》的记载，项羽出现的战场，除了垓下之战，几乎都能立于不败，挽狂澜于既倒。而项羽不在的战场，楚军败绩频频，鲜有胜绩。由此说明项羽过于依赖自己的能力，没有发挥部下个人才干，调动属下的积极性和主动性，或者说，项羽在用人上存在严重失误。他过于自信，个人能力过强，在部下里，很少有像他一样能独立领军，战而胜之的将领。他过于自负，不能放手发掘人才，重用人才。在战略层面上，在他的团队里，很难出现像韩信这样独当一面的帅才；在战役层面上，也很难出现像曹参这样出类拔萃的将才。

在文治上，按照司马迁的观点，项羽崇尚"以力征经营天下"。即使他个人具有政治谋略，最终也是为实现个人武功服务。他既不能以文治经营天下，身边也缺乏像萧何、张良之类的善于行政管理、运筹帷幄的高级文臣。

总之，无论是文治还是武功，项羽过于依赖自己，陷入疲于应付境地，最终在一次大败后，身死国灭。

从现有史料看，这么说比较符合当时情形。司马迁为项羽下的定语，代表了那个时代的一个普遍看法。我们距离那个时代已经很远，司马迁生活的时代和楚汉相争的时代非常近，如果没有过硬的史料支撑，很难反驳这一说法。

不过，虽然我们认可这个看法，但分析这个看法是否完全成立，关键还要看刘邦身上是否也有类似问题。

项羽的失败和刘邦的成功由一连串事件组合而成。作为曾经的战友，后来的对手，他们身上或多或少都有对方的影子。分析项羽必须分析刘邦，而分析刘邦则必须分析项羽。

首先要分析司马迁站在一个什么样的立场上说了这番话。

司马迁否定恃强凌弱的做派，崇尚仁义道德，以理服人，以道德治理天下。他认为，靠暴力和武力压服百姓，迷信个人武功的行为和想法，都应该被摒弃和唾弃。从他在《史记》中对各色人等的评说可以看出，他的人文关怀、悲悯情怀很浓，是一个具有仁爱精神、民本思想的史学家。这也是《史记》的境界超越后世史书的地方。与班固作的《汉书》相比，《史记》几乎没有为尊者讳的作史倾向，对当权者没有媚态，不会因为刘邦及其子孙成为当权者，手握重权而美化他们，也不会把他们身上的劣迹故意隐去。《汉书》则经常通过修饰一些词语，或者补充一些历史细节，美化当权者、维护中央专制体制。严格意义上讲，《史记》可以说是司马迁的个人史学著作，而《汉书》则因为汉朝政府直接介入，导致两位作者在著史时所持的立场发生微妙变化。不过，即便司马迁评价项羽的立场值得肯定，但分析项羽败亡的原因时，客观性上却略显不足。

首先，崇尚暴力和武功，并非一定是项羽丢掉天下的主因。在拼实力、拼运气、拼勇气的乱世，无论是刘邦还是项羽，都会依赖武力，高调宣扬武力，在用人上则体现在重用武将。所谓"在什么山唱什么歌"，丢掉武力和勇武之气，天下怎能尽入囊中？这也是为什么刘邦在战争岁月不愿意和儒生交朋友。他觉得，天下是打出来的，拼的是勇气、力气、谋略和作战效率。在大争之世，大谈治理社会和国家理念，为时尚早，浪费精力和时间。

与项羽相比，刘邦身上那种自负劲儿和崇尚暴力的做派，一点儿也不弱。举个例子，汉十二年（公元前 195 年），刘邦南伐英布，被流矢所中，受伤不轻，吕雉找医术比较高的医生给刘邦治病。医生看后，说可以医治，但刘邦骂道："我以一个平头百姓，提三尺宝剑打下天下，这是老天眷顾我。如果这次过不去，寿数已尽，即使有神医扁鹊，也救不了我的命。"仅从这句话看，让人深切地感到，刘邦非常自负，迷信个人武功的意味也很强。

其次，刘邦和项羽一样，也身体力行地践行着"以力征经营天下"。楚汉相争结束后，天下初定，刘邦身边有一个很有名的文臣，是继郦食其之后的著名说客，叫陆贾。这个人除了能说会道，还能著书立说，曾写过

《新语》和《楚汉春秋》等著作。在写《新语》这本书前，陆贾到刘邦面前谈事时，经常引用诗书里的内容。刘邦烦了，骂道："你老子我马上得天下，难道国家以后办事，还要遵循诗、书中所说那套仁义古法，这不是笑话吗？"陆贾这人听罢，也不示弱，说："你能马上得天下，难道你可以马上治天下？"陆贾接着说："想当年，汤武靠造反，夺取天下，但夺得天下后，却顺势而为，顺应民心、天意和自然规律，才守住天下。文武并用，缺一不可，这才是长久之计。相反，吴王夫差、赵国的权臣智伯穷兵黩武，导致最终败亡。而秦朝不汲取教训，一味地推行严苛法律，不知权变，下场也很惨。如果秦朝统一天下后，也行仁义，沿用古法，皇帝陛下您还有机会消灭人家，夺得天下吗？"刘邦听了很不高兴，但也知道自己是使性子，觉得挺不好意思，说："既然这样说，你就试着为我总结一下秦朝败亡和我的成功经验吧。当然，范围也可以不仅限于此，之前那些国家兴衰成败的教训，你也一并总结一下。"陆贾在这样的指示下，写了十二篇论文，汇集成册后，被称为《新语》。在《新语》这本书中，陆贾充分宣扬了"行仁义，法先圣"的理念，主张"礼法结合"，强调人主应无为而治。刘邦采纳陆贾的建议，重用陆贾、叔孙通、张苍等文臣。他身体力行，向天下宣示文治方针。汉十二年（公元前 195 年）十一月，刘邦平定英布叛乱，返回都城时，途经鲁县，以太牢祠孔子。

汉朝初立时，国家危机四伏，直到刘邦去世，天下也没有真正太平过，除了平定国内此起彼伏的叛乱，刘邦曾亲率汉军主力，在平城和匈奴主力对决。汉十二年（公元前 195 年）十月，刘邦抱病亲征，平定英布叛乱。在战场上，作为皇帝和主帅，他统帅数十万汉军精锐，竟然身中一箭，这种概率低得令人咋舌，但竟然发生了，这只能说明在人生最后一战中，刘邦的勇武豪气，不逊于项羽。同年四月，刘邦驾崩于长乐宫。他的死与这次受伤有着直接关系。

现在已经无法知道，如果项羽打败刘邦，并最终称帝，是不是也能像刘邦一样，采纳陆贾这样的文化人提出的建议，在治国上放弃武功推行文治。但有一点可以肯定，在战争岁月，或者在天下不稳定因素太多时，刘邦和项羽都有崇尚武力的思想和"以武功威震天下"的理念。

客观地讲，在乱世或者天下初定之时，无论是刘邦，还是项羽，放弃以武力经营天下的思想，肯定行不通。比如，项羽分封完天下后，对分封结果不满的陈馀和田荣、彭越首先起兵反对项羽，野心勃勃的刘邦主动攻打西楚国，还联合各路诸侯，攻占都城彭城。在这一瞬间，项羽其实是受害者，是被武力侵害的人。在天下汹汹、人心不归的时代，项羽不靠武力自卫和经营，难不成坐以待毙吗？

九、为什么说项羽败亡另有原因

司马迁指出，项羽"奋其私智而不师古，谓霸王之业"。按照司马迁的思路和汉初对项羽的主流评价，项羽所"师"的"王霸天下"的古法，因没有施以传统的仁政和文治的"古法"，他开创的霸王之业，或者王霸天下的政治秩序，瞬间灰飞烟灭。但如果项羽施以仁政，他就能巩固和延续霸王之业吗？

从战国到秦末，礼崩乐坏，任何诸侯国想建立霸王之业，因失去社会、经济基础，都已不可能。任何一个国家想成为天下共主，维护天下和平，都难免成为众矢之的，最终力竭而亡。但站在项羽角度看，他不确立"王霸天下"的世界秩序，还有其他选择吗？

帝制和王霸体制两类政治秩序，最大的不同体现在对基层的控制力上。帝制通过建立行政官僚体系，控制基层信息，进而掌控国家的政治、经济资源。王霸型的政治秩序下，各个政治集团之间，基于军事威胁，形成松散且没有统属关系的政治联盟。从表面上看，在政治舞台上，都有一个掌握天下权力的人物，有能力调配社会各层级资源，但帝王对资源的汲取力、调配力，要远远大于霸王。

项羽进入关中后，他手上掌握的人才，以军事领域的为主，文治领域的很少。项梁、项羽叔侄卷入起义大潮后，根本没时间去做文治工作，很难有时间和机会构建行之有效的行政管理体系。项羽在关中时，楚国的行政管理体系掌握在楚怀王及楚国旧贵族手上，项羽真正掌控的只是一个以军事为主的政治集团。

在关中时，项羽的威望和势力达到顶峰，但受制于自身实力和所处环境，按照当时所处的环境，他只能称王，继而称霸，以此牢牢掌握住手上这支楚国军队。回到楚国后，他才有实力，消灭楚怀王及其身边的政治势力，进一步掌握楚国政权。没有其他选择可以使他走捷径，跨过称王、称霸，直接即皇位。

之后，他以西楚霸王的身份征战天下，平定诸侯叛乱。如果成功，他完全有机会称帝。现在看来，项羽建立的所谓霸业，注定是不稳定的霸业。他开拓出来的"后秦朝时代"，和战国时仿佛一个模子脱出来的，依然是群雄逐鹿，战乱纷纷，天下重新回到弱肉强食的丛林秩序。

在丛林秩序中，刘邦以项羽给他分封的诸侯王身份，通过征战，效仿秦国，把统一天下的道路又走了一遍。尽管刘邦消灭项羽，但他始终承认项羽戏水分封的合法性，他建立的"汉"朝，也脱胎于项羽分封的汉国，是汉国的升级版。李开元教授认为，刘邦建立汉朝后主持的分封，实际上效仿了"戏水分封"模式，走上和项羽一样的道路。只是时过境迁，虽然刘邦分封的各路诸侯王，后来主动或者被逼反叛，但在刘邦主持下，汉军逐一平定了这些叛乱，大一统的帝制得以维持。而项羽征伐的失败，导致他根本没有机会从霸业走向帝业。

项羽从政治制高点和军事的制高点跌落尘埃。从个人秉性等方面看，至少和刘邦相比，项羽并不是大家平常理解的那种智力低下到致命的程度。那么，究竟是什么原因导致他的败亡呢？

两千多年来，大家更多地讨论项羽身上存在的那些个人秉性方面的问题，如何导致其最终败亡。但如果仅停留在这个层面分析，显得非常肤浅。总结上文，概括起来有三个原因。

第一个原因，根据《史记》记载，那些指出项羽个人秉性存在问题的人，都有自己的立场，出于维护自身利益的目的，其观点并不客观。

第二个原因，项羽身上被人指出的那些缺陷、问题，刘邦身上也或多或少都存在，并不是只有项羽有。特别是一些缺陷的严重程度，比如刚愎自用之类，刘邦比项羽有过之而无不及。

第三个原因，大家指出项羽身上的毛病，并非铁板钉钉。其他史料中也能够找到与之相反的事例，反证出项羽身上的这些毛病并不严重，甚至不存在。

因此，讨论"刘胜项败"，除刘邦和项羽个人秉性外，还要跳出这个窠臼。在这个基础上，拓展一下思维宽度，从两个人所处的外部环境、团队的内部组合和团队所遵循的制度模式等方面，分析刘、项集团的前途和命运归属，可能会对我们更有启发。

第十一章

败亡的隐秘

——一个新发现

一、项梁之死的严重后果

项羽选择霸王之业，是客观因素决定的。那么，西楚霸王项羽为什么从军事和政治顶峰跌落尘埃，最终走向败亡呢？

分析项羽的败亡，首先要弄清楚，项羽在什么样的历史背景下，登上历史舞台。其次，他和刘邦争夺天下时，受到哪些客观条件制约，使其最终无法实现英雄抱负，一步步走向死地。

项羽是人而不是神，决策和行为必然受环境和客观因素制约。抛开历史背景和制约因素看，即使其想法是对的，也很难落实到位，在特殊的历史背景下，受到一些客观因素制约，当"时间"没有站在他一方，而压力又步步紧逼时，难免力竭不持，最终走向灭亡。

如果总结刘胜项败的历史经验，可以得出一个结论，项羽最终败亡的原因，一个是紧迫而来的外部压力，另一个是项羽集团内部问题。内因大于外因，项羽集团内部问题正是导致项羽走向灭亡的主因。

　　这个内因是什么呢？从整个楚汉战争看，项羽所统领的军事政治集团，是一个缺乏向心力、内聚力和内驱力的组织。集团内部充满矛盾，团队作战和行政效率低下，导致各种战略无法实施。在汹汹而来的外部压力下，项羽没有时间强化内部组织建设，也缺乏整合内部团队的能力，独木难支，最终力战而亡。

　　在回顾楚汉相争这段历史时，有一个非常突出的现象，只要项羽一旦亲自出现在战场上，楚军基本上战而胜之；可项羽不在的战场，楚军败仗几乎注定。过去大家习惯性地认为，这是项羽个人秉性导致的恶果，他不会放手发掘人才、使用人才，逞个人英雄主义。所以，在项羽治下的西楚国，人才不能人尽其用，逐渐凋零、枯竭，最终败亡。即使在西楚国内部有一些人才，因项羽没有高超的组织建设，以及赢得人才信任的个人魅力，组织内部无法形成高效协同。在项羽集团里，那些优秀人才，要么兵败身死，如曹咎、龙且等；要么投降汉军，如项襄、项伯、周殷、英布等，无法取得出彩的业绩，更无法走上人生巅峰。项羽亲自东征西讨，借助个人魅力和才能，在广大的战场上，疲于奔命，也是无奈之举。

　　作为当时雄霸天下的霸主，项羽没有团队建设的能力和素质，是不可想象的。那么，他的团队建设为什么会出现这一致命问题呢？

　　其中一个原因是项羽资历浅，缺少足够的权威，在项家军内部积累的势能不足以形成强有力的凝聚力，以他为核心的团队在向心力上比较匮乏。项羽跟着叔父项梁走上秦末大起义的历史舞台，从江东出来的那支起义军首领是项梁，而不是项羽。和项梁以及项羽一道北上的人中，还有很多项氏家族的人，比如项伯、项它、项悍、项襄、项庄及其他与项氏交好的楚国旧贵族的遗民、江湖侠士，在年龄和从事反秦事业的资历上，他们都不会比项羽浅。在年龄上，项羽杀会稽郡郡长时，大概二十四岁。项羽过于年轻，注定他不是项家军早期的主要缔造者。

在起兵之前，项梁是这支起义军的创始人。项梁是一个集政治、军事才能于一身的人。根据史书记载，项梁逃避秦政府抓捕，离开中原，隐匿于江东。但在江东，他没有放弃反秦事业，经常通过为当地人主持一些丧事等群体活动，私下里召集一些志同道合的人到一起，传授他们兵法。这样一方面，招徕价值观一致且能力超拔的人，形成核心团队，为将来起义积累人力资源；另一方面，提高这些人的军事和政治才能，树立项梁的个人权威。《史记》记载，"吴中贤士大夫皆出项梁下"，这说明在正式起义前，项梁已通过各种地下活动结交、拉拢社会各阶层人士，集聚起一定的人力和物质资源，亲自打造出初具雏形的起义团队，他在这支队伍中具有很高的威望。

正是因为项梁的发现和亲自培养，项羽才成为项梁从事反秦事业的核心支柱。但项梁在起义取得初步成功后就被章邯意外袭杀，此时，这支武装队伍的核心首领和精神象征没了。因为这个意外，楚怀王获得收编项家军的机会。

我们设想，如果项羽是项梁早已指定的继承人，且地位非常巩固，楚怀王收编项家军时，项羽也不会毫无反抗之力，任人宰割。项羽接受楚怀王之命，作为北伐军"二把手"的位置，实际上是以委曲求全的心态，跟着楚怀王任命的"一把手"宋义去救赵国的。后来，他不得不通过耍阴谋诡计，在安阳这个地方，把军权重新夺过来，导致他在楚国政坛上陷入极大被动，但他别无选择。

当然，项羽在项家军的位置肯定是很高的，他无论独立作战还是和刘邦并肩作战，都表现出很高超的作战能力。项梁死后，项羽被楚怀王封为鲁公，且作为北伐军的"二把手"，也是因为楚怀王等楚国高官贵族们看在他是项家军中非常能打的将领，以及和项梁的亲密关系。让项羽加入宋义的北伐军，也有安抚项家军的意思在里面。

与项羽相比，宋义的将兵和作战能力应该差很多，他连掌控这支楚军的能力都没有，更不用说带着这支军队打出像样的战役了。我们设想，这大概也是楚怀王一方面打压项羽及项家军，一方面又不得不起用项羽及其部属的原因。毕竟对楚怀王而言，内部政治斗争固然重要，但消灭秦朝更重要。

项羽尽管在项梁时代的项家军中有很高的位置，但实际上在项家军中获得支配地位，是他通过努力得来的，并不是靠世袭继承而来。项梁之死很突然，根本没有时间指定合法继承人。因此，客观上逼迫项羽，如果想成为项家军第二代首领，除了依赖之前的军功以及与项梁的亲密关系，还需要靠实际行动，代表项氏宗族从楚怀王手里把失去的军权再夺回来。

这么看，项羽在安阳杀宋义，夺回失去的军权，是其掌控项家军和更多楚军的非常重要步骤，特别是对树立他在项家军的领导地位，意义非常大。项羽冒着失败被杀的危险干了这件事。从此，项氏宗族及项家军团结在项羽周围，并以此为核心，重启反秦事业。通过巨鹿之战，项羽在项家军以及楚军中的地位完全确定下来。章邯率领二十万秦军投靠项羽后，项羽在天下诸侯中的地位提升到无以复加的地步。当项羽带着诸侯联军杀入关中收服刘邦时，已具备号令天下的能力。

二、缺乏凝聚力的项家军

项羽杀入关中后，他率领的队伍可以分成两个部分，一支是项梁亲自调教和带出来的江东子弟兵，另一支是项梁北上路上到达薛县前，在路上收编的反秦武装。两支人马在关中地区暴露出一些不和谐的味道。

在关中分封诸侯时，项家军内部团结开始有所松动。比如，项伯去找张良，以及在鸿门宴上为刘邦开脱，虽然不见得是违背项羽意思，但项伯和范增的矛盾已暴露无遗。不过，这种不和谐还没有到不可调和的地步。毕竟，"形势比人强"，他们为维护自身利益，不得不共同对付随他们入关的诸侯及其部众，还有秦国遗留的军民，更主要的是对付在楚国已有威望、军事实力不弱的刘邦。他们不能在关中公开内讧，必须团结在一起，哪怕是表面上的。

可以想见，项羽回到彭城之后，项家军就有点失控了。

举个例子。汉二年（公元前 205 年），在定陶，有一个叫项襄的人投靠刘邦。他应是属于项氏宗族的人。汉朝建立后，项襄被赐刘姓，封桃侯，他的儿子刘舍在汉景帝时还当上了汉朝宰相。可以推测，结合项襄投降的时间和地点，项襄投靠刘邦正是刘邦东征彭城的路上。当时，项羽在征伐齐国，实力依然强大，并无明显颓势。在此时，作为项氏宗族的一员，项襄竟然投靠刘邦，可见围绕项羽形成的团队，很可能已经出现裂痕。由此推测，刘邦第一次东征，一路凯歌，攻陷彭城，很可能和项羽集团内部不团结，围绕项羽形成的向心力、凝聚力和其威望不足有关。为什么会出现这种情况呢？

项羽回到彭城，项家军面对的外部压力明显减弱，此刻，项羽资历不足的问题重新暴露出来，他对项家军的掌控力开始减弱了。

有人推测，项伯在鸿门宴上维护刘邦，有挟敌自重的意思。当然，这种猜测有一些臆断的成分。不过，项伯和刘邦集团之间存在私人关系，并且暗地里还和刘邦暗通款曲，是可以确定的。刘邦被项羽封到巴蜀地带，为感谢张良在鸿门宴上帮了大忙，给张良一大笔钱，张良转送给项伯，趁机让项伯说服项羽，把已被汉军占领的汉中顺带封给刘邦。项羽答应了。刘邦到封地时，直接进入汉中，没有继续南下翻越大巴山，进入蜀地或巴地。现在看来，汉中距离关中相对巴蜀地带很近，非常有利于刘邦"还定三秦"。项伯拿了贿赂，害了项羽。不能说，这是项伯有意为之，也不能说，项羽完全是因听信项伯才这么做的。但这么大的事，项伯愿意帮刘邦办，至少说明项伯在对待刘邦的问题上，没有和项羽、范增保持高度一致。《高祖功臣侯者年表》中记载，项伯正是因为在鸿门宴上保护刘邦，帮助刘邦解困，汉朝建立后，被赐刘姓，封射阳侯。项伯的所作所为可以反映出项家军存在组织松散、各自为政的问题。

项梁死后，项羽能做项氏集团的首领，是时势和能力结合的结果，是通过项羽力争而来的。项羽作为项氏集团首领的法统基础并不稳固。

在项梁这支队伍走上反秦舞台中央前，可能还有很多项氏宗族的人比项羽的资历深，所付出的努力和牺牲比项羽大。《史记》记载，张良曾保护过被秦朝官府追捕的项伯，官府之所以追捕项伯，很可能和他从事反秦活动有关。类似项伯这样的"革命元勋"，在项梁死后，应遍布整个项氏集团和楚国政坛，并占据各级官位，掌握相应权力。

如果按照贡献多少，确定在项梁建立的项氏集团以及新楚国中的政治地位，当初那些"革命元勋"，难免摆历史贡献和功绩，以争取相应的政治地位。这一幕在汉朝初立曾经发生过。刘邦主持分封功臣前，以曹参等人为首的功臣们，在刘邦面前通过展示身上的伤痕，显示所立功绩，以争取政治地位、功劳大小以及食邑多少，导致刘邦很难堪，不得不依靠他的权威，把这种摆功劳、争地位之风强行打压下去。

除了项襄、项伯，项它投降汉国后，被封为平皋侯。还有很多项氏宗族的人并没有以身殉国，而是先后投降刘邦。刘邦很大度，对这些人均予以赦免。《史记》记载，"诸项氏枝属，汉王皆不诛。"可是，与之形成鲜明对比的是，项羽却在乌江自刎了，死得很悲壮，也很孤独。

项羽在和刘邦争夺天下时，所倚重的人应是那些他真正独立掌兵后提拔和重用的人。项羽独立掌兵所掌握的人马有两部分，一支是追随项梁，来自江东，但由项羽率领的这部分。项羽曾率领他们与刘邦协同作战，也曾突袭几百里，攻陷襄城。在巨鹿之战前，这支规模不大的军队立下诸多不算显赫的战功。另一支在安阳，支持项羽杀宋义，并且在巨鹿之战中，团结在项羽及其之前所率军队周围，和秦军浴血奋战，取得震惊天下的战功。这些人最终追随他，进入关中，返回彭城，参加楚汉相争，走到最后时刻。

在项羽掌握的队伍中，并不是所有人都认可项羽的权威，服膺他的武力。可以推测，项羽要掌握一支嫡系军队，要做两件事，一件是去掉项梁的影响力，另一件是去掉楚怀王和围绕楚怀王身边的旧楚国贵族的影响力。

三、为什么项羽因寡助败亡

由上所述，可以引出第二个问题，项羽可能对非项家军的力量掌握也不够强，这是导致他败亡的其中一个重要内因。

项羽从关中回到彭城，带回来一支劲旅和一个霸王的名号。这时候，楚怀王陷入极为尴尬的境地。他大概也听说了，在关中，他被项羽尊为义帝，从一个诸侯王变成了天下的共主。而他也非常清楚，这个共主是虚的，没有任何实权，是个傀儡。

在彭城，项羽肯定不能允许楚怀王和他的势力依然在自己身边。楚怀王以义帝之名被迁往郴县（今郴州市），在彭城权力交接完成后，项羽面临一个非常突出的问题，这就是如何在"后楚怀王时代"，在西楚国打造一个维护他权威的行政、军事班底。这个工作说起来很容易，做起来却非常难，特别是如果让项羽来做，难度更大。原因有以下三点。

一是项羽在楚国的政治根基并不牢固，缺乏旧楚国贵族的人脉和支持。项梁是坚定的反秦主义者，他长期从事地下工作，在楚国旧贵族圈子里，应该有很深的人脉和影响力，这毋庸置疑。不过，在战国时期，楚国是一个幅员辽阔的大国，这个国家内部组织结构很复杂，地方层面上，大大小小的氏族掌控权力，形成很深的地方势力。虽然楚国实行郡县制度，楚中央对部分地方的政权掌控力也是有的，但这个国家的贵族统治体制影响力始终很大，以屈氏、景氏和昭氏三家为首的地方氏族势力大到可以和君王抗争的地步，能够左右楚国的政治格局和外交内政，楚王也无法驾驭他们。与商鞅变法后的秦国相比，楚中央对地方的掌控力很有限。

从制度层面看，楚国最终被秦国灭掉，与楚国实行贵族政治制度为主、郡县制度为辅有极大关系。在关键时刻，楚国这种不彻底的制度结构，严重制约国家的战争动员能力，除了楚国，齐国、赵国、燕国、韩国、魏国也存在类似问题。

秦灭楚之后，在楚地，这种地方氏族势力依然存在。也许在统一天下后，秦朝有很多基础性工作要做，比如，抵御匈奴，南征百越，修秦直道，文化建设，对旧六国开展文化怀柔，诸如此类，而铲除地方氏族势力，严酷打压反秦势力，虽然做了，但远远没有到位罢了。

秦朝末年，项梁和项羽起兵后，楚地的各个氏族势力成为支持起义的主要力量。这些人有钱，有号召力，氏族族长振臂高呼，很快集聚起可观的军事力量，这是对起义有益的一面。不过，也有不利的一面。由于各地氏族力量分散，把他们整合起来，形成上下一体的军事政治集团，并不容易，特别是，在旧楚国时期，这些人头上顶着贵族名头，父辈担当过各级官职，拥有传统的政治地位。项梁死后，楚怀王收编项羽、吕臣等起义军队的军权，他本人就是楚国国君芈姓家族的后人，此时，他在楚国所能仰赖的人，无非是与旧楚国国君有着血脉传承或者君臣关系的氏族势力。

项羽带着彪悍之师夺了楚怀王的权柄。不过，在彭城，已经有很多参加早期起义的氏族元老，代表各方势力在楚国担任中央或地方的官职。项羽不能因为这些人和旧楚国有很深的渊源关系，对他们全都弃之不用。毕竟，这些人的势力很大，社会号召力和影响力很强，项羽想在西楚国站稳脚跟，暂时离不开这些人的支持。

但这些人对项羽称霸天下，造成极大障碍。他们形成的离心倾向，像战国末年一样，极大降低了西楚国的战争资源动员能力，弱化了对外征战能力。这些传统痼疾与项羽个人能力和禀赋无关，但在彭城，当项羽着手构建新集团、新组织时，他必须直接面对这样的传统痼疾，为此，他会深感难以名状的压力。

可以举例证明项羽面对这些地方势力可能遇到的压力和尴尬。秦二世（公元前208年）后九月，楚怀王发出"先入定关中者王之"的约定，项羽应约，向楚怀王提出，和刘邦一起西进灭秦，但"怀王诸老皆曰：'项羽为人，剽悍猾贼……'"拒绝了项羽请求。在楚怀王身边的那些楚国旧贵族，对项羽无好感，甚至心生厌恶，成见很深。当项羽再次返回彭城，迁走怀王，这些贵族元老怎么可能发自内心支持项羽呢？

除了楚国旧贵族和氏族势力，在西楚国内，还有新生的地方实力派，这些人也很难和项羽同心同德，最终成为西楚国的离心力量。

陈胜、吴广起义后，在楚地，新一代实力派崛起。这些人在起义之前，没有显赫家室和出身，仅因大卜大乱，秩序荡然，他们靠个人魅力，在地方上积累起社会人脉和人望，被大家推举出来，当上一支起义队伍的首领，或者原来的首领死了，抓住时机，成为某一支起义队伍的首领。在项羽回到彭城后，这些人在楚国的势力，也不容小觑，比如吕臣、陈婴、丁公、薛公等人。

以丁公为例。汉二年（公元前205年）四月，刘邦率诸侯联军，东征彭城，大败而归，在逃往荥阳的路上，被丁公追上，刘邦对丁公说，"两贤岂相厄哉！"丁公听罢，竟然放走了刘邦。汉朝建立后，丁公找到刘邦，以私放刘邦这件事，要求刘邦封赏他，但刘邦认为丁公不忠于项羽，不但没有封赏，反倒把他杀了。在楚国，称某人为"公"，既是尊称，也是对县一级官员的官称，比如，刘邦占领沛县后，大家尊称其"沛公"。在楚国还有枞公、薛公等人。丁公很可能是西楚国一个地方官，他如此而为，可见项羽治下的西楚国内部松散且离心。

再以吕臣为例。他在陈胜队伍中任"中涓"。所谓中涓，颜师古注："中涓，亲近之臣，若谒者、舍人之类。"这个职位是君主身边的近侍。陈胜死后，他带着陈胜留下的残余军队，在新阳（今安徽界首北）成立一支军队，名曰"苍头军"。他带着这支军队反攻陈县，斩杀了谋害陈胜的庄贾，为陈胜报了仇，重建张楚政权，后又和英布联合，击破秦军。

后来，这支队伍和项家军合军一处。宋义和项羽北征救赵前，楚怀王夺吕臣军权，任命其为楚国司徒，其父亲吕青为令尹，这两个职位都是楚国的高级行政官员，但没有军权。吕臣之所以成为楚国新贵，只因他早期追随陈胜，参加了反秦首义。陈胜建立张楚国后，得罪了大多数的楚国旧贵族，而吕臣却能始终追随陈胜，在陈胜死后，收敛张楚国残部，继续与秦军作战，并为陈胜报仇。由此推测，在楚地，他没有深厚的政治根基和广阔的人脉资源，他属于新崛起的地方实力派代表。项梁死后，他和项羽的军队同时被楚怀王收编，在新楚国与项羽同殿称臣。在工作上，他们之间并无统属关系，在资历上，吕臣参加起义的时间早于项羽。和项梁相遇之前，他已拥有从属于自己的武装力量，在楚国政坛完全可以与项梁平起平坐。在私人关系上，吕臣和项羽之前并不认识。很难想象，项羽杀将夺军，以暴力手段，夺得楚国政权，从关中返回彭城后，吕臣能像忠心耿耿的臣子，为项羽以及他的西楚国尽心尽力。根据史书记载，吕臣这样一个有军事和政治影响力的人物，在项羽的西楚国，确实没有任何突出表现和业绩。

在楚汉战争进入后期时，即汉四年（公元前203年），吕臣弃项羽，投奔刘邦。汉六年（公元前201年），吕臣的父亲吕青被封为阳信侯。公元前191年，吕臣继承他父亲的爵位。公元前173年，吕臣病死。他投靠刘邦后，被封侯拜爵，得以善终。

又如陈婴。陈婴和刘邦的出身很相似。在秦朝，他是东阳县的令史，负责处理文书之类的事务，比刘邦的官位稍微高点。在东阳，大家认为陈婴"素信谨，称为长者"，为人讲信义、做事严谨，有长者之风，对他的评价和刘邦很类似。

在反秦起义浪潮汹涌时，东阳县的冒险主义者们杀掉县令，响应天下起义风潮，推举人品不错、素有人望的陈婴成为起义领袖。陈婴开始不愿意干，但大家不答应，强迫陈婴当上这支起义队伍的领袖。他和刘邦不同的是，在沛县，当萧何、曹参推举刘邦当起义领袖时，刘邦欣然受命，毫不退让，且积极主动。

后来，大家推举陈婴当王。陈婴的母亲对陈婴说："自从我嫁到陈家以来，就没听说你家祖上有贵人，今天突然获得如此大的名声，非常不吉利啊，你不如带着大家，投靠别人。如果成功，还能封侯；万一败了，还能逃跑，也不至于身死。"此时，项梁正好北上，路过东阳县。陈婴很听母亲的话，把手上这支队伍交给项梁。与陈婴相比，刘邦很主动。他带着从丰沛地区出来的队伍，不管环境多么险恶，勇抗压力，不畏生死，始终保持独立，或者相对独立的姿态，最终走上帝位。

熊心当上楚怀王后，封陈婴为楚国的柱国，项羽建立西楚国后，陈婴依然是柱国。在西楚国后期，项羽任命项它为柱国。但整体上，陈婴是出身不高，之所以成为"革命元勋"，其原因大概有两个：一个是，陈婴没有政治野心，否则他不会那么听母亲的话，把到手的军权拱手让人。另一个是，在反秦起义早期，陈婴带着两万多人，投靠项梁，当时，项梁手上仅有一万人左右，就是大家耳熟能详的江东八千子弟兵。陈婴带出的这些人是楚国复国的重要力量，对项羽称霸天下作用也很大。基于以上两点，在楚怀王时代的楚国和项羽时代的西楚国，陈婴具有很强的政治影响力。对这种有人望且没野心的实力派，项羽当然要拉拢，这是稳赚不赔的政治投资。

但是，整合西楚国内部的各方力量，形成向心力很强的团队，需要必要的时间。无论是吕臣，还是陈婴，他们和项羽本人并没有直接渊源，项羽想在短期内和他们成为同心同德的战友和同志，并不容易。

陈婴当初投靠的人是项梁，按照项梁的辈分和在江湖中的地位，项梁肯定能获得陈婴的鼎力支持。但作为项梁的晚辈，项羽能不能仅靠自己的武功让陈婴死心塌地地跟着走到死，这就很难说了。希望他们像萧何、曹参支持刘邦那样拼死支持项羽，比较难。

从陈婴后来的结局看，陈婴确实没有为项羽拼命到底。大概在楚汉相争后期，项羽处于劣势，为防止陈婴在西楚国的都城彭城造反，才把陈婴从柱国的位置上换掉，换上项氏家族的人。

根据《高祖功臣侯者年表》记载，项羽死后，陈婴投降刘邦。在当楚国柱国期间，从未见过陈婴有立功表现，但投降后，他亲自率领一支军队，向南讨伐，打下了今天浙江省和江西省的广大区域，这也是他一生中唯一有史记载的作战行动。汉高祖六年（公元前201年）十二月，他被封为堂邑侯。在汉高祖功臣列表中，他的侯爵地位并不高，是倒数第二的列侯，食邑也仅有六百户。后来，因为陈婴做楚元王（刘邦的四弟刘交）的丞相，他和刘交的私交不错，逐步进入刘氏皇族的核心圈。之后，封爵的食邑数涨到一千八百户，在封侯排行榜上上升到第八十六位。对陈婴这样的人，很难说，他能鼎力支持项羽。

陈婴后人和汉皇室的关系一直很密切，他的孙子娶了汉景帝的姐姐刘嫖。大家对刘嫖可能不熟悉，但对她的女儿陈皇后很多人都知道，她是汉武帝的第一个皇后陈阿娇。

总之，导致项羽最后败亡的关键因素是项羽所率领的军事政治集团缺乏向心力和凝聚力，这支团队不是项羽一手打造出来的，项梁的意外身亡，导致项氏集团内部矛盾重生，无人有威望和能力对其加以整合。在残酷而紧张的外部环境下，项羽又没有足够时间对这支团队进行全方位改造，导致最终败亡。

相反，刘邦的团队是由他一手打造，在开始反秦事业之前，他们和刘邦之间具有高度的信任感。以刘邦为核心，团队其他的核心力量多数来自于丰沛和砀郡，在风俗理念和文化认同上具有高度一致性，交流沟通障碍少。在之后的征战岁月中，通过封赏、提拔重用，进一步巩固内部核心力量的向心力，在基本班底稳定的基础上，通过韩信、陈平、张良、郦食其、叔孙通等来自社会各界、各地区的人才，引入秦朝的军衔制度、军功爵制度等制度，汉集团更加具备超强的凝聚力、战斗力和内部治理能力，整体作战能力和行政效率逐步提升，最终打败项羽，夺得了天下，建立大汉王朝。

换句话说，项梁和刘邦一样，都是所属集团的打造者，具有不可动摇的权威和威信。如果项梁不死，他不会遇到后来项羽遇到的类似问题。如果刘邦与项梁争夺天下，鹿死谁手就不可知了。历史经不起假设，否则历史的模样将面目全非。

在公元前202年十月的某一天，华夏选择了汉，同时以一种悲壮的姿态，抛弃了项羽。世道轮回，天道不变。千年以降，无出其外。

主要参考文献

司马迁：《史记》，中华书局，2006 年。

班固：《汉书》，中华书局，2007 年。

司马迁：《资治通鉴》，京华出版社，2002 年。

梁玉绳：《史记志疑》，中华书局，1981 年。

王先谦：《汉书补注》，中华书局，1983 年。

韩兆琪：《史记笺证》，江西人民出版社，2005 年。

谭其骧主编：《中国历史地图集》，中国地图出版社，1982 年。

辛德勇：《历史的空间与空间的历史》，北京师范大学出版社，2005 年。

辛德勇：《湮没的过往》：北方联和出版传媒（集团）股份有限公司，2017 年。

李开元：《汉帝国的建立与刘邦集团——军功受益阶层研究》，生活. 读书. 新知三联书店，2000 年。

李开元：《秦崩：从秦始皇到刘邦》，生活. 读书. 新知三联书店，2015 年。

李开元：《楚亡：从项羽到韩信》，生活. 读书. 新知三联书店，2015 年。

田余庆：《秦汉魏晋史探微》，中华书局，2004 年。

佐竹靖彦：《刘邦》，北京联和出版公司，2020 年。

谌旭彬：《汉朝——被掩盖的真相》，江苏人民出版社，2012 年。

王子今：《秦汉史——帝国的成立》，中信出版社，2017 年。

鹤间和幸：《始皇帝的遗产：秦汉帝国》，广西大学出版社，2014 年。

林剑鸣：《秦汉史（上，下）》，上海人民出版社，2019 年。

钱穆：《中国历代政治得失》，生活. 读书. 新知三联书店，2012 年。

菜九段：《历史的侧影——透视重大历史片断的关节点》，吉林省吉出书刊发行有限责任公司，2009 年。

李全华：《史记疑案》，湖南大学出版社，2010 年。

刘肱：《接近真实的汉朝》，生活. 读书. 新知三联书店，2014 年。